中國學術思想 研究輯刊

二五編

林慶彰 主編

第17冊

重探韓愈的精神世界
——從清末民初的韓愈批評談起

王詩涵 著

花木蘭文化出版社

國家圖書館出版品預行編目資料

重探韓愈的精神世界——從清末民初的韓愈批評談起／王詩涵 著
— 初版 — 新北市：花木蘭文化出版社，2017〔民106〕
目 2+172 面；19×26 公分
（中國學術思想研究輯刊 二五編：第 17 冊）
ISBN 978-986-404-928-8（精裝）
1.（唐）韓愈 2. 學術思想
030.8   106001002

ISBN-978-986-404-928-8

9 789864 049288

中國學術思想研究輯刊
二五編　第十七冊　　　　　　　　ISBN：978-986-404-928-8

重探韓愈的精神世界
——從清末民初的韓愈批評談起

作　　者　王詩涵
主　　編　林慶彰
總 編 輯　杜潔祥
副總編輯　楊嘉樂
編　　輯　許郁翎、王筑　美術編輯　陳逸婷
出　　版　花木蘭文化出版社
社　　長　高小娟
聯絡地址　235 新北市中和區中安街七二號十三樓
　　　　　電話：02-2923-1455／傳眞：02-2923-1452
網　　址　http://www.huamulan.tw 信箱 hml 810518@gmail.com
印　　刷　普羅文化出版廣告事業
封面設計　劉開工作室
初　　版　2017 年 3 月
全書字數　162844 字
定　　價　二五編 20 冊（精裝）新台幣 38,000 元

重探韓愈的精神世界
——從清末民初的韓愈批評談起

王詩涵 著

作者簡介

王詩涵，台中大雅人，臺大中文系學士、碩士。著有碩士論文《重探韓愈的精神世界──從清末民初的韓愈批評談起》。

提　要

　　本文旨在認識清末民初之際「抑韓」現象，並且由「抑韓」諸面向來探索韓愈內在的心路。研究過程著重資料的蒐集、統整與分析，期能掌握清末民初時期的韓愈形象；亦重回歸文本的解讀，期能釐清前者與文本中的韓愈形象的異同。韓愈評價在清末民初的低落，反映的是社會人心對「道」的認知產生了變化。當民主成爲新的政治理想，西學成爲新的學術追求，「韓愈」遂成清末民初人們用來析辨古今之異同、取捨中西之本末的論述符碼。本文首先大幅探索清末民初政治社會文學教化人心之情勢，接著以議題爲核心的方式呈現韓愈批評的重要細節，最後站在回應批評的角度重探韓愈的個性情感之心路歷程。韓愈的爭議性即是人的複雜性，故他招致批評之處，也往往是他多情眞率的地方。故歷來無論尊韓或抑韓，終不可動搖其歷史地位。

目次

第一章 緒 論

第一節 研究本懷與目的

在進行本研究以前，筆者曾撰寫〈重探韓愈〈示兒〉、〈符讀書城南〉二詩〉一文。〔註1〕該文的發想，即起於吾所感悟於二詩的與後代學人意見之分歧。站在基本肯定韓愈的立場，以二詩引起的訟議為切入點，藉由梳理韓愈一生學行經歷及情思轉折，圍繞二詩展開更多層次的說明。通過該文的爬梳，不僅獲得對韓愈諸多方面更深入的照察，對其人其文引發或衍生的種種負評，也有意識地以更為謹慎的態度來審視。

寫作該文的過程，可謂已開啟本研究之征途：筆者觀察到清末民初之際猶有不少大家學人如胡適、周作人、章士釗等，對韓愈仍似懷有一種不容同情的敵意。這個時期批評韓愈的人多半有個類似之處：他們的批評往往不是來自以韓愈為對象的學術研究，可以說，他們對韓愈說了什麼、做了什麼的因果緣由沒有真正的興趣，但卻要針對韓愈某些言詞行徑放言褒貶。進一步細辨所論，其中實有不少是斷章取義或誅心強解，既缺乏同情的溫度，也並未具備理性的冷靜。清末民初之際眾聲批評韓愈的現象，引發筆者關注的興趣。自今視昔，韓愈在中國文學、思想乃至政治、教育方面都有著舉足輕重的地位，其文思學行於古賢既有集成炳煥之功，對後人更有開新意義。未料到了清末民初之際，韓愈竟成了社會輿論抨擊的靶心。

〔註1〕文章發表於第九屆「『有鳳初鳴』——漢學多元化領域之探索學術研討會」，會後收錄於《有鳳初鳴年刊》第十期（2015 年 11 月）。

　　作為兩千年來未有之變局，清末民初不論是政治、學術、教育、道德、文學乃至文字等範疇，此時都曾出現過革命性的主張或實踐。這些革命性的主張或實踐，企圖扭轉傳統政治文化乃至影響了歷史進程的思維慣性；而西風的拂潤，也適時滋補了時代尋求出口的渴望。於是，西方的政治學、社會學、哲學，乃至天文、算學、地理、醫藥、格致（科學）等學門，隨著翻譯輸入，漸漸取代了經、史、子、集的傳統學術規模，形成「新學」，是本時期人們心目中革命與創建的導師，是人們嚮往新政治與新社會的導航。清末民初可以說是一個嘗試與「現代」接軌而且顯然意識到「傳統」的時期。與「現代」接軌，則種種革命固有其不容抹煞的進步意義。或許可以深思的是，追求進步，不見得就必須背離「傳統」；提倡革新，並非就必要蔑棄「傳統」。然而，本時期上下四方瀰漫著西學的衝擊與革命的激情，人們急於趨新求變，顧不上回望從前，對於歷史與傳統終究少了一分溫情。韓愈在本時期的人們眼裡，是所謂「傳統」的代表人物之一，特因此招致許多的謾罵和批評。

　　大時代的風氣，推波助瀾這陣批評韓愈的聲浪。韓愈在這陣風浪中，好比是一個風向球，那些繫於他的評價，所指明的不是他精神的內涵，而是大時代的要求。當新時代成為舊歷史，時代的風氣過去了，但繫於韓愈的批評卻留了下來。若未針對本時期的韓愈負面評價之緣起、發展與影響加以說明，以釐析大時代要求與韓愈精神內涵二者之間仍有分明的距離，影響所及，後人對於韓愈的認識便多了一層特定時空的障隔，平白添了許多糾葛。

　　韓愈之為韓愈，固然有著他不能超越的歷史侷限性。但正如何法周先生在《韓愈新論·前言──兼論近百年來的抑韓思潮》所說：

> 韓愈在中唐時代所大力倡導並用以解決社會矛盾、革除時代弊端的聖賢之道及其用以明道的古文，隨著歷史的演進，便逐漸失去了它的進步性，特別是到了民主革命時代，甚至還變成了新思想文化運動的對象。……批判他在新的歷史時代的腐朽性，就很容易忽視、貶低乃至否定他在當時歷史條件下的進步性；而且恰恰就是在這民主革命時期新思想文化運動的批判高潮中，出現了一股貶低、批判乃至否定韓愈歷史進步性的思潮，並且影響了後世近百年。〔註2〕

孰為「進步」？孰為「退步」？這對概念不但涉及複雜的背景，且隨著時間推移，風氣一轉，訴求不同，又將有所變化。若欲借用這對概念來衡量韓愈，

〔註2〕何法周：《韓愈新論》（開封：河南大學出版社，1988年），頁8。

或許可以突出不同歷史階段的社會思潮與人文色彩；但在認識韓愈之爲韓愈的過程中便容易產生隔閡，導致衍生許多不實的批評。何況在這股抑韓思潮中，又有無數的意見實是來自對韓愈的偏見，甚至是近乎人身攻擊的謾罵。何法周先生綜合近百年的抑韓觀點，用一句話來概括韓愈形象，或可由此泛覽抑韓思潮的全景：

> 韓愈是一個道德品質庸俗諂諛、思想體系保守落後、政治態度頑固反動的文章革新家。〔註3〕

在他看來，「這實際上是全面地否定了韓愈。」〔註4〕若以追求合理地評價韓愈、定位韓愈爲目的，固然毋須理會這些偏見謾罵。但若從另一個角度來看，這些偏見謾罵，其實連帶著若干問題：這股抑韓思潮出現的背景爲何？有哪些相關的抑韓論述？這些論述真正關心的焦點何在？批評韓愈的意見是否合理？這些抑韓論述帶來什麼影響？又，對於韓愈之爲韓愈的認識有無啓發？本論文的發展基礎即奠立於對上述諸問的思考與回應。

　　轉念一想，清末民初韓愈負評如潮的現象，對筆者而言，也可以是一個重新檢視文本的契機。韓愈在清末民初引發輿論攻訐，雖主要是由於世變所致，但也並非與他本人全無關涉。實際上清末民初的批評也指出了不少韓愈其人始終存在的爭議性。這些被放大的爭議性，也正好提供筆者再次回視文本材料、反思過往解讀的空間。清末民初面臨傳統秩序的失落，形成前所未有的動盪變局。然而在失序與動盪之中，也蘊藏著突破框架的自由、重組認知的機會。

　　清末民初是個自覺離開傳統的時期，對於傳統知識分子的理解，不免欠缺一些同情，甚至爲時勢所逼激，輕易地走上捨舊趨新的偏鋒。本時期對於新舊概念的區分是近乎斬截、互不相容的，新與舊往往成爲敵我論戰的場域。故此時雖不無調和的論調，但總易淹沒在新舊論戰之中。韓愈在本時期新舊論戰之中又將激起什麼程度的風浪？如何同情地照察本時期韓愈批評形成的緣由？如何合理地重估韓愈的人文價值？皆是本研究的核心關懷。

　　本研究起於關注清末民初非韓的現象，進而認識其環境，理解其關懷，遂知該現象反映的是一代知識分子身處巨變動盪之中所懷的憂患與希望。本時期的知識份子與傳統文士同樣有著爲國爲民的抱負與理想，卻因西化及諸

〔註 3〕同前注，頁 5。
〔註 4〕同前注。

多複雜因素而有了全然不同的格局與視野。正是由於政教格局與文化視野的急遽變換，顛覆了韓愈在過往的地位與評價。由於本時期的韓愈負評在後來並非全無影響，故有必要對此進行全面且合理的反省與檢討。此外，受到本時期非韓論點的啟發，再回過頭來再次面對文本，重新閱讀與思考，冀能加深自身對韓愈的認識與理解，不敢說有益於當前韓愈研究成果，但願以此作為對清末民初韓愈負評的一個回應。

第二節 研究主軸與方法

本研究的進行，應當可以說是大致依循著正、反、合的思辨歷程。韓愈其人其道其文在歷史上早有定位定價，早在宋儒已有不少深細的論述，而卒以「文起八代之衰，道濟天下之溺」為歸。然而，到了清末民初，由於世變的衝擊，人們對於歷史人物的評價也多重新翻轉，對韓愈的評價尤其務反前說，多半試圖打破傳統定見，帶有鮮明的翻案色彩。由於所謂傳統定見已為學界所熟知，並在他們的論述中反覆出現，本論文便不再多所述及，直接就清末民初抑韓思潮談起。故本研究可分別為兩部分。第一部分是了解清末民初抑韓思潮的實際情形，包含背景和議題的說明；第二部分是藉由重審與檢討清末民初的韓愈批評，再次推敲這些非議之處的其他解讀。下文分項詳說。

第一，梳理「清末民初」韓愈評價的表象、原因及其意義。本研究始於注意到清末民初學人在批評韓愈的傾向，尤其在論其為人生平時，往往帶有貶斥之意。這個時期所揭示的韓愈形象，顯然和宋代以來的尊韓論調大相逕庭。韓愈地位陡落的程度，及其異於往昔論調的顛覆性，其背後緣由實堪玩味。大體說來，此現象必然與時代變動的氛圍有關，但其中關涉牽連究竟如何條貫，至今卻未見宏觀整全的梳理。因此，本文的前半部著重在釐析清末民初韓愈評價陡降的現象和原因。

任繼愈曾有言曰：「韓愈還是那個韓愈，何以宋以後聲價大增，這不能從韓愈身上找原因，只能從社會歷史中找原因。」〔註5〕依此類推，韓愈何以在清末民初時期聲價大跌？這只能從當時的社會歷史中尋求解答。因此，論文前半部基本站在清末民初讀者及其時代的立場，考察種種對韓愈批評的情

〔註 5〕任繼愈：〈韓愈的歷史地位〉，《韓愈研究論文集》（廣州：廣東人民出版社，1988 年），頁 1。

況，及其發言背後的用心。

首先，廣泛蒐集本時期與韓愈有關的研究與評論，然後依其論述內容分類歸納，把握住韓愈在本時期特別受人注目的若干焦點。其次，筆者在開始蒐集、歸納和分析大量材料的過程中，注意到其思想的鮮明時代性。為了增厚對清末民初整體思想文化背景的了解，於是順勢再深入相關的政治、思想、文學等領域再作研討，進一步爬梳本時期韓愈受關注的幾個焦點與清末民初政治革命之關係，目的是為了理清本時期韓愈評價陡降的緣由，以及認識這些評價在本時期特殊的歷史意義。

這裡會碰到一個問題，本研究所謂「清末民初」的時期該如何界定？考慮到本時期論韓的幾個焦點，或同脈相承，或株連蔓衍，可謂皆發端於 1895 年嚴復〈闢韓〉一文。因此，本研究所謂「清末」自 1895 年看起。但此後政治之複雜，社會之動盪，其內外因果盤根錯節，實非本文所能一一處置，故逕就 1895 年以降批評韓愈的材料所牽涉到的相關議題來談。所論大致可以區分為三塊：一是揭露政治上君、臣、民三者關係在 1895 年「甲午戰爭」之後所受到的衝擊及其變化；二是說明觀念上往昔忠君、崇聖、尊孔及道德名教隨著君民地位的變化而顛覆；三是探討隨 1911 年政治革命而來的思想、文學革命所引發的反傳統、求革新的思潮。相關背景的梳理即始於 1895 年康有為等因中日簽訂《馬關條約》割地事宜而發起的「公車上書」，終於 1919 年胡適、陳獨秀等鼓吹的「文學革命」論戰。此即本文所指「清末民初」的斷限。至於批評韓愈的材料，則往往因其因果出入或承繼變化之關係，或有超出上述斷限者，惟所論皆肇因於清末民初政治、思想、文學革命之變局，所取之材料，循其文理思脈，亦不能擺落此大背景，為了保持議題的完整性及兼顧論述上的彈性，仍有所取材。

第二，檢討「清末民初」非韓評價之餘，重新反思韓愈文本的解讀。大致說來，本時期對韓愈的褒貶，多繫於言者個人呼籲的主張或宣稱的思想，充滿著動盪時代的激情，但這也使得他們對韓愈的看法，稍欠合理的評價、同情的解讀。它們就像是一陣因應時勢被推高的新潮，隨著時局恢復安定，理應消弭退去。然而，由於清末民初的非韓往往是出於對「民主」的要求、對「自由」的嚮往，其現代性正是清末民初非韓的基調；加上當時許多名人大家的推波助瀾，當時的非韓仍留予後來不小的影響。二十世紀以降，韓愈在人心之地位顯然不如往昔了。1977 年臺灣地區發生的「誹韓案」及其引發

的文字論戰，正是一個顯例。〔註6〕大陸地區自馬列共產主義建政以後，便有意放大自清末民初以來「抑韓揚柳」的傾向，尤其到了文革四人幫「評法批儒」時期，對韓愈的批判更趨白熱化。直到打倒四人幫，此一傾向才開始有了變化。〔註7〕但是，在重新商榷韓愈評價的過程中，仍然存在不少對韓愈的批評。如郭預衡〈韓愈評價的幾個問題〉（1978）一文，依然沿襲前人的批評，如曰：

> 當然，韓愈的勇氣是有限的。一到潮州，便上表謝罪……此時的委曲求憐之態，和以前犯顏敢諫之姿，相形之下，簡直判若兩人。對於這種情況，前人早有議論。這裡表現了韓愈反佛的軟弱性和不徹底性。不可諱言，也不須諱言。不怕佛家的靈譴，卻受不了皇帝的淫威，這是不足為奇的。文弱書生，歷來如此，何止一個韓愈！〔註8〕

這類針對韓愈臣服帝王權威之意態，旁涉其闢佛主張的批評，實不脫清末民初非韓輿論的模式。此後吳世昌在《文學評論》上發表〈重新評價歷史人物——試論韓愈其人〉（1979），文中貶斥韓愈的意態，〔註9〕相較清末民初的

〔註6〕1977 年，郭壽華在《潮州文獻》發表文章指出「韓愈為人尚不脫古文人風流才子的怪習氣，妻妾之外，不免消磨於風花雪月，曾在潮州染風流病，以致體力過度消耗。及後誤信硫磺方士鉛下補劑，離潮州不久，果卒於硫磺中毒。」而有「誹韓案」，更引發各界群起的文字論戰。詳參東府出版社刊行的《誹韓案論戰》（臺北：東府出版社，1978 年）。

〔註7〕詳參路劍：〈建國以來韓柳評價論爭簡介〉，《重慶師範大學學報（哲學社會科學版）》1983 年第 2 期；施富文：〈1978 年至 1980 年九月關於韓愈、柳宗元的討論綜述〉，《重慶師範大學學報（哲學社會科學版）》1981 年第 1 期。

〔註8〕郭預衡：〈韓愈評價的幾個問題〉，《北京師範大學學報（社會科學版）》1978 年第 3 期。

〔註9〕諸如：「每次讀到『若俯首帖耳，搖尾而乞憐者，非我之志也。』總覺得有點不自然，繼而覺得：這是言不由衷，因為在文章末了，他明明說『閣下其亦憐察之！』這不正是『搖尾乞憐』嗎？」又如：「最使我覺得噁心的是他的〈示兒〉和〈符讀書城南〉二詩……完全像一個暴發戶誇耀他自己如何白手成家的經過。尤其令人齒冷的是下文竟有這樣的自我吹捧：『開門問誰來，無非卿大夫。不知官高卑，玉帶懸金魚。』『凡此座中人，十九持鈞樞。』把孩子從小就培養成趨炎附勢的勢利之徒，這是連以前的封建文人如胡仔、鄧肅、全祖望等都忍不住要指出韓愈『所「示」皆利祿事也。』『徒以利祿誘子。』『愛子之情則至矣，而導子之志則陋也。』陸唐老說〈符讀書城南〉一詩，『切切然誘其幼子以富貴利達之美。』……所以洪邁《容齋三筆》說：詩中所說『乃是覬覦富貴，為可議也。』」見吳世昌：〈重新評價歷史人物——試論韓愈其人〉，原載《文學評論》1979 年第 5 期，見吳令華（編）：《文史雜談》（北京：北京出版社，1998 年），頁 129～130。

非韓輿論乃有過之而無不及，以致又引發一次與王仲鏞、劉知漸等人的文字論戰。〔註10〕而王、劉二氏雖然反對吳文偏頗的論斷，但對於韓愈也都不免抱持「庸俗」的看法。〔註11〕二十世紀末，舒蕪論韓詩風格，毫不諱言他對韓愈的厭惡。他在〈論韓愈詩〉（1982）一文中批判韓詩中飄著一股「惡態」、「殺氣」，甚至指稱曰「劊子手文學」。〔註12〕在他看來這是韓詩的敗筆；而這敗筆，應當歸咎韓愈個人卑劣的氣質。他說：

> 通觀韓愈這個人，儘管是博學高才的大文學家，但是氣質上有一個最大的缺點，就是躁急褊狹，無容人之度；他在仕途上，又特別熱衷利祿，無恬退之心。他的詩篇中，經常貶低朋友，好為人師，攘斥異端，自居正學，就是褊狹的表現；他在詩中，一再公開地以富貴利祿教子，在兒子面前吹噓自己的交遊如何光顯，就是熱衷的表現。二者結合起來，更是利祿情深，恩仇念重，互為因果，愈扇愈烈。誰妨害了他的功名富貴，誰不尊敬他的學問文章，他對誰就會恨之刺骨，永世不忘。這樣的人的精神狀態中，自然容易充滿了怨毒之氣，怨毒之極又自然通於殺氣。……有這樣的氣質，習慣於這樣的精神狀態的詩人，又在藝術上追求「狠重奇險」之美，是容易失之太過的。文學家言行不一，表裡不一，看作品時未必容易察覺；只有氣質和精神狀態，往往流露在作品中而不可掩。〔註13〕

〔註10〕王仲鏞：〈評價歷史人物應當實事求是〉，《四川師院學報》1980年第1期；劉知漸：〈韓愈、柳宗元的評價問題〉，《重慶師範學院學報》1982年第1期。

〔註11〕王仲鏞〈評價歷史人物應當實事求是〉曰：「我們認為，求取功名富貴，是封建時代所有知識份子都不能避免的，這本來由於他們的階級地位所決定。」劉知漸〈韓愈、柳宗元的評價問題〉曰：「韓、柳的生活和思想都有其庸俗的一面，這在封建社會的地主階級文人中，是難以避免的……〈符讀書城南〉一詩，教育兒子一些『讀書做官』的論調，在今天看來是非常庸俗的……〈示兒〉一詩，仍然和〈符讀書城南〉一樣，教兒子學自己『讀書做官』的榜樣，誠然不免庸俗……」

〔註12〕舒蕪〈論韓愈詩〉曰：「如果『狠重奇險』之美不與他種美相調劑，單獨過分發展，就往往過了『美』的界限，成為『惡態』，甚至成為『氣』。韓詩中確有一些這種敗筆。例如，嘲笑別人鼾聲之大，比喻為彭越、英布的『呼冤受葅醢』之聲，雖是開玩笑，實在是惡態，並且已經有了殺氣。又如〈月蝕〉詩中要殺蛙、要鑽龜。〈題炭谷湫祠堂〉要屠龍……登峰造極的自然還是〈元和聖德詩〉，有一大段津津有味地描寫劉闢失敗被俘以後，凌遲滅族，刑場上如何屠戮婦孺，如何屍骸堆積，最後對劉闢如何揮刀碎割的詳情，這是惡性地追求『狠重奇險』，成了赤裸裸的劊子手文學。」《中國社會科學》1982年第5期。

〔註13〕同前注。

如此議論亦殺氣騰騰。就連強調研究韓愈應以客觀科學取代主觀偏見的閻琦，也不免對韓愈有些微詞，他在《韓詩論稿》（1984）特闢一節批判韓詩表露的某些思想：

> 他的〈示兒〉和〈符讀書城南〉詩……以個人奮鬥得富貴產業誇兒……赤裸裸的誘兒以富貴利祿。所以雖只兩首詩，對後世的影響是較大的。露骨的以富貴榮顯引誘兒子，連封建社會的尊韓者都禁不住要批評他「所示皆利祿事也」、「乃是覬覦富貴」。〔註14〕

即使是自覺擺脫「揚柳抑韓」傾向的路劍，也不免對韓愈感到不滿，他在〈韓柳瑣議〉（1994）一文中提到：

> 韓集中有〈潮州刺史謝上表〉一文，是元和十四年貶斥潮州後寫的。新刺史上任，必須上表謝恩，本是唐朝例行公事。柳宗元元和十年刺柳州時，也寫過一份謝上表。因此，事情本身，原不足怪。問題在於，韓愈表中，戚戚嗟嗟之語，愁苦哀求之狀，令人讀之不歡。與前之〈論佛骨表〉，意趣大相逕庭。因而為人們所詬病。連尊韓派歐陽修也不禁為之嘆息……作為封建時代地主階級的官僚知識分子，思想中有落後面和庸俗意識，並且經常會表露出來，韓愈當然不能例外。〔註15〕

上述凡議及韓愈作詩以利祿教子、上書哭窮求官、上表乞憐獻媚等批評，最初並非皆出於清末民初之際，早在宋代就已為歐陽脩、蘇軾、洪邁等人詬病，視為白玉之瑕；但是，形成以此來為韓愈精神氣質定調的輿論風氣，卻是始見於清末民初之際。

　　二十世紀初文學革命對韓愈重「道」文學觀的批評，直到二十世紀末仍有餘響，如孫昌武〈韓愈重「文」尚「奇」的「古文」論〉（1983）一文說：

> 韓愈生活的時代是經學統治的時代。而經學基本上……是為統治階級提供理論根據的思想體系。韓愈要求文章明這種「道」，對創作是個很大的限制。而他個人又迷信「道統」，以醇儒自居，就使這種束縛更為嚴重。……僵死的聖人的影子一直壓在他的身上，所以他的創作的現實性沒能得到很好的發揮。有些「明道」之作還是相當迂

〔註14〕閻琦：〈韓詩的批判和韓詩研究中的偏見〉，《韓詩論稿》（西安：陝西人民出版社，1984年），頁36～46。

〔註15〕路劍：〈韓柳瑣議〉，《漳州師院學報》1994年第1期。

腐空疏的。……他的這些偏限，在他個人的創作中影響還不算很大，
但對後代散文的發展卻造成了相當的限制和危害。由他的「道統」
論和「文以明道」，發展出宋人的「載道」說，從北宋「詩文革新」
到清代桐城派，「古文」的發展一直受到儒學的羈束，思想內容受到
很大偏限。……總之，宋代以後，「古文」逐漸僵化了……從歷史發
展看，韓愈「古文」理論的偏限也應負一定的責任。〔註16〕

他雖然肯定韓愈的古文，但他認為其成就是來自韓愈對「文」的重視，而韓
愈明「道」的意識，則視為是其文論的缺點與限制。

　　清末以來對自由民主之嚮往、對專制君主之厭棄等心理，也持續影響著
人們對於韓愈的評價。1998 年出版的許凌雲《中國儒學史》說：

韓愈的忠君是一種愚忠，絕對忠於君主專制制度。韓愈有〈伯夷
頌〉……當殷之亡，武王伐紂，沒有人說不對，唯伯夷、叔齊獨以
為不可。韓愈頌伯夷就是頌他絕對忠於君主這一點。韓愈有琴操〈拘
幽操〉，模仿被拘羑里的文王的口氣說：「嗚呼臣罪當誅，天王聖明。」
暴虐如殷紂王者，因為他是君，也要說他聖明；聖明如西伯昌這樣
的聖人，因為他是殷臣，也要向紂王低頭認罪。這就是不管是非曲
直，作為臣民，就應該絕對忠於君主。這是中國封建專制制度所要
求的觀點，所以韓愈這一點很受後世封建君王的欣賞。這是韓愈思
想裡最保守成分之一。〔註17〕

他仍然對韓愈的「忠君」抱持著批判的態度。

　　合觀近現代臺海兩岸因韓愈而起的負評，或就政治方面，或就文學方面，
此外，更有一共同之處，即對韓愈人品抱持頗為負面的印象，而這些批評的
內容大抵與清末民初時期對韓愈的偏見枹鼓相應。這亦可以說是清末民初非
韓顯著的餘響。直到現在，貶韓者多少都會牽涉到韓愈的人品，如作詩以利
祿教子、上書哭窮求官、上表乞憐獻媚等，屢屢被重新翻出。韓愈在文學、
思想乃至經學、史學及教育等方面的貢獻，都不乏有專文探討，其成就與價
值也大抵有一定的公論。但對於他的為人似乎仍然存在著爭議。

　　固然，本時期對韓愈的偏見，有其特定的時空背景。自陳寅恪〈論韓愈〉

〔註16〕孫昌武：〈韓愈重「文」尚「奇」的「古文」論〉，《天津社會科學》1983 年第
　　　　5 期。
〔註17〕許凌雲：《中國儒學史‧隋唐卷》（廣州：廣東教育出版社，1998 年），頁 219。

（1954）一文揭櫫從「文化史」角度重省韓愈的價值，便引發學界熱烈的回響，〔註18〕「文化史」也成為研究韓愈的一條新進路，即強調研究韓愈仍須回到他當身的政治文化社會的情境來探討。這顯然是清末民初以來的抑韓思潮的一次反激。該文雖未針對韓愈人品進行探討，但也為此一研究方向預先埋下了伏筆。多年以後，王宏圖有〈韓愈詩歌情感結構探析〉（1987）一文，雖主要就韓愈詩歌而發，但他也指出韓愈研究者可能面臨的問題：

> ……由於不能從深處省察韓愈的心靈與情感活動，因而這些評論即使觸及到韓愈的情感天地，也總是急匆匆地貼上「階級性」、「歷史侷限性」、「積極」、「消極」、「進步」、「反動」等標籤。隨著近年來文學領域中人的主體意識的覺醒和確立，隨著人們對傳統文化的反思一步步深入，我們回顧文學史，驚詫那一顆顆多情的靈魂（包括韓愈）的呻吟、歡笑與嘆息，更感到有必要從個性、情感、文化心理結構等角度重新研究韓愈，將他的詩歌放在傳統文化的大背景下考察，作出新的解釋。〔註19〕

他認為近代抑韓思潮中對韓愈的種種評價，不但欠缺文化史的觀照，而且過分輕忽韓愈內在的精神世界，因此他指出「從個性、情感、文化心理結構等角度重新研究韓愈」的必要。王氏的觀點正是筆者反思過往對韓愈文本解讀

〔註18〕 正面回響如：孫昌武：〈韓愈──歷史轉折其中的文化偉人〉，《周口師範高等專科學校學報》第17卷第1期（2000年，該文特別注重韓愈社會階級地位，由此來看韓愈在文學思想方面的成就。又如：黃喬生：〈魯迅、周作人與韓愈──兼及韓愈在中國文化史上的評價〉（2004），該文勾勒陳寅恪如何在濃厚的馬列主義學術氛圍中堅持自己對中國文化的信心與展望，〈論韓愈〉一文正是此用心下的豐美碩果。正因陳寅恪有意堅持個人學術的自由，這就顯然與當時學術主要風向有所悖逆，所以〈論韓愈〉一出，即引發反對意見，如：黃雲眉〈讀陳寅恪先生〈論韓愈〉〉（1956）一文就說：「陳寅恪先生〈論韓愈〉一文，有不少新義創見，引起了讀者一般的重視。但仔細尋繹，這些新義創見，似乎大部分還沒有足夠的堅實的論據；也沒有很好地結合著韓愈的歷史的客觀條件，及其階級的侷限性，因而過高估計了韓愈個人的作用，過高估計了韓愈在唐代文化史上的貢獻。」黃氏又續做《韓愈文學評價》，反對陳氏主張韓愈在唐代文化史上的貢獻是儒學的觀點，而指出韓愈的貢獻在文學而非儒學。兩文俱收錄在《韓愈柳宗元文學評價》（濟南：山東人民出版社，1957年）。黃氏觀點又引發鄧潭洲撰文回應，見〈論韓愈及有關幾個問題──與黃雲眉、任訪秋兩先生商榷〉，《人文襍志》1958年第3期。

〔註19〕 王宏圖：〈韓愈詩歌情感結構探析〉，《復旦學報（社會科學版）》1987年第4期。

的重要指引。二十一世紀初，全華凌發表〈韓愈尚「勇」性格論〉（2004）一文，也直指韓愈研究中對其「性格」的說法莫衷一是的現象：

> 前人對韓愈的性格多有評述，或以爲「操行堅正」（《新唐書》），或以爲其「躁急褊狹」（舒蕪《舒蕪文學評論選》），或以爲其「心胸狹小」、「褊急浮躁」（閻琦《西北大學學報》叢刊 1981 年第 2 期），不論對韓愈是褒是貶，都不免各執一端，未中肯綮。〔註20〕

可見，韓愈爲人的評價仍存在分歧的現象，這可以說是目前韓愈研究中猶待解決的問題之一。上述從「性格」切入的研究角度，也爲筆者帶來重要的啓示。

是故本文前半部旨在釐清清末民初非韓的背景和要點，後半部則就非韓的要點嘗試進行檢討與重探。具體來說，如：了解時人所以批評韓愈「貪名好利」、「貪生怕死」之餘，也應回過頭來進一步認識韓愈看待名利的方式，及對生死的體悟。再如：本時期非韓者追求政治上的「平等」、精神上的「自由」，故大肆批評韓愈「尊君抑民」，認爲韓愈所謂「道」非我所謂「道」也。在釐清非韓者批評背後的用心之後，也應回到韓愈當身去省察，究竟韓愈所謂「道」與諸人所謂「道」在內涵上又有何異同？在重探的過程中，更努力把握王氏所說「韓愈的心靈與情感活動」，對於其人其文的探究，便有意識地從探索其個人情志、生命意識、道德自覺等的內在角度來重新審視韓愈其人。通過當時種種尤其是牽涉人品方面的非韓面向，來重探這些充滿爭議性的片面背後所應存有的韓愈生命圖像與心理歷程，試圖回到「韓愈還是那個韓愈」，努力呈現一個相對立體的、更多層次的韓愈形象。

＊　　＊　　＊

綜言之，本文分爲兩部分，第一部分在探索清末民初韓愈評價驟降的現象和原因。本階段主要的研究對象，是清末民初時期讀者的反應及立場，亦即從讀者視角來探討，目的是爲了更深入地認識本時期普遍對韓愈缺乏認同的情形。第二部份則另起於重審並檢討本時期論韓的爭議，把握住若干重點，也以此作爲重探韓愈內在精神的論述支柱，回到作者與作品的脈絡。誠願抱著「尚友古人」的情懷，藉由「知人」、「論世」的途徑，形成一個對韓愈更具同情亦不失合理的認識。

〔註20〕全華凌：〈韓愈尚「勇」性格論〉，《船山學刊》2004 年第 1 期。

第三節　資料來源

　　關於清末民初論韓相關材料，其實相當散亂難尋。目前見世的吳文治《韓愈資料彙編》（1983），收編對象為「中唐至『五四』一千一百餘年間有代表性的評述五百三十餘家」，〔註21〕其中固然包含若干清末民初材料，但所收亦不整全；另一方面，由於該書選材標準為「以韓愈的思想、詩文創作進行評述的資料為主」，〔註22〕雖然也兼及若干韓愈生平事蹟及其討論的材料，但終非其主要關切。因此，關於這類材料可以說尚未被全面地梳理呈現，仍須依靠筆者親自一一挖掘出來。

　　首先，比較容易掌握的材料，是本時期名人大家的論評，如嚴復、章太炎，胡適、陳獨秀等，主要根據個別文集搜尋相關篇章。或閱讀今人對於清末民初名人大家的評論，例如，通過韋政通〈輸入西學第一人——嚴復〉、〔註23〕李澤厚〈論嚴復〉〔註24〕等文的指引，有助筆者較精準掌握關於嚴復當身的背景及其在歷史上的定位，也有助深入地認識他作〈闢韓〉的用心。

　　其次，通過蒐集的材料作為進一步尋覓的線索，往往又能探得相關的延伸訊息。例如，郭沫若曾在〈寫在菜油燈下〉一文中將韓愈與魯迅並提，〔註25〕引發林辰撰文回應；〔註26〕這一將韓愈與魯迅並論的提法，也引起筆者興趣，自此便留心相關的論題，於是發現了章念馳〈章太炎・曹聚仁・魯迅〉、〔註27〕黃喬生〈魯迅、周作人與韓愈——兼及韓愈在中國文化史上的評價〉〔註28〕等文，從而拓展探究清末民初論韓現象的研究視野，對於時人看待韓愈的視角有更加豐富的認識。

　　本論文引用的許多清末民初資料，尤其得力於張岱年主編的《中國啟蒙思想文庫》（瀋陽：遼寧人民出版社，1994年）。該文庫選編清末民初之際知識分子面對動盪世局的吶喊與沉思。其中鄭大華、任菁編選的《強學——戊戌時論

〔註21〕吳文治：《韓愈資料彙編・凡例》（北京：中華書局，2006年），頁1。
〔註22〕同前注。
〔註23〕收入韋政通：《時代人物各風流》（北京：中華書局，2011年）。
〔註24〕收入李澤厚：《中國近代思想史論》（臺北：谷風出版社，1986年）。
〔註25〕收入郭沫若：《路畔的薔薇》（南京：江蘇文藝出版社，2009年）。
〔註26〕林辰：〈魯迅與韓愈——就教於郭沫若先生〉（1941），收入《林辰文集》（濟南：山東教育出版社，2010年），第2卷。
〔註27〕收入《上海文史資料選集・曹聚仁先生紀念集》第96輯第1期（2000）。
〔註28〕收入《魯迅研究月刊》，2004年第十期。

選》、胡偉希編選的《民聲——辛亥時論選》、張駿嚴編選的《新潮——民初時論選》等，都輯錄不少清末民初時期知識分子發表在報章刊物上的時論文章。由此不僅可見時人如何看待韓愈，更重要的是，批評、攻擊韓愈的語境脈絡一覽無遺。善加利用該文庫，大大協助筆者釐清本時期批評韓愈的現象及梳理其因果脈絡。

此外，爲了獲得對清末民初整個思想文化背景更精確的認識，以期進行更深入的探討，筆者也廣泛閱讀各類近現代史及其研究等著作。分類言之，近現代政治史的部份，如：王汎森等《中華民國發展史》（2011）、李雲漢《中國近代史》（1993）等；近現代思想史的部分，如：張錫勤《中國近代思想史》（1993）、許全興、陳戰難、宋一秀等著《中國現代哲學史》（1992）、蔡尚思主編《中國現代思想史資料簡編》（1982）等；近現代文學史的部分，如：朱棟霖、丁帆、朱曉進主編《二十世紀中國文學史》（2000）、皮述民等著《二十世紀中國新文學史》（1997 年）、唐弢主編《中國現代文學史》（1979～1980）、北京師範大學中文系現代文學教學改革小組編《中國現代文學史參考資料》（1959）、張若英編《新文學運動資料史》（1936）等；近現代教育史的部分，如：舒新城《中國近代教育史資料》（1981）等。再者，得力於網際網路之發達，筆者亦通過「期刊文獻資訊網」、「中國期刊全文數據庫」、「超星數字圖書館」、「讀秀」等學術搜尋引擎，也獲致許多不易搜得的訊息和材料。長時間浸淫於此，期許自己對當時歷史嬗變能有更明朗的觀照。

目前關注到清末民初非韓現象的研究，尤可先提的是何法周《韓愈新論》（1988）一書。該書〈前言——兼論近百年來的抑韓思潮〉一文即明言「抑韓思潮」從 1895 年嚴復寫〈闢韓〉算起。作者自道：「這個集子，集中討論了抑韓思潮中關於韓愈思想方面的八個問題」，〔註29〕換言之，該書的主體，即作者對抑韓思潮中關於韓愈思想的反思與再探。〔註30〕該書研究韓愈的進

〔註29〕 何法周：《韓愈新論》，頁 8。
〔註30〕 何法周：《韓愈新論》目錄依次如下：〈前言——兼論近百年來的抑韓思潮〉、〈韓愈〈原道〉篇探原——評所謂韓愈誅殺勞動人民之說〉、〈論韓愈的碑志散文——兼評所謂韓愈諛墓之說〉、〈論韓愈的民本仁政思想〉、〈論韓愈所倡導的二帝三王群聖人之道——兼評所謂儒家思想保守說〉、〈韓愈和永貞革新——再論韓愈的政治態度〉、〈論韓愈的人才思想〉、〈韓碑事件考辨——論韓愈歷史上的一樁疑案〉、〈韓愈語言創造的一項豐碩成果——韓愈詩文成語集錦〉及附錄。

路可以說帶給本文極大的啓示。本文的研究法即先探究清末民初非韓現象，而後重探非韓現象中關於韓愈人格情志面的若干問題。唯本文放大了前半部梳理清末民初非韓現象的部分，且對韓愈的討論主要集中於人格情志等內在精神面的探究。何氏在〈前言〉還提到了幾點觀察，如：「過去所著重批判、否定的，主要是他的道德品質、思想體系和政治態度」；又，「在抑韓思潮中所出現的種種抑韓現象，同這種思潮本身的出現一樣，都決不是某個人或某些人的什麼個人過錯所致。當一股社會思潮興起與襲來的時候，很多人都是會受其程度不同的影響的……抑韓思潮僅僅是新思想文化運動的一個支流」云云，〔註31〕已先指畫近百年來抑韓思潮的遠景。此外，該書附錄〈韓愈及其著作研究索引〉則提供了自 1909～1985 年間的韓愈研究成果。以上研究成果，使筆者得以在規模初具的基礎上盡情深入探索，做更細緻地考察。

方師介的博士論文《韓柳比較研究》（1990），〔註32〕其中第五章〈歷代學者對韓、柳「文」、「道」之評價〉的第六、七節，涉及清末民初重要人物對韓愈的評價，已初步勾畫韓愈地位聲勢下滑的曲線。該章羅列不少菁華的材料；其評述簡略卻十分精要，茲舉一例，如文中指出：「嚴氏所以關韓，即因西方民主、自由之思潮湧向中國，而尊君卑民的專制政體，也已瀕臨崩潰。晚清學者轉譏韓愈而稱譽宗元，正是時代思潮轉變所致。」〔註33〕諸般評語皆爲本文提示明確的方向。唯該文旨在綜觀歷代韓柳評價的陞降，而非專就韓愈來談。故本文除了把握該文揭示的重要材料與評述，更進一步針對韓愈做更詳盡的探索，補充更多過去較不爲人所注意的材料。

第四節　章節安排

本論文題爲「重探韓愈的精神世界 —— 從清末民初的韓愈批評談起」，共有五章。以下分別簡述各章在本研究中扮演的角色及其內涵。

第一章是〈緒論〉，說明本論文研究的緣起與過程，即關於問題意識、研討方向、資料來源和撰寫規劃等細節。期許通過本章，理解本論文所以擇定清末民初韓愈評議作爲起點的考量，亦能對全部研究之起承轉合有完整的

〔註31〕何法周：《韓愈新論》，頁 5～6。
〔註32〕國立臺灣大學中文所博士論文，1990 年。
〔註33〕同前注，頁 483。

概念。

　　第二章是〈清末民初抑韓思潮形成的背景〉，主要說明造成本時期韓愈地
位大顛覆的背景因素。分由政教、思想及文學三方面來談，亦即指出本時期
政教、思想、文學觀與傳統政教、思想、文學觀的差異。分別從「君臣民關
係的顛覆」、「儒家文化根基的動搖」、「文學與道德的革命」三點立論。

　　第三章是〈清末民初批評韓愈的若干焦點及其檢討〉。本章分為兩個部
分，各有重點。第一部分旨在說明本時期圍繞韓愈的種種評議，亦涉及其間
的牽連與衍伸。經過歸納與分析，本文聚焦探討韓愈的「政治理念」、「道統
與道德」及「文學成就」等三個方面所引發的種種評議現象。第二部分則繼
釐清現象後，即對諸評議進行簡要的綜合檢討。由於本時期韓愈批評的影響
不可謂小，因此實有重新評估其價值的必要。

　　第四章是〈重探韓愈的精神世界──對清末民初韓愈批評的回應〉。本章
尤其得益於前文對於清末民初韓愈評議的整理與檢討。本時期對韓愈的批評
明顯集中在人格方面，因此本章嘗試從個人情志、生命意識、道德自覺等內
在角度來重新探索韓愈其人，內容上則分別就韓愈的「為臣之心」、「示兒之
心」及「明道之心」等三方面來談。

　　第五章是〈結論〉，簡要地綜述並總結研究成果，作為本論文的句點。

　　本時期對韓愈的批評，雖然多非出於同情韓愈的理解，但卻也如實反映
了時代的課題及其帶來的衝擊。若自歷史文化圖像的全幅開展看起，則偏見
亦即是獨見。本來，受到時空的照拂，每個時代的讀者多半難逃某種風向；
然而，看似不能周全的侷限，何嘗不也是一種天賦的新穎？好比戴上不同時
代色彩的眼鏡，所見雖然各有偏差，但在偏差中豈不亦有著特殊見解與獨特
觀察？中國學術文化的生機，正仰賴代代讀者供給源源不斷的感悟與新詮。

　　清末民初一切政治、學術、社會都在短時間內發生劇烈的變化，而這一
巨變之所以前所未見，正因為它本質上是革新多過於傳統。清末民初的動盪，
具體來說即中國政治、學術、社會之巨變。其中牽涉之多端、因果之複雜、
材料之無窮，往往令人有望洋興嘆之感。筆者以初學新進之姿，試圖探索清
末民初的歷史巨變，不免心懷憂懼。不過，為了完成一個較新角度的韓愈研
究，也願鼓勇前行。筆者在學識上仍然淺薄，所蒐集材料也必有缺漏，論述
更可能仍嫌粗疏，凡此種種，都祈望獲得專家學者的指正。

第二章 清末民初抑韓思潮形成的 背景

　　清末民初時期的政治社會極度動盪，制度思想也隨之劇變。其外在複雜之觸因與內在縱橫之理路，實非本文規模所能一一勾勒。故本文只就涉及韓愈評價的思想背景作為論述主軸，欲釐清本時期韓愈評價所以低落的緣由。以下分為三路探索：一、君臣民關係之認知隨著政治社會的變革而有所變易；二、聖人之道、孔子之教的價值因時代需求的改變而有所動搖；三、道德與文學的內涵因應社會人心的變遷而有所革新。

第一節 君臣民關係的劇變

　　過去，中國政治型態向來有上下分明的特質，不論是周之貴族封建，或秦以降的君主專制，大抵不離統治者（上）與被統治者（下）的二分。統治者又可分為君王與百官，二者形成統治人民的集團。自古以來，理想的政治藍圖是聖人承天命、順道德以治天下。「天下」是普眾的集合體，一如載舟之「水」、風偃之「草」，用來期許、要求甚至警惕居上位者在執政過程應有的考量。被統治者的生存、安全與對統治者的信任，固是理想政治的核心訴求，但在實際政治場域中，往往也只以期許、要求與警惕的軟性姿態出現，其主動性趨近於零，大權仍全盤掌握在統治者的手裡。君君臣臣，名分素嚴。但理想的君臣關係並非絕對的，而是應如《孟子》所說：「君之視臣如手足，則臣視君如腹心；君之視臣如犬馬，則臣視君如國人；君之視臣如土芥，則臣視君如寇讎」（《孟子・離婁下》），也就是君臣之間應有合理的對待關係。惟

君王仍擁有絕對權勢，人臣對君王的道德要求依然只能是柔軟的呼喚，而不能有強制的作用，理想的君臣關係也往往在現實中成了難以企及的夢想。

傳統君、臣、民之關係，歷來文士多有反省，孟子已有「民爲貴，社稷次之，君爲輕」（《孟子·盡心下》）之言，黃宗羲亦有「古者以天下爲主，君爲客，凡君之所畢世而經營者，爲天下也」（《明夷待訪錄·原君》）之論，幾已近乎相對進步的「民主」觀念。故梁啓超嘗謂黃宗羲《明夷待訪錄》〈原君〉、〈原臣〉諸篇「幾奪盧梭《民約》之席」。〔註1〕惟黃宗羲所指的「民主」，是要求統治者在行政時「以民爲主」，語境仍未跳脫主權在君的立場，和今日訴求人民作主、主權在民的意義仍有一段距離。

直到清末，面臨東西列強前仆後繼的攻勢，清廷不但不能決然振起，反而漸次暴露百年政府長期積累的沉痾痼疾。先是自道光二十年（1840）「中國對外第一次之失敗」——〔註2〕中英「鴉片戰爭」——以來，人民已逐漸動搖對朝廷的信心，而發出不斷的究詰：西方國家何以如此富強？中國何以如此貧弱？接著，光緒二十年（1894）爆發中日「甲午戰爭」，中國之敗不但呈露自咸豐末年以來推行「洋務」的弊陋；尤爲難堪的是，日本以島國之姿獲得大勝，實給素來自大的清廷帶來前所未有的衝擊。此外，清廷戰敗後與日本簽訂《馬關條約》割讓台、澎等地之舉，更挑起民心的震盪與不安。這一連串的刺激與衝擊，終於喚醒長時蘊蓄在民間的能量。西學成爲一時圖強救國的新治術，時人紛紛崇尚「新學」、謀求「新政」，「變法」之呼聲四起。雖然保守人士的攻訐始終不曾間斷，但趨新風尚確實在當時及其後揚起巨大的波瀾。其內涵除了「船堅炮利」器物層面之外，也漸對原有政教大本發生質疑與重探。人們不僅對西學有了進一步的接受與認識，對中國傳統觀念制度也發生深刻的反思。中國數千年來集權中央的君主政制，受到了強烈的震撼；傳統君、臣、民關係的認知，遂因時勢人心的遷易而形成前所未有的巨變。

先是，由於庚子事變（1900）後，朝廷威信大落，爲了挽救人心，清廷正式下詔「變法圖強示天下」（1901），〔註3〕展示推行政治改革的決心。於是，光緒三十一年（1905），清廷設立了「考察政治館」，「擇各國政法宜於中國治

〔註 1〕梁啓超：《中國學術思想變遷之大勢》（臺北：中華書局，1979 年），頁 82。
〔註 2〕錢穆語，見《國史大綱》（臺北：臺灣商務印書館，1995 年），頁 889。
〔註 3〕光緒二十七年。〔清〕趙爾巽：《清史稿·德宗本紀二》（北京：中華書局，1976 年），第四冊，頁 940。

體者，斟酌損益」，〔註4〕並先後派遣多名大臣前往東西各國考察。考察結果
指出：我國「國勢不振，由上下相睽，內外隔閡」，各國「所由富強，在實行
憲法，取決公論」，因而主張「大權統於朝廷，庶政公諸輿論」。〔註5〕

　　其實，早在光緒二十一年（1895），康有為「公車上書」便已明白指出中
國政治「上下隔塞」的問題。「公車上書」起於康有為及諸在京應試舉人因不
滿《馬關條約》割地議和而群起的抗議。在康有為看來，朝廷若同意「割地」
條約，則無異於「棄臣民」。〔註6〕民意之向背，向來是先王治理天下的準則，
也是國家治亂的依據。今若割地棄民以保都畿，將引發民心離國疏君的效應，
〔註7〕簡直是本末倒置。割地議和表面看似權宜之計，實則無異走上自取滅亡
之路。不意清廷仍昧於此理，仍行此割地散民之策。康有為認定這是由於德
宗「誤聽」近臣之謬論所致。〔註8〕正因皇帝觀聽深受近臣影響，因此，臺民
之呼號無由上達，異議之諍言亦無從展布。割臺一事，突顯的正是政治運作
僵化、上下不通的問題。康有為由此痛陳國家貧弱的病灶，正在於政治的「壅
塞」。

　　康有為在〈上清帝第二書〉（1895）中曾分析「上下隔塞，民情不通」的
原因如下：其一，君威太大，導致言路狹隘、臣民畏言，所謂「君與臣隔絕」；
其二，官吏僵腐，導致上德不宣，下冤不伸，所謂「官與民隔絕」；再者，官
制繁冗，往往互為牽掣，所謂「大臣小臣又相隔絕」。〔註9〕由是之故，自咸

〔註4〕光緒三十一年。同前注，頁953。
〔註5〕光緒三十二年。同前注，頁955。
〔註6〕康有為〈上清帝第二書〉（1895）：「竊聞與日本議和，有割奉天沿邊及臺灣一
　　　省……又聞臺灣臣民不敢奉詔，思戴本朝。……然伏下風數日，換約期迫矣，
　　　猶未聞明詔赫然峻拒日夷之求，嚴正議臣之罪。甘忍大辱，委棄其民。以列
　　　聖艱難締構而得之，一旦從容誤聽而棄之，如列祖列宗何？如天下臣民何？」
　　　收錄在鄭大華、任菁編選：《強學：戊戌時論選》（瀋陽：遼寧出版社，1994
　　　年），張岱年主編：《中國啟蒙思想文庫》，頁3。下文再提簡稱《強學》。
〔註7〕康有為〈上清帝第二書〉（1895）：「天下以為吾戴朝廷，而朝廷可棄臺民，即
　　　可棄我；一但有事，次第割臺，終難保為大清國之民矣。民心先離，將有土
　　　崩瓦解之患。」《強學》，頁4。
〔註8〕於是他將矛頭指向皇帝身邊主張割地議和的大臣。〈上清帝第二書〉（1895）
　　　曰：「良由誤於議臣之言，以謂京師為重，邊省為輕，割地則都畿能保，不割
　　　則都畿震驚，故苟從權宜，忍於割棄也……左右貴近，論率如此。故盈廷之
　　　言雖切而不入，議臣之說雖辱而易行，所以甘於割地棄民而不顧也。」《強學》，
　　　頁3～4。
〔註9〕康有為〈上清帝第二書〉（1895）曰：「夫中國大病，首在壅塞……今天下事

豐末年以來推行的洋務運動，只有表面的興作，不能收富強之效用，終致光緒年間中日甲午戰爭的慘敗。

「上下隔塞，民情不通」連帶也突顯了官吏居中行政的問題。君臣隔絕，就懇切言事者而言，固然是進言太難；然而，就營私舞弊者來說，卻不啻是隻手可以遮天的絕佳形勢。〔註 10〕君若好維護威嚴，則等同隔離上下，如此一來，看似大權在握，實際上卻往往受制於居間的官吏。而官吏一般多奉行文書、因循故舊，劣者則營利徇私、便己枉法。政治之不進反退，可想見矣。此外，由於中國幅員遼闊，人員繁多而不免冗閒，文書繁密而難以盡情；上下層層權控，也往往導致行政上動輒互相牽制，甚至難免互相推諉。

在康有為看來，這全是「法久則弊」的緣故。〔註 11〕繁置冗員，一來責任難歸屬，二來效率難要求。腐敗生蟲蛆，許多枉法舞弊之蟲蛆便在這僵腐的制度溫床上濫生。不久之後，麥孟華在《時務報》發表〈論中國變法必自官制始〉（1897）一文，更進一步指控「制之不善」才是造成「上下隔塞，民情不通」根本原因。康、麥都指出國朝法度乃沿襲明制而來。不過，康有為是從「物久則廢，器久則壞」的觀點來看問題，相較之下，麥孟華所謂「今日之官制，固明太祖操縱之術，而前代之弊政也」云云，顯然帶入了批判語

皆文具而無實，吏皆奸詐而營私；上有德意而不宣，下有呼號而莫達。同此興作，並為至法，外夷行之而致效，中國行之而益弊者，皆上下隔塞，民情不通所致也。夫一省千里之地，而惟督撫一二人僅通章奏；以百僚士庶之眾，而惟樞軸三五人日見天顏。然且堂連迥隔，大臣畏謹而不敢盡言；州縣專城，小民冤抑而莫由呼吁。故君與臣隔絕，官與民隔絕，大臣小臣又相隔絕，如浮屠百級，級級難通，廣廈千間，重重并隔。」《強學》，頁 28。

〔註 10〕對此時人已有洞見，《時務報》報社經理汪康年就曾在〈論中國參用民權之利益〉一文中說過：「君獨立於百官兆民之上，則聰察不能下逮，而力亦有所不及，是以會計隱沒，上勿知也；刑獄過知，上勿察也；工作窳敝，上勿聞也。」《皇朝經世文編》卷 27，《強學》，頁 173。

〔註 11〕康有為〈上清帝第二書〉（1895）曰：「伏念國朝法度，因沿明制，數百年矣。物久則廢，器久則壞，法久則弊，官制則冗散萬數，甚且釐及監司，教之無本，選之無擇，故營私交賄，欺飾成風，而少忠信之吏。」又曰：「而今官制太冗，俸祿太薄，外之則使才未養，內之則民情不達，若不變通，無以為教養之本也。天下之治，必自鄉始。而今知縣，選之既不擇人望，認之兼則以六曹。下則巡檢、典史二人，皆出雜流，豈任民牧？上則藩臬道府，徒增冗員，何官吏治？若京官則自樞垣、臺諫以外，皆為閒散；各部則自掌印主稿以外，徒縻廩祿。堂官則每署數四，而兼差反多；文書則每日數尺，而例案繁瑣。至於釐及監司，而吏治壞濫極矣。」《強學》，頁 13、26～27。

氣，其矛頭也移向前代之「君」。〔註12〕

　　要言之，「上下隔塞，民情不通」一來由於君威太大，易壅塞言路；二來，官吏的素質低落與官制的疊床架屋，更使得皇帝、官吏、人民之間隔閡益深；如是則新政雖美，卻顛躓難行。種種新政，東洋西國行之則富強，中國效之則名存實亡。康有爲也十分痛慨：「上下不交，宿弊不去，蠹在根本，終難自強。」〔註13〕

　　康有爲反覆強調，「壅塞」之病實由於今人「篤守舊法而不知變」。〔註14〕爲了落實新政，講求變法的第一步便是疏通上下，尤以整頓官制爲要。麥孟華也主張「變法必自官制始」，梁啓超亦言變法「一切要其大成，在變官制」。〔註15〕除了整頓、疏通舊法之外，還要建樹新制。因此，康有爲提出設立「制度局」，以爲「變法之原」。〔註16〕此外，他還更進一步請求皇帝「紆尊降貴，與臣民相親」，提出五事：下詔求言、開門集議、辟館顧問、設報達聰、開府辟士，目的在得賢才、盡下情。〔註17〕

　　其中，尤以設立「議院」爲其主要訴求，因其不但親接民意、具公開性質；且又直接皇上，得不受層層官級的違礙阻隔，實具備疏通上下的極佳條件。設立「議院」的目的在使國家臻於富強，〔註18〕其他主張設「議院」者也多贊同此意。〔註19〕他們大抵不滿國家的重大決策僅取決於一二樞臣之

〔註12〕麥孟華〈論中國變法必自官制始〉（1897）曰：「夫今日之官制，固明太祖操縱之術，而前代之弊政也。然閉關之世，濡沫太平，則奉行文書，按循資格，成爲防弊攬權之權術。若夫強鄰環瞵，事變百幻，而仍此縛錮之舊，則必互相牽掣，延宕張皇，一事不辦。且同此善政，西人行之而大效，中國行之而滋弊，壅隔侵蝕，卒至廢報。」，原載《時務報》第22、24冊（1897年4月2～22日），《強學》，頁177。

〔註13〕康有爲：〈上清帝第四書〉（1895），《強學》，頁41。

〔註14〕康有爲：〈上清帝第六書〉（1898），《強學》，頁63。

〔註15〕梁啓超〈論變法不知本原之害〉（1896）曰：「吾今爲一言以蔽之曰：變法之本，在育人才；人才之興，在開學校；學校之立，在變科舉；而一切要其大成，在變官制。」，原載《時務報》第3、39冊（1896年8月29日～1897年9月17日），《強學》，頁104～105。

〔註16〕康有爲：〈上清帝第六書〉（1898），《強學》，頁66。

〔註17〕康有爲：〈上清帝第四書〉（1895），《強學》，頁43～44。

〔註18〕康有爲〈上清帝第四書〉（1895）說：「人皆來自四方，故疾苦無不上聞；政皆出於一堂，故德意無不下達；事皆本於眾議，故權奸無所容其私；動皆溢於眾聽，故中飽無所容其弊。有是三者，故百度并舉，以致富強。」《強學》，頁34。

〔註19〕趙而霖〈開議院論〉（1898）亦云：「中國名分素嚴，而政治仍多隔閡，若不

手。前文言及，清廷割地議和之舉，在康有爲等看來是罔顧民意的謬論，而此一謬論正是出於朝廷權臣。自此以後，康有爲等更力主應當重用民智、民力，以救上下壅塞之弊。換言之，即將政治實權自少數人的手中鬆綁，下放至民間的賢才高士，使更多人得以共同議政，期盼能在政治決策過程中加入更多來自民間的聲音。這顯示出他們對於向來居中持政的官吏已然失去信心，對於國家未來的考量也不願全然託付朝臣。

就現實層面來說，日本以蕞爾島國之姿在「甲午戰爭」中獲得壓倒性勝利，突顯了「明治維新」的成功與實效。故康有爲主張取法日本。〔註 20〕在康有爲看來，日本得以維新破舊，收富強之效，關鍵即在君民同心、上下相通。居上位者應凝聚眾心，齊一目標；在下位者應奮其智力，投身效國，君民協同一心。更重要的，不論是「決萬機於公論」；或召天下士上書對策，稱旨即擢；或令草茅與權貴同室並議，上下相通而群才益進；其精神都可說是鬆放原本集中於政府的權力。

設立「議院」的主張，固是眼前擺脫貧弱、求取富強的途徑之一，但其背後的政治意義影響卻十分深遠。本時期提出「議院」制度的政治意義，可簡括爲四字：「與民共治」。隨著甲午戰敗，人們逐漸正視內政「壅塞」的弊病，從而倡議改革官制、設立「議院」，公議萬機。這波訴求的眞諦，實在於提高人民政治上的地位，擺脫過去「被統治者」長久以來無聲的角色。這對中國素來集權中央的君主國體，與上令下從的專制政體而言，無非是投下一顆前所未有的震撼彈。從「中央集權」到「與民共治」，代表權力結構在根本上的轉變：專權者鬆綁政權，下放於民間，使人民也有參政的權利。

懷著「與民共治」之理想，嚴復始明確提出「君權民授」的論點。他視

急開議院，則上下之情不通，即門戶之見不化，又安望有富強之一日耶？」原載《時務報》第 53 冊（1898 年 3 月 3 日），《強學》，頁 215。

〔註20〕康有爲〈上清帝第六書〉（1898）曰：「日本之始也，其守舊攘夷與我同，其幕府封建與我異，其國君守府，變法更難，然而成功甚速者，則以變法之始，趨向之方針定，措置之條理得也。考其維新之始，百度甚多，惟要義有三：一曰大誓群臣以定國是，二曰立對策所以徵賢才，三曰開制度局而定憲法。其誓文在決萬機於公論，採萬國之良法，協國民之同心，無分種族，一上下之議論，無論藩庶，令群臣咸誓言上表，革面相從，於是國是定而議論一矣。召天下之徵士、貢士，咸上書於對策所，五日一見，稱旨者擢用，於是下情通而群才進矣。開制度局於宮中，選公卿、諸侯、大夫及草茅才士二十人充總裁，議定參預之任，商榷新政，草定憲法，於是謀議詳而章程密矣。日本之強，效原於此。」《強學》，頁 64～65。

「民」爲「眞主」，視「君」、「臣」皆爲民之「公僕隸」。〔註21〕這比起黃宗羲「民主君客」的說法，又更跨出一步。此論推翻了「君」乃一國之「主」的思維，徹底反轉「君」、「民」的地位。就連探究國家治平之道，嚴復所動用的詞彙也不同於往昔儒者動輒曰「天」、曰「聖」、曰「君」，而曰：

> 道在去其害富害強而日求其能與民共治而已。〔註22〕

如此一來，過去作爲統治階級的君與臣，不再被視爲治道之樞要、政治之要角；其地位與價值，也不過是與民共治、爲民服勞而已，被取消了來自天命的神聖根源。若由此再回頭審視原來君本位的國體，遂不免產生君民對立、君欺壓民的嫌惡感，一如嚴復的批評：

> 秦以來之君，正所謂大盜竊國者耳。國誰竊？轉相竊之於民而已。
> 既已竊之矣，又惴惴然恐其主之或覺而復之也，於是其法與令蝟毛
> 而起，質而論之，其什八九皆所以壞民之才，散民之力，漓民之德
> 者也。斯民也，固斯天下之眞主也，必弱而愚之，使其常不覺，常
> 不足以有爲，而後可以去保所竊而永世。〔註23〕

嚴復「君權民授」的觀點，頗得到時人的共鳴；對於君主專制的批判，也引起興論的呼應，梁啓超就稱許嚴復所說乃「懸之日月不刊之言」。〔註24〕嚴、梁等人對「民主」觀念的認識愈是明晰，對君主傳統的批判也就更爲激烈。

　　本時期對於「民主」的訴求，主要便在爭取人民參政的權利，認爲參政權是天賦人權之一。〔註25〕從這個角度來說，就連三代王道也失去作爲理想治道的光輝。〔註26〕甚至對於一國之「君」的定義，也產生根本的轉變：

〔註21〕嚴復〈闢韓〉（1895）曰：「斯民也，故斯天下之眞主也。」又曰：「故西洋之言治者：『國者，斯民之公產也；王侯將相者，通國之公僕隸也。』」見《中國學術名著今釋語譯》（臺北：西南書局，1972 年），頁 393。

〔註22〕同前注，頁 393。

〔註23〕嚴復：〈闢韓〉（1895），《中國學術名著今釋語譯》，頁 391〜393。

〔註24〕梁啓超：〈與嚴幼陵先生書〉（1897），《強學》，頁 134。

〔註25〕如二十世紀初《國民報》刊載無名氏〈說國民〉（1901）一文已指出：「天之生人也，寄予以身體自由之權利，即予以參與國政之權利。」《國民報》第 2 期（1901 年 6 月 10 日），胡偉希編選：《民聲：辛亥時論選》（瀋陽：遼寧出版社，1994 年），張岱年主編：《中國啓蒙思想文庫》，頁 2。下文再提簡稱《民聲》。

〔註26〕無名氏〈說國民〉（1901）曰：「要之，國民之權利，須經憲法法律所定者，然後謂之權，不然則否。我國雖三代之隆，未知聞也。惟見之經傳者，有『謀及庶人』、『詢及芻蕘』者，不過賢君之令德，而要非國民公權。……夫乃中

　　今試問一國之中，可以無君乎？曰可。民主國之總統，不得謂之君，

　　招之來則來，揮之去則去，是無所謂君也。〔註27〕

國無君亦可。在作者看來，過去君主所以掌有實權、人民所以沒有參政權，正由於歷代君王之自私，而奪了天下之民權。用梁啓超的話來說，就是君王爲私吞天下之利，故強奪天下人民之權。人民失權而不能自主，久之遂不知有權，故只能聽任君王擺佈，淪落爲政治奴隸。如是必致民力薄弱、民智未開、民氣不伸。今國家所以貧弱，實積於此。〔註 28〕這就再次將批判的矛頭指向傳統君王。由於君奪民權，故可謂之「民賊」。

　　也有一些論者承認古代君王並全都自私自利，若三代之「賢君令德」，亦非不可尊，但仍是出於不應妨害「平等」、「自由」等人權的立場來尊崇。〔註29〕此尤可見，本時期論「道」論「治」，已從講究「賢君令德」，轉向偏重「國民公權」，個人的參政、平等、自由等權利是否得到伸張，才是當今所謂「治道」的主要訴求。

　　總而言之，從追求「與民共治」，進一步言即主張「參用民權」；自上言之，即讓權於民，賦予人民參政議事的權力。研議「議院」制度的背後，實有歷歷可指的思想變化，終致人們對於「民權」有了啓蒙的覺悟；正由於此一覺悟，遂對於過去數千年施行的君主專制頓生荒謬之感，不滿的情緒日益高漲。韓愈所以在本時期地位下滑，正因他論「道」、踐「道」俱不脫「主權在君」的思維框架，於是招致不少的批評。何法周視百年來的「抑韓思潮」起於嚴復〈闢韓〉一文對韓愈〈原道〉的抨擊，當由此看起。

第二節　聖道、孔教的質疑

　　中國傳統政治從來不離教化目的，中國傳統學術一向看重治平理想。不

　　　　國自開國以來，未嘗有國民也。」《民聲》，頁 7。

〔註27〕同前注，頁 1。

〔註28〕梁啓超〈論中國積弱由於防弊〉（1896）曰：「後世之爲天下也私，故務防弊。……防弊之心烏乎起？曰：起於自私。……防弊者欲使治人者有權，而受治者無權，收人人自主之權，而歸諸一人，故曰私。」原載《時務報》第 9 冊（1896年 10 月 27 日），《強學》，頁 118〜122。

〔註29〕鄒容曰：「若堯舜，若禹稷，其能盡義務於同胞，開莫大之利益以孝敬於同胞，故吾同胞視之爲代表，尊之爲君，實不過一團體頭領耳。而平等自由也自若。」《革命軍》（北京：中華書局，1971 年），頁 23。

論王官學或百家言，立說的意義俱在貢獻於人事、有益於治國。歷代執政者則無不從中汲取思想資源作爲政治指導原則。以學術領導政治，更被歷代知識分子視爲從政的理想，而以「王者師」自任自期。然而，到了清末世變之際，由於反對清廷統治，進而反對君主專制；由於受到「民主」思潮的影響，進而不滿過去「忠君」的思維，甚至對教忠教孝的儒學孔教也開始產生反感。當政治大體受到震盪，其附著的學說思想也不免連帶跟著動搖。自嚴復提出「君權民授」以來，君主地位下降、人民地位漸升，已成爲不可阻遏之勢。對傳統政教的質疑很快地隨之而來。

　　庚子事變不僅犧牲了國土與血肉，清廷對義和團或撫或剿的矛盾態度，也重創人民與朝廷的關係；與列強簽訂喪權辱國的《辛丑條約》，更擊潰人民對朝廷的信心。於是，一反義和團時期「扶清滅洋」的口號，地方漸漸打出「反清滅洋」、「滅清興漢」的旗幟。〔註30〕「反清」、「滅清」、「興漢」的呼聲，刺激著人民跳脫被統治者的角色，正視充滿不平等對待的政治處境。舊縛漸去，新局斯張。

　　庚子以還，清廷本已痛詔變法，力求改革，尤以「興學育才」爲當務之急。〔註31〕稍前，光緒二十四年（1898），張之洞著《勸學篇》，德宗詔令直省刊布，傳誦一時。其篇旨大抵不出「激發忠愛，講求富強，尊朝廷，衛社稷」。〔註32〕接著，光緒二十九年（1903），由於張之洞時負海內重望，復有整飭學務之志，遂承旨會同管學大臣榮慶、張百熙制定〈學務綱要〉。其中有「中小學堂宜注重讀經以存聖教」一節。到了光緒三十二年（1906），「忠君」、「尊孔」正式被列爲當今「教育宗旨」。〔註33〕

〔註30〕詳見張錫勤：《中國近代思想史》（臺北：萬卷樓圖書公司，1993 年）第五章第一節，頁 419～425。

〔註31〕〔清〕趙爾巽《清史稿·德宗本紀二》：「（光緒二十九年）十一月丙午，諭曰：『興學育才，當務之急。據張之洞同管學大臣會訂學章所稱……俾士皆實學，學皆實用。』」第四冊，頁 946。

〔註32〕〔清〕張之洞《勸學篇》內篇〈同心〉曰：「今日時局，惟以激發忠愛、講求富強，尊朝廷、衛社稷爲第一義。」見《叢書集成初編》（北京：中華書局，1991 年），第 1 輯，第 996 冊，頁 20。

〔註33〕〔清〕趙爾巽《清史稿·選舉志二》曰：「中國政教之所固有，而亟宜發明以距異說者有二：曰忠君，曰尊孔。中國民質之所最缺，而亟宜箴砭以圖振起者有三：曰尚公，曰尚武，曰尚實。」此即〈學部奏請宣示教育宗旨折〉，見舒新城編：《中國近代教育史資料》（北京：人民教育出版社，1981 年），頁 217。

　　清廷的用心，由立憲之事便可知一二。光緒三十一年（1905），緣於朝野呼籲立憲之聲勢日漲，清廷設立了「考察政治館」，隨即派載澤等大臣出洋考察政治。隔年，「考察政治館」改為「憲政編查館」。復命政務處籌定立憲大綱，隱然以預備立憲之志昭示於民。然光緒三十四年（1908）頒布的〈憲法大綱〉竟曰立憲必由「欽定」，其內文又明定「君上大權」。〔註34〕故或者譏之曰「非驢非馬之憲法」。〔註35〕足見其預備立憲之舉動，意在粉飾觀聽，非真有公天下之心。〔註36〕

〔註34〕 黃鴻壽《清史記事本末》（臺北：三民書局，1959年）載曰：「奏聞憲法大綱如下：一、大清皇帝統治大清帝國，萬世一系，永永尊戴。一、君上神聖尊嚴，不可侵犯。一、欽定頒行法律及發交議院之權。（凡法律雖經議院議決而未奉詔命批准頒布者不能見諸施行）一、召集開閉停展及解散議院之權。（解散之時即令國民重行選舉新議員其被解散之舊議員即與齊民無異倘有抗違量其情節以相當之法律處治）一、設官制祿及黜陟百司之權。（用人之權操之君上，而大臣輔弼之議院不得干預）一、統率陸海軍及編定軍制之權。（君上調遣全國軍隊制定常備兵額得以全權執行，凡一切軍事皆非議院所得干預）一、宣戰講和訂立條約及派遣使臣與認受使臣之權。（國交之事由君上親裁，不付議院議決）一、宣告戒嚴之權。（當急時得以詔令限制臣民之自由）一、爵賞及恩赦之權。（恩出自君上，非臣下所得擅專）一、總攬司法權委任司法衙門遵欽定法律行之不以詔令隨時更改。（司法之權操諸君上，審判官均由君上委任代行司法。不以詔令隨時更改者，案件關繫至重故，必以已經欽定法律為準，免涉紛歧）一、發命令及使發命令之權惟已定之法律非交議院協贊奏經欽定時不以命令更改廢止。（法律為君上實行司法權之用，命令為君上實行行政權之用，兩權分立，故不以命令改廢法律）一、在議院開會時遇有緊急之事得發代法律之詔令，並得以詔令籌措必需之財用。惟至次年會期須交議院協議。一、皇帝經費應由君上制定常額自國庫提支議院不得置議。一、皇室大典應由君上督率皇族及特派大臣議定議院不得干預……」卷73，頁549～551。

〔註35〕 同前注，文末載編者曰：「是役遣人出洋考察政治，所謂為立憲之預備也。然特簡親貴，隨員又皆宦海中人，以是為國民代表，國人早知朝廷用意之所在矣。故皆稱為欽賜之憲法。外人則且從而姍笑之，謂中國將立上議院，議員以內之尚侍九卿、外之督撫為之，可稱為非驢非馬之立憲云。」

〔註36〕 這點從光緒三十年（1904）慈禧太后懿旨特赦戊戌黨籍人士一事可證一二。《清史稿·德宗本紀二》云：「（三十年五月）丙戌，懿旨特赦戊戌黨籍，除康有為、梁啟超、孫文外褫職者復原銜，通緝、監禁、編管者釋免之。」（第四冊，頁948）另外，孫文〈中國問題的真解決〉一文亦曰：「自義和團戰爭以來，許多人為滿清政府偶而發佈的改革詔旨所迷誘，便相信那個政府已開始看到時代的徵兆，其本身已開始改革以便國家進步；他們不知道，那些詔旨只不過是專門用以緩和民眾騷動情緒的具文而已。」《孫中山選集》（北京：人民出版社，1956年），上冊，頁59。

　　由此觀之，則清廷提倡「忠君」、「尊孔」背後的政治意義，無非是要以文化手段達到收服民心，使效忠清室的目的。提倡「尊孔」遂帶有強烈的政治意義。「尊孔」實是「尊君」的文化妝飾，「尊君」才是提倡「尊孔」的政治目的。中國傳承千年的文化思想，成為清廷捍衛政權存在合理性的手段，故雖表面稱道孔學聖教，實暗渡尊君守常之說。因此，在野輿論乃要針對其所託藉的聖人之道、孔子之教擺出質疑、批判乃至推翻的態度。

　　在激烈的反彈心理作用下，所謂「尊君」在本時期被指為一種「荒謬思想」。留日革命社團在東京創設的《復報》刊載「吳魂」〈中國尊君之謬想〉（1906）一文就是代表。中國何以長期崇尚尊君思想，此文指出若干原因，其中一項就是「由於聖人教忠之學說」。孔子重視君臣關係，因其涉及政治實踐，關乎治平理想。因此，事君為臣之道，是孔門講學的重點之一。時代情境不同，孔子當時固不能有民主觀念，然而「民可使由之，不可使知之」等言論在本時期特別招人不滿。在「吳魂」看來，正因有此類學說，所以中國君王才得以利用聖人名號，大行專制。「凡人」〈無聖篇〉（1908）一文甚至不惜詆毀孔子的人品。〔註37〕由於孔子被後世尊為「聖人」，既蒙冒「聖人」之名號，遂

〔註37〕凡人〈無聖篇〉（1908）曰：「彼為聖者，竟自以「天生德於予」，以為「天未喪斯文」，是直自附於上天之驕子之列，承天眷命，無敢彼何。其眩世盜世，有類世之所謂真人仙人者。宜忽世人惑之，競相追逐，轉相告從，以為進取名利無上法門。」原載《河南》第3期（1908年3月），《民聲》，頁159。再舉無名氏〈箴奴隸〉（1904）一文為例，至此亦將國人不能自主自治的奴隸根性，歸咎於孔子與儒家。作者曰：「奴隸與學派，有密切之感召。……蓋學術盛於周末，而孔子為稱首，且不免微傾於奴隸。」又曰：「孔子於君民一關看不太破……人言事君以諂，豈當時輿論一無足憑？」（《民聲》，頁82。）「事君以諂」一句，指的是《論語・八佾》所載的一則：「子曰：事君盡禮，人以為諂也。」當孔子時，季孫氏、孟孫氏、叔孫氏三家以大夫專擅魯政，眾皆嚮往趨附。公室威望低弱，唯孔子以禮事之，卻反被視為以禮媚上，譏之曰「諂」。現實形勢如季氏之富強，固有不得不然者，然孔子心中有一大是非存焉：季氏僭禮，在孔子看來即揭示其謀逆之心（《論語・八佾》：「孔子謂季氏：『八佾舞於庭，是可忍也，孰不可忍也？』」）；孔子盡禮，也不過是行道理之所當然，惟時人不能為，故反以為諂。由此可見行道之難，益見孔子踐履之篤。禮者緣情也誠然，端看行禮之道，其心之順逆即昭彰若揭，前人無不看得明白，如黃祖舜曰：「孔子於事君之禮，非有所加也，如是而後盡爾。時人不能，反以為諂。故孔子言之，以明禮之當然也。」程頤曰：「聖人事君盡禮，當時以為諂。」（《論語集注》卷2）然本時期正值劇變的局勢，有識者急於催醒數萬萬隻「睡獅」，竟不惜以詆毀孔子作為警世之鐘。由於批判「君主」、提倡「民主」之理論正大行其道，孔子「事君盡禮」之本心，遂為異代氛圍

引生本時期「棄聖」、「絕聖」之主張。《論語》載子曰「天生德於予」、「天未喪斯文」云云，全被曲解爲孔子自附於天、妄自尊大的表現。〈無聖篇〉作者「凡人」曾經說過「聖」之觀念起於上古迷信，〔註38〕這裡更進一步斥聖心爲虛妄，整體論述無非大力突顯尊聖、崇聖心理的荒謬。

「無聖」的說法一出，自然引起社會的驚駭，連刊載〈無聖篇〉（1908）的《河南》報社編輯也不得不在文章之前特作說明：

> 此篇所論，有疏於學理處。且訾毀孔子，不無過當。然以吾國士夫素崇孔子，莫感懷疑，故數千年來思想滯閡不進，學術陵遲，至不可救。此篇雖不免矯枉過正，然錄之亦可觀思想進化之一般云爾。
> 〔註39〕

意謂對於「無聖」主張雖不無疑慮，但若著眼思想學術進化的立場，則願刊行此文，使之流傳。可見，孔子的地位顯然下降了。隨後又有更爲激進的非孔者，如以「絕聖」爲筆名發表的〈排孔征言〉（1908）一文。〔註40〕作者認爲，迷信乃思想之桎梏，且制人於無形，故尤難破除。由於以孔子爲代表的儒家學說長期以來爲政府所利用、人民所迷信，若欲破除人民之種種迷信，使脫於君主專制之荼毒，則必先行「孔丘革命」。作者反對孔子，罵曰「孔毒」，直欲用「刮骨破疽之術」去之。從其「無政府革命」的訴求，可知「絕聖」此人的政治立場，在反對一切強而有力的政權。可見，在政治上反抗強權愈烈者，其思想上排斥孔聖亦愈甚。不論在政治上反清革命或在思想上闢聖非孔，無非意在擺脫強權、爭取自由而已。從時間點來看，「吳魂」、「凡人」、「絕聖」所論，顯然針對清廷新發布「忠君」、「尊孔」等「教育宗旨」而發。

所掩蔽，雖有識者亦無暇溯及孔子處境而加以同情，遽罪孔子「事君以諂」。是論斷章取義，固無足道也，然而千百爲說，無非是要打倒今人在觀念、精神上對儒家、對聖人的「依傍」，從而覺醒其危機意識，使正視時局之困境。尤其是針對孔子「事君」的態度，正是要呼籲人民應看重自身權利，爲個人謀幸福，對傳統「經常」的道理要隨時保有「權宜」的自覺與活性，勿甘爲唯唯諾諾聽令事上之奴隸。秦以來的政治既受到強烈批判，秦以來之學術亦不免受到質疑。儒家學說往往被窄化爲忠君思想，作爲代表人物的孔子也由於不具民主觀念，自然成爲輿論攻訐對象。

〔註38〕凡人〈無聖篇〉（1908）曰：「且聖之起源，無非由未開化之人群之迷信而成於上世者」，《民聲》，頁164。

〔註39〕見凡人：〈無聖篇〉之前誌，《民聲》，頁156。

〔註40〕絕聖：〈排孔征言〉（1908），《新世紀》第52期（1908年6月20日），《民聲》，頁191～193。

　　除此之外，二十世紀初，許多人士開始不滿大半國人對於國家內憂外患之危勢無動於衷，既無危機感，更無競爭力。隨著革命情緒的高漲，社會上對於君主專制的批判愈演愈烈，但多數臣民仍囿於傳統習慣，不悟主權在民之思想，舉國上下彷若麻木不仁的「睡獅」，〔註41〕任由內外宰割；於是時有呼籲人民應自重、收回主權、作國家主人、勿甘爲聽令於上的「奴隸」的主張。〔註42〕人民若能行使個人的權利，那麼在政治上不該爲「君臣」之奴隸；在思想上不該爲「聖人」之奴隸；在言行上不該爲「道德」之奴隸。換言之，除了要求參與政治，開始有人意識到個體之自由、人格之獨立的重要性。如何啓蒙四萬萬隻「睡獅」，使脫「奴隸」之根性，成爲自主自治之「國民」，亦是本時期的重要思潮之一。正如〈說國民〉（1901）一文指出：

> 欲脫君權、外權之壓制，則必先脫數千年牢不可破之風俗、思想、
> 教化、學術之壓制。蓋脫君權、外權之壓制者，猶所謂自由之形體；
> 若能跳出數千年來風俗、思想、教化、學術之外，乃所謂自由之精
> 神也。〔註43〕

所謂「跳出數千年來風俗、思想、教化、學術之外」，主要仍表現在對孔子之道的檢視與批判。孔子「事君盡禮」之用心，被謬指爲「事君以諂」（無名氏〈箴奴隸〉）；孔子所提「君子」的人格理想，被曲解成「爲君之子」；孔子所重「忠」、「孝」之德行，被等同於「認君作父」。〔註44〕連孔子自身都被批駁

〔註41〕雲窩：〈教育通論〉（1903），原載《江蘇》第 3 期（1903 年 6 月），《民聲》，頁 54。又見無名氏〈公私篇〉（1903）曰：「今夫種族之戚，屠戮之慘，天下之至痛也，而吾中國則甘之。競爭之劇，抵拒之烈，天下之至危也，而吾中國則安之。奪吾主權，隳吾國防，蹂躪蠻割吾祖宗墳墓之地，子孫生息之鄉，天下之至辱也，而吾中國則置之聽之。」原載《浙江潮》第 1 期（1903 年 2 月），《民聲》，頁 38。

〔註42〕所謂「奴隸」，如《國民報》刊載無名氏〈說國民〉（1901）一文指出，奴隸既「無權利」，也「無責任」，論政治則「甘壓制」，論思想則「好依傍」，論言行則「尚尊卑」。今若恢復人民天賦之「權利」，則人民亦能自擔相應之「責任」。原載《國民報》第 2 期（1901 年 6 月 10 日），《民聲》，頁 2。

〔註43〕無名氏：〈說國民〉（1901），《民聲》，頁 2～3。

〔註44〕如：凡人〈無聖篇〉（1908）曰：「惟君子之稱，爲士子歷來之大恥，無能道破其義，以絕其詞。而且持以相勖，成爲美談……夫君者何？君王也。子者何？繼承之後嗣也。士子讀書論道，不過爲君之子，例如聖承天而治、稱爲天子者然，其鄙陋亦何若是？《論語》首章第一字言學，末句言成君子，是聖人之學，學爲君之子，以承佐其治。換言其眞象，豈非認君作父，以助獨夫謀萬世之業耶？子夏稱好學曰：「事父母能竭其力，事君能致其身。」是事

至此，更遑論尊孔之韓愈了。

由於君民地位發生劇烈變化，過去長期奉為圭臬的「尊君」、「忠君」思想，如今反被視為是矯揉造作的「偽道德」。在曾參與同盟會的革命人士「鐵厓」（原名雷昭性）看來，所謂君臣忠義云云，皆是君主為牢籠萬民而設，不足稱為道德。〔註45〕稍前吳魂〈中國尊君之謬想〉（1906）一文已斥「尊君」為「謬想」，至鐵厓〈名說〉一文（1909）更貶「君臣之倫」、「忠義之說」為「偽道德」；這不啻是說，君臣之義已失去穩定社會秩序的功能，如今只以「無形之名」來圈禁人生。是以鐵厓要作〈名說〉，以破「名教」對人心自由的羈勒。他將矛頭移向傳統儒臣，批判這一群人事君太尊，幾至喪失人格之獨立與尊嚴。批判所引「臣罪當誅，天王聖明」一句正出於韓愈〈拘幽操〉。雖然「賤儒」云云並非逕就韓愈發論，但由此端亦可見韓愈在本時期引起輿論批判的苗頭，正是諸如此類尊君思想濃厚的文字。

同樣視「尊君」、「忠君」為「偽道德」的還有「憤民」〈論道德〉（1911）一文。作者認為君臣之義根本就是君主至私的產物，〔註46〕故今之「民」要

君重於事親，而能以父母遺體轉致於君，誠可謂君之賢子肖子，豈可止言為君之子而不加賢字肖字耶？」（《民聲》，頁167）「君子」是儒家理想的人格典範，《論語》中的「君子」論述，看重的是個人德性的修養與實踐，而非引文所謂「為君之子」。對傳統儒者而言，政治實踐即是人生實踐；個人所貢獻於治平理想的種種，也就是人生終極的價值。儒家提出「君子」的人格理想，作為人們的修身之方、從政之要，使讀書人在面對理想與現實之落差時，猶能反求諸己，擇善固執，而不隨波逐流。此文直斥「君子」是「為君之子」，乃增字解經；又「事君重於事親」云云，更屬斷章取義。其說固無可取，但顯然作者別有用意，主要還是在批判專制統治對於人心社會之毒害，而連帶摒斥講重君臣之道的儒學。君臣名教是在特定社會組織下所形成的綱常道德。隨著「民權」意識的覺醒，帶動人們對社會結構認知的轉變，原本維持穩定秩序的倫理鏈結，反而變成束縛人心自由的枷鎖。

〔註45〕詳見他在〈名說〉（1909）一文中所述：「後起之梟雄，知民情恬淡者，非但不足以供驅使而神主威，且不足以造專制而恣剝奪，於是創為君臣之倫，忠義之說，定之為人紀人綱，制之為大經大法，順之者為純正循良，悖之者為悖亂惡逆。上以此教，下以此勸，於是乎偽道德之惑亂斯民者，遂深錮於人心而牢不可破。而無恥賤儒，獻諂貢諛以求親媚者，從而鋪張揚厲推波助瀾以益之毒。由是名分所關，動則有咎。……若夫無端而剝脂膏，無端而恣殺戮，一任昏暴者之蹂躪魚肉，宰割烹醢，而蹈湯不怨，赴火不辭。鞭扑敲笞之餘，血肉狼藉之後，呼吸彌留，猶牢守『臣罪當誅，天王聖明』之一念，以留臣節於天壤，傳青史於後人。……非夫名教之殺人於無形者乎！」原載《越報》第1期，（1909年11月），《民聲》，頁197。

〔註46〕憤民〈論道德〉（1911）曰：「君主之為物，不過數千年歷史上無謂之贅疣耳。

「憤」而斥之。所憤斥者，不僅止於政治上的君主，連思想上凡帶有不能自
主的觀念，皆當視為某種強權，故云：

中國數千年相傳之道德，皆人為之道德，非天然之道德也；皆原於
習慣、綱常名教矯揉造作之道德，非根於心理、自由平等博愛真實
無妄之道德也；皆偽道德，非真道德也。〔註47〕

道德禮教原本被視為是人文精神之發皇、被視為是國人從原始迷信的黑暗走
向人文理性的黎明的里程碑。〔註48〕然而，在此番論述之下，分明人倫尊卑
的「綱常」轉成箝錮，穩定社會秩序的「禮法」變為繩縛；〔註49〕所謂「名
教」更等同於君主鈐壓人民之術，比起「洪水猛獸」之害生，竟有過之而無
不及。〔註50〕韓愈所謂「道」因強調聖人君師之教，又與「道統」之說，在

既儼然以一人肆於民上，自念威福權力，皆由強取豪奪而來，常惴焉有汲汲
顧影之心，斯不得不創尊君親上之謬說，以鞏固其大寶。此人民對君主之偽
道德所由來也。」原載《克復學報》第2、3期（1911年8、9月），《民聲》，
頁255。
〔註47〕同前注，頁254。
〔註48〕詳參徐復觀：〈周初宗教中人文精神的躍動〉一文，《中國人性論史：先秦篇》
（臺北：臺灣商務印書館，1990年），頁15～35。
〔註49〕被視作君主自私權術的綱常道德，不僅被斥為「偽道德」，被排除在人道之
外；甚至退為「迷信」層次，一不足取。如：真〈三綱革命〉（1907）所說：
「所謂三綱，出於狡者之創造，以偽道德之迷信保君父等之強權也。」時興
「民主」言論，故批判君權；流行「科學」觀念，故排斥迷信。君權與迷信
俱在貶斥之列，一如「真」指出：《新世紀》常曰：去迷信與去強權，二者
皆革命之要點。」原載《新世紀》第11期（1907年8月31日），《民聲》，
頁148。《新世紀》是同盟會人士張靜江等在巴黎創設的宣傳革命思想之刊
物。
〔註50〕憤民〈論道德〉（1911）曰：「綜是三者（人民對於君主之偽道德、卑者對於
尊者之偽道德、女子對於男子之偽道德），所謂綱常名教，大經大法之所在，
盡於此矣。中國數千年相傳之道德，殆無有能逾越是範圍者。而其禍世誣民，
則直甚於洪水猛獸。」同前注，頁261。又，真〈三綱革命〉（1907）曰：「君
與臣皆野蠻世界之代表，於新世紀中，君與臣皆當除滅。」（《民聲》，頁149。）
又，無名氏〈權利篇〉（1903）曰：「吾痛吾中國之禮儀三百威儀三千也，胥
一國之人以淪陷於卑屈，而卒無一人少知其非，且自誇謂有禮之邦，真可謂
大惑不解者矣。禮者非人固有之物也，此野蠻時代聖人作之以權一時，後而
大奸巨惡，欲奪天下之公權而私為己有，而又恐人之不我從也，於是借聖人
制禮之名而推波助瀾，妄立種種網羅，以範天下之人。悖逆之事，孰逾於此！
夫人所以為萬物之靈者，非以其有特別高尚之質格歟？自由平等，是其質格
中之最高尚者，所以異於禽獸者在此。而立上下貴賤之別，以喪其資格。而
天下之人，猶動言禮教奉若神明而不敢渝，侈言古聖先王之大法而不敢犯，

本時期竟被視爲「烈於洪水猛獸」，成爲禍害民族的代表之一。

1911 年，辛亥革命成功推翻了清廷的統治，終結主權在君之國體。然而，國家主權並未由於清帝遜位而回歸人民，而是轉落軍閥之手。一時之流血革命實未能撼動專制政體之根本，「民國」四萬萬人民仍飽受專制統治之毒害，故孫中山曾感嘆：「夫去一滿州之專制，轉生出無數強盜之專制，其爲毒之烈較前尤甚，於是而民愈不聊生矣」；〔註 51〕而「共和」亦淪爲掌權者陰行專制的口號，如陳獨秀痛陳：「三年以來，吾人於共和國體之下，備受專制政治之痛苦」。〔註 52〕總之民國肇建以來，整個社會並未能一步踏上「自由政治」、「國民政治」、「自治政治」之新潮，而仍深陷「專制政治」、「個人政治」、「官僚政治」之洄水。〔註 53〕袁世凱政府恢復帝制、張勛擁戴溥儀復辟等接連政變，尤顯著反映倒退回君主專制之意嚮。此一倒退，或出於個人權勢之野心，或出於悲哀民瘼之不忍，然俱不合當時人心嚮往自由、社會趨慕民主之總意。

大局有不得不推進者，故此一「倒退」反而激起另一波革命的思潮。正如《新青年》第二卷第五號載高一涵〈一九一七年豫想之革命〉（1917）一文所指出：

> 往歲之革命爲形式，今歲之革命在精神。〔註 54〕

何其愚哉！禮立於中國三千年矣，而中國之文弱也幾千歲。」又曰：「禮爲聖人所制，法爲立法者所定，君非出於自然而由人力爲之者也。然此二者之本質，則有天壤之差。定上下貴賤之分，言殺言等，委曲繁重，雖父子夫婦之親，亦被其間離，非禮之本質乎？以平等爲精髓，無壓抑之理，無犯人自由之律，非法之本質乎？重禮則養成卑屈之風，服從之性，僕僕而惟上命之是聽，任如何非禮，如何非法，而下不得不屈從之。君可不敬，臣不可不忠；父可不慈，子不可不孝，是重禮者之代表也。卑屈服從之奴性，鳴呼極矣！」原載《直說》第 2 期（1903 年 3 月），《民聲》，頁 30～32。

〔註 51〕詳參張錫勤《中國近代思想史》第六章第一節，頁 609～611。

〔註 52〕陳獨秀：〈吾人最後之覺悟〉（1916），原載《青年雜誌》第 1 卷第 6 號（1916 年 2 月 15 日），張駿嚴編選：《新潮：民初時論選》（瀋陽：遼寧人民出版社，1994 年），張岱年主編：《中國啓蒙思想文庫》，頁 16。下文再提簡稱《新潮》。

〔註 53〕陳獨秀〈吾人最後之覺悟〉（1916）曰：「古今萬國，正體不齊，治亂各別。其撥亂爲治者，固不舍舊謀新。由專制政治，趨於自由政治；由個人政治，趨於國民政治；由官僚政治，趨於自治政治。此所謂立憲制之潮流，此所謂世界系之軌道也。吾國既不克閉關自守，即萬無越此軌道逆此潮流之理。進化公例，適者生存。……吾國欲圖世界的生存，必棄數千年相傳之官僚的專制的個人政治，而易以自由的自治的國民政治也。」《新潮》，頁 17。

〔註 54〕高一涵：〈一九一七年豫想之革命〉，原載《新青年》第 2 卷第 5 號（1917 年

若要鞏固「立憲政治」、「共和國體」等制度革命之碩果，則須進一步於人民之「精神」層面再發動一場「革命」，務使人人徹底擺脫尊卑上下之階級思想，覺悟人生而擁有獨立自主之人格、享受自由平等之權利。就執政者而言，應去其唯我獨尊之自大心理，而代以人民公僕之服務態度；就國民而言，應去其依賴他人之奴隸習性，而代以自治自立之民治精神。其實，不論專制或是共和，制度本身應屬中性無好壞之別，關鍵還在人心。若專制君主而能懷公天下之心，廣納賢才，與民通氣，亦不失為好的統治者；若共和國總統而仍存私天下之欲，號為民主，其實獨裁，則恐毒害國家生民更甚。因此，民國雖已建立，但陳獨秀等仍再次呼籲革命，正由於他們意識到，從「君主」過渡「民主」，絕非只是表面上制度名稱的改頭換面，更重要的是精神層面的脫胎換骨。此後，革命的戰場遂由國體、政體推移至觀念、思想乃至文學、文化的場域。

　　延續著前期批判「尊君」、「尊孔」的輿論，反強權的意識，並未隨著政治上辛亥革命的成功而稍歇。陳獨秀在〈舊思想與國體問題〉（1917）所說：

> 我們中國多數國民口裡雖然不反對共和，腦子裡實在裝滿了帝制時代的舊思想。……如今要鞏固共和，非先將國民腦子裡所有反對共和的舊思想，一一洗刷乾淨不可。〔註55〕

好比水落而石出，正是由於制度大幅的變換，隱伏在人心底層的思想頑石才徹底揭露。這就是為什麼陳獨秀亟欲去「儒者三綱之說」，視之為政治根本問題之解決；又提倡「倫理之覺悟」為「吾人最後覺悟之最後覺悟」。因此，民初以來對孔教的批判逐愈演愈烈。唯辛亥革命以前，政治上還有「君主」作為箭靶，故輿論對於孔儒的不滿猶聚焦在君主專制罔顧民權、奴民依賴欠缺自主等議題，多半圍繞君民關係來探討，具有現實的、急迫的、變革的政治色彩，可謂偏重在「破舊」；清帝退位以後，政治上「君」的名義取消了，但人民的實際生活卻仍未擺脫專制帝國的氛圍，其痛苦甚有過之，遂使時人警覺到，要成就一個主權在民的國家，光是在政體上換個「共和國招牌」是行不通的。〔註56〕他們更進一步深思自由、獨立、平等之奧義。故此階段對於

1 月 1 日），《新潮》，頁 71～72。
〔註55〕陳獨秀：〈舊思想與國體問題〉（1917），原載《新青年》第 3 卷第 3 號（1917年 5 月 1 日），《新青年》（北京：中國書店，2012 年），頁 233。
〔註56〕錢玄同〈中國今後之文字問題〉（1918）曰：「獨秀先生：先生前此著論，力主推翻孔學，改革倫理，以為倘不從倫理問題根本上解決，那就這塊共和招

儒家的批評，與其說是藉此打擊君主專制的尊卑階級觀念，不如說是進一步直指傳統儒家所謂「道」欠缺民主共和國的自由平等精神。這些思論涉及的場域更寬更深，不再侷限政治範疇；延續前人「破舊」之餘，他們更跨出一步嘗試「立新」。

　　回頭再看，民國成立之始，政界、學界對於如何面對儒經孔教，原本曾有一番深刻的省思，也曾引發了幾許波折。這些過程，對於最後的結果，也都有一定的影響。先是 1912 年，南京臨時政府教育部公布〈普通教育暫行規定〉，議廢「讀經」、「尊孔」禮節。〔註57〕關於「宗經」思想，自清末主張變法維新以來，國人已逐漸了解到純粹經術已不足因應當今世變，故紛紛考察東西列國富強之由。〔註58〕他們體認到，若治平之術不取法東西列強之優勢，勢必不能救國家於存亡危急之秋。今之勢不僅不宜守成，且隨著西風帶來「科學」與「民主」的觀念，更揭露中國傳統學術缺乏科學素養和教育偏枯的不足。若不根本去掉國人「宗經」的習慣，便難以轉其神聖性為科學性、變其崇高性為普世性，「宗經」思想恐阻學術之進步、撓國家之富強。再者，當時擔任教育總長的蔡元培更明確指出「宗經」思想是國人「自大」惡習的根源。〔註59〕為了變化國

〔註57〕詳參范玉秋：《清末民初孔教運動研究》（北京：中國海洋大學出版社，2006 年），頁 114。

〔註58〕如蔡元培在〈國文之將來〉一文說：「從前的人，除了國文可算是沒有別的功課，從六歲起到二十歲，讀的寫的都是古人的話，所以學得很像。現在應學的科學很多了，要不是把學國文的時間騰出來，怎麼得及呢！而且從前學國文的人是少數的，他的境遇，就多費一點時間，還不要緊。現在要全國的人都能寫能讀，那能叫人人都費這許多時間呢？歐洲十六世紀以前，寫的讀的都是拉丁文。後來學問的內容複雜化了，文化的範圍擴張了，沒有許多時間來摹仿古人的話，漸漸兒都用本國文了。」，張若英編：《新文學運動史資料》（上海：光明書局，1936 年），頁 133～134。雖然文章旨在回應文言白話之爭論，然由其談話可側面得知蔡元培對新舊學術內涵變遷的看法：其一是學術內涵的複雜化；其二是參與學術人口的普及化。

〔註59〕我一〈臨時教育會議日記〉載教育總長蔡元培演說辭：「我中國人向有一弊，即是『自大』。及其反動，則為自棄。自大者，保守心太重，以為我中國有四千年之文化，為外國所不及，外國之法制，皆不足取；及屢經戰敗，則轉而為崇拜外人，事事以外國為標準，有欲行之事，則曰『是某某國所有也』，遇不敢行之事，則曰『某某國尚未行者，我國又何能行？』此等幾為議事者之口頭禪，是由自大而變為自棄也。普通教育廢止讀經，大學校廢經科，而以經科分入文科之哲學、史學、文學三門，是破除自大舊習之一端。」舒新城

（上段註釋56續）牌一定掛不長久。玄同對於先生這個主張，認為救現在中國的唯一辦法。」原載《新青年》第4卷第4號（1918年4月15日），《新潮》，頁 138。

人「自大」習氣，拓展學科視野，所以他主張不應明定「讀經」，以消除國人「宗經」思維。此外，清末實施新政，亦曾欽定〈學務綱要〉，其中有「中小學堂宜注重讀經以存聖教」一條。前文已及，此令背後實是清廷欲藉宣揚文化以行統治之實的政治意圖。其實，蔡元培並非反對經學，只是不願再以明定法令的方式來過度尊崇；相反的，若能以學科分類角度不卑不亢地看待經學，則經學作爲現代學術之內容之一亦無不可，因之他提出「以經科分入文科之哲學、史學、文學三門」的主張。

　　再論關於「尊孔」方面。「尊孔」曾是清廷欽定「教育宗旨」之一，與「尊君」等數項並列。如前文所述，「尊孔」實是「尊君」的文化妝飾，「尊君」才是提倡「尊孔」的政治目的。因此，到了民國時期，「讀經」、「尊孔」遂不免帶有幾分的政治曖昧。當局者遂有議廢學校拜孔禮節及文廟學田充公以充小學經費之舉。〔註60〕蔡元培對此也表示：「『忠君』與共和政體不合，『尊孔』與信教自由相違。」〔註61〕在他看來，拜孔規令無異於「似是而非的宗教儀式」。他並非反孔，但出於信仰「自由」的考量，主張學校不應拜孔。對蔡元培來說，不論是「宗經」或「尊孔」，都不再停留於低級的政治操弄，而應進一步尋求傳統學術文化在新興思想觀念衝擊下應有的轉變；正如他所說：「共和時代，教育家得立於人民之地位以定標準，乃得有超軼政治之教育。」〔註62〕是故他重新擬定民國的教育方針，在〈對於教育方針的意見〉（1912）一文中，他提出五種教育：軍國民教育、實利主義教育、公民教育、世界觀教育和美育；〔註63〕其中「公民教育」一環，則明確定義了「公民道德」：

編：《中國近代教育史資料》，上冊，頁294。

〔註60〕其議曰：「前清〈學堂管理通則〉有拜孔子儀式。施行以來，窒礙殊多。孔子並非宗教家，尊之自有其道，今乃以宗教儀式崇奉於學校之中，名爲尊孔，實不合理。此學校不應拜孔子之理由一。教育與宗教各有目的，不宜強合爲一。今以似是而非之宗教儀式行於學校，既悖尊孔之義，尤乖教育目的。此學校不應拜孔子之理由二。憲法公例，信教自由爲三大自由之一。今以學校拜孔子之故，致令他教之子弟，因信仰不同，不肯入學。既悖憲法公例，尤於教育普及大生障礙。此學校不應拜孔子之理由三。有此三理由，故學校之中，宜將此項禮儀刪去。」見黃遠庸：《黃遠生遺著》（臺北：京華出版，華文發行，1968年），頁180。

〔註61〕蔡元培：〈對於教育方針之意見〉（1912年4月），舒新城編：《中國近代教育史資料》，下冊，頁1026。

〔註62〕同前注，頁1021。

〔註63〕蔡元培：〈對於教育方針之意見〉（1912年4月），《中國近代教育史資料》，下

> 何謂公民道德？曰法蘭西之革命也所揭示者，曰自由、平等、親愛。
>
> 道德之要旨，盡於是矣。〔註64〕

他以自由、平等、親愛（博愛）三者爲「一切道德之根源」。相較於辛亥革命以前批判「僞道德」之輿論，至此又更進一步：蔡元培以教育總長的身分，明定民主立場的「公民道德」，取代君主立場的「綱常道德」，實具有跨時代的重大意義。在此「道德」之內涵，與傳統所謂「道德」有了全然不同的界說。這裡所說的「道德」，顯然亦非韓愈所謂的「道德」。

不過，教育部議廢「讀經」、「尊孔」之舉，也隨即引發社會輿論的聲討。〔註65〕辛亥革命易清朝爲民國，棄專制而行共和。然而新精神之移植，卻跟不上國政制度改易的速度。如曾經「公車上書」請求清廷變法的康有爲，便不滿於革滿州之命乃至於革文化之命。在康有爲看來，徒議「自由」、「平等」、「博愛」等政治革命口號，換來的卻是民初數年的爭、殺、亂、暴，人民之生命財產已苦無託庇，若再以「自由」、「平等」、「博愛」革易教化宗旨，則人民之魂神更永無安寧幸福之時。康有爲認爲「道者身所當行，孔子所定之道是也」、「孔子之道，仁而已矣」，在他而言，「仁」一方面是「人人自立而平等」的大同仁愛，另一方面是強調尊尊親親的綱常倫理。〔註66〕自由、平等、博愛早已鎔鑄冶化於孔教之中了。因此，他批評臨時政府不知立國治國之道，徒議摹仿歐美，盡變舊章，「直欲廢黜孔子」，將使數萬萬民「徬徨無所從，行持無所措」。〔註67〕

　　　冊，頁 1021。

〔註64〕同前注。

〔註65〕康有爲在〈孔教會敘二〉批云：「自共和數月以來，禮樂並廢，典章皆易，道揆法守，掃地無餘。教育之有司，議廢孔子之祀典，小則去拜跪而行鞠躬，重則廢經傳而裁俎豆；黌序鞠茂草之場，廟堂歇絲竹之聲。嗚呼！不圖數千年文明之中華，一旦淪胥，至爲無教之國也，豈不哀哉！」又在〈覆教育部書〉（1913）說道：「今吾國生民塗炭，國勢搶攘，道揆陵夷，法守掃蕩，廉恥靡盡，教化榛蕪。名爲『共和』，而實共爭共亂；曰稱『博愛』，而益事殘賊虐殺；口唱『平等』，而貴族之階級暗增；高談『自由』，而小民之壓困日甚，不過與多數暴民以恣睢放蕩，破法律，棄禮教而已。」《康南海文集》，蔣貴麟編：《康南海遺著彙刊》（臺北：宏業書局，1987 年），第 19 冊，頁 57、69。下文再提簡稱《康南海文集》。

〔註66〕關於康有爲論「道」的思想，可詳參張立文主編《道》（北京：中國人民大學出版社，1989 年），頁 323。

〔註67〕康有爲：〈覆教育部書〉（1913），《康南海文集》，頁 71。

　　康有為雖重「孔道」的文化內涵，但更重「孔教」的信仰形式。蓋道之不文，行之不遠。禮教民俗之精神多與典禮祭祀等制度相依相存，一旦制度本身盡變其舊，則不免對人們的精神生活形成動盪。康有為的顧慮正在於此，故視教育部議廢讀經尊孔之舉等同「無教」，幾令人民「陷於洪水猛獸」。〔註68〕在他看來，這革命後的走勢漸趨本末倒置，滿清的統治告終，中國數千年的文化命脈竟也面臨存廢之虞，所以他謂此「非革滿州之命也，實革中國數千年周公孔子之命」。〔註69〕

　　民初局勢尚未明朗，為了安定民心，他主張典章制度不宜過度更革，更不滿臨時政府對文化傳統尤其是孔教的不偏重、不強調。他認為深入民心社會之政治教化風俗即一國之神魂，若捨之則國亦不能自立。〔註70〕「周孔之道」，正是中國之「國魂」。若臨時政府不能殊崇此「道」，中國便彷若失了神魂之主，則原本取法歐美截長補短的美意，反落入捨舊趨新失其故步之走板：凡歐美之新皆以為是，凡中國之舊皆以為非——甚至走上廢「讀經」、「尊孔」的極端；〔註71〕如是則中國將喪失「國魂」，淪為「無教」，乃至「道撥陵夷、法守掃蕩」，恐不免「教亡而國從之」。〔註72〕他在〈中國還魂論〉一文說得更白：

　　　　行共和，言自由平等，則唯有破綱紀，壞倫紀，至上無道撥，下無
　　　　法守而已。〔註73〕

出於「教亡而國從之」的憂患，使康有為退後一步，對於「共和」、「自由」、「平等」等新興思潮持保留態度；比起歐美新制所帶來的創新進步，他更看重傳統舊章維繫人心、穩固社會的力量。凡涉及妨害綱常倫紀、道撥法守者，雖執政當局所主張，康有為亦不輕許；反之，若能存綱常倫紀、道撥法守者，

〔註68〕同前注，頁72。

〔註69〕同前注，頁73。

〔註70〕康有為〈中國顛危誤在全法歐美而盡棄國粹〉曰：「凡為國者必有以自立也。其自立之道，自其政治教化風俗深入其人民之心，化成其神思、融洽其肌膚、鑄冶其群俗，久而固結，習而相忘，謂之國魂。國無大小久暫，苟捨此乎，國不能立，以弱以凶，以天以折。」同前注，頁97。

〔註71〕他提出「中國顛危誤在全法歐美而盡棄國粹」之說，嘗作〈中國顛危誤在全法歐美而盡棄國粹〉一文，見《康南海文集》，頁97～127。

〔註72〕康有為〈孔教會敘一〉曰：「中國立國數千年，禮義綱紀，云為得失，皆奉孔子之經。若一棄之，則人皆無主，是非不知所定，進退不知所守，身無以為佳，是大亂之道也。即國大安寧，已大亂於內，況復國亂靡定乎？恐教亡而國從之。」《康南海文集》，頁52。

〔註73〕康有為：〈中國還魂論〉（1913），《康南海文集》，頁94。

他則情願隻身奔走倡議。他甚至認爲國家不應遽改共和、驟言自由平等,而主張唯有提倡「孔教」始能救人心,進而存中國。〔註 74〕從前批判君主專制甚厲的嚴復,也認同康有爲的主張,認爲存中國「亦恃數千年舊有之教化,決不在今日之新機」。〔註 75〕

　　這一思復中國傳統教化之心理,本出於「存中國」之關懷,相當可貴,然而卻也導致諸人輕忽了辛亥革命在政制上所開創的格局與遠景。他們當初提倡變法,主張民權,爲了保存傳統教化而現在卻亟欲復舊制,如嚴復說:「現在一線生機,存於復辟」;〔註 76〕康有爲亦云:「今將欲救四萬萬之民,大拯中國,唯有舉辛亥革命以來之新法令盡火之,而還其舊。」〔註 77〕康有爲對孔教的提倡,得到了袁世凱和張勳的大力支持。如袁世凱嘗干預制憲,使「中國歷史上第一部憲法」《中華民國憲法草案》內文明定:「國民教育以孔子之道爲修身大本」,「尊孔」意嚮鮮明。然而,袁、張先後稱帝、復辟之舉,卻也暴露了他們恢復帝制的政治目的。

　　康有爲等反對共和、提倡孔教的聲勢,也再次激起了陳獨秀等反儒反孔乃至反傳統的意態。因此,陳獨秀等《新青年》學者要繼政治革命之後再次提倡道德革命,即他所謂「倫理的覺悟」。他們要世人覺悟的是,綱常道德背後的尊卑上下之思想,已全然悖反民主共和國家應追求的自由平等之精神。〔註 78〕康有爲等人的主張,在時代大潮中畢竟只是一波洄瀾,對傳統聖道孔教的諸多質疑,在新中國裡仍然方興未艾。

第三節　道德、文學的革命

　　康有爲認爲,眼下治國之要,在於順應社會人心所習慣的教化風俗,俾

〔註74〕康有爲〈孔教會敘二〉曰:「今欲存中國,先救人心,善風俗,拒詖行,放淫詞,存道揆法守者,舍張孔教末由已。」《康南海文集》,頁 60。

〔註75〕嚴復:〈與熊純如書札‧三十五〉原載《學衡》第 13 期(1922 年 1 月),蔡尚思主編:《中國現代思想史資料簡編》(杭州:浙江人民出版社,1982 年),頁 256。

〔註76〕同前注。

〔註77〕康有爲:〈中國還魂論〉(1913),《康南海文集》,頁 94～96。

〔註78〕如陳獨秀在〈舊思想與國體問題〉(1917)一文所說:「民主共和的國家組織、社會制度、倫理觀念,和君主專制的國家組織、社會制度、倫理觀念全然相反──一個是重在平等精神,一個是重在尊卑階級──萬萬不能調和的。」《新青年》,頁 234。

能在尚未穩固的民初局勢中安定民心。陳獨秀則不以爲然，他認爲民國肇建以來之擾攘，正是由於民主共和國家之根本精神尚未能落實的緣故；所以未能落實，乃由於種種傳統社會制度、人心思想皆不能擺脫「舊思想」。陳獨秀在 1915 年創辦《新青年》（當時原名《青年雜誌》），開卷即以他的〈敬告青年〉（1915）一文，明揭反傳統的立場：

> 今日之社會制度、人心思想，悉自周漢兩代而來，——周禮崇尚虛文，漢則罷黜百家而尊儒重道——名教之所昭垂，人心之所祈向，無一不與社會現實生活背道而馳。倘不改弦而更張之，則國力將莫由昭蘇，社會永無寧日。……若事之無利於個人或社會現實生活者，皆虛文也，誑人之事也。誑人之事，雖祖宗之所遺留，聖賢之所垂教，政府之所提倡，社會之所崇尚，皆一文不值也。〔註79〕

從「無一不與社會現實生活背道而馳」之斬截語氣可知，陳獨秀顯然對於中國數千年來學術思想文化已懷偏見。「社會現實生活」即民國以來追求自由平等之新趨，而社會人心猶存尊卑上下之舊想；他所謂「名教之所昭垂，人心之所祈向」者，即康有爲所說的「倫常綱紀」、「道揆法守」。在他看來，國家趨新進步，才是當前救國之方。凡與之相妨者，皆爲「誑人之事」；即便是「祖宗之所遺留，聖賢之所垂教，政府之所提倡，社會之所崇尚」，若不能捨舊從新，也「一文不值」。

　　陳獨秀曾說過：「孔教與帝制，有不可離散之因緣。」〔註80〕在他看來，康有爲所謂的「孔教」，無異於「別尊卑，重階級，事天尊君」，亦即「帝制根本思想」。因此，陳獨秀提出「倫理的覺悟」，作爲解決之道。中國過去的「道德」，即所謂「三綱」、「名教」、「禮教」等倫理，其本質皆不脫「別尊卑明貴賤」之階級意識；而近代西洋的「道德」，乃「自由」、「獨立」、「平等」等精神，正與中國傳統政治的階級制度有本質上的不同。他認爲國家若要行共和立憲，則不僅須在政治上廢除君主專制，更須在思想上革除綱常倫理。〔註81〕因此，陳獨秀將這一思想上的「革命」視爲「新舊思潮之大激戰」（〈吾人最後之覺悟〉），革命的對象是深植人心、根固社會的綱常道德。換

〔註79〕陳獨秀：〈敬告青年〉，原載《青年雜誌》第 1 卷第 1 號（1915 年 9 月 15 日），《新潮》，頁 6。

〔註80〕陳獨秀：〈駁康有爲致總統總理書〉，原載《新青年》第 2 卷第 2 號（1916 年 10 月 1 日），《新潮》，頁 61。

〔註81〕陳獨秀：〈吾人最後之覺悟〉（1916），《新潮》，頁 18～19。

言之，若要在中國實踐民主共和之政治理想，則必然要引發一場「新舊思想之大激戰」，徹底改弦更張。

陳獨秀又曾在〈《新青年》罪案之答辯書〉（1919）中說道：

> 要擁護那德先生，便不得不反孔教、禮法、舊倫理、舊政治；要擁護那賽先生，便不得不反對舊藝術、舊宗教；要擁護德先生又要擁護賽先生，便不得不反對國粹和舊文學。〔註82〕

此文雖晚至 1919 年才發表，然其所擁護的「德先生」（民主）、「賽先生」（科學）卻是《新青年》自 1915 年創辦以來的神髓。「德先生」、「賽先生」的東來，對中國原有學術之形式內涵皆產生巨大的衝擊。態度相對溫和的蔡元培主張秉持「科學」注重客觀之態度將「經學」依其學科性質分入文、史、哲各科學門，仍引起康有為等人的不滿；而康有為諸人的尊崇孔教主張，又再度激發新派人士更大的反彈。「德先生」、「賽先生」才是新派擁護的新權威，焉能再容孔子高踞最上呢？

當時輿論再度興起「非孔」的聲浪，如易白沙作〈孔子平議〉（1916）上下兩篇，就孔子之學「尊君」、「講學不許問難」、「重作官」等面向加以抨擊。〔註83〕這和吳虞在〈辨孟子闢楊墨之非〉（1910）、〈儒家主張階級制度之害〉等文章所發揮的意思相近，皆是不滿孔教儒家「尊君」、「闢異端」、「學而優則仕」的面向。吳虞〈家族制度為專制主義之根據論〉（1917）一文在批判「忠君」思想之餘，更一併抨擊「孝弟」觀念。在他看來，「孝弟」背後仍然根源尊卑上下之意識，若不摘除「孝弟」觀念，則「忠君」思想亦不可盡去。再者，綱常道德乃以「孝弟」情感為基礎，若不能徹底將之驅逐人心之外，那麼中國終將難以實現人人平等、自由之義。〔註84〕由於吳虞出身法政學的背

〔註82〕陳獨秀：〈新青年罪案之答辯書〉，原載《新青年》第 6 卷第 1 號（1919 年 1 月 15 日），《新潮》，頁 248。

〔註83〕易白沙：〈孔子平議〉上、下，原載《青年雜誌》第 1 卷第 6 號（1916 年 2 月 15）。他指出孔子學說之缺陷：一、孔子尊君權，漫無限制，易演成獨夫專制之弊。二、孔子講學不許問難，易演成思想專制之弊。三、孔子少絕對之主張，易為人所借口。四、孔子但重作官，不重謀食，易入民賊牢籠。

〔註84〕吳虞〈家族制度為專制主義之根據論〉曰：「儒家以孝弟二字為二千年來專制政治與家族制度連結之根幹，而不可動搖。……其主張孝弟，專為君親長上而設。……是則儒家之主張，徒令宗法社會牽掣軍國社會，使不克完全發達，其流毒不減於洪水猛獸矣。……孝之義不立，則忠之說無所附；家庭之專制既解，君主之壓力亦散。」原載《新青年》第 2 卷第 6 號（1917 年 2 月 1 日），《新潮》，頁 100～102。

景，他的批儒非孔「大體都注重那些根據孔道的種種禮教、法律、制度、風俗」，通過種種論述證明這無非是些「吃人的禮教和一些坑陷人的法律制度」。〔註85〕舉凡尊君崇上之意態、政治與學術之專制、人權觀念之闕如、科舉干祿風氣等一切舊社會之情狀，皆歸咎於孔子之學。是故吳虞終於喊出「儒教革命」。〔註86〕對此，胡適稱譽吳虞是「中國思想界的一個清道夫」、「隻手打孔家店的老英雄」；又說：「吳先生（吳虞）和我的朋友陳獨秀是近年來攻擊孔教最有力的兩位健將。」〔註87〕時人看待孔子尚且如此，何況是強調尊孔，宣揚所謂「道」與「道統」，且有意效法孟子「闢楊墨」的韓愈呢？

　　至於文學革命方面，早在戊戌鼓吹變法那段時期，已出現「白話為維新之本」的主張，以「白話」為啟迪民智的利器。〔註88〕但是，若要真正將「白話」提高到通行社會、普遍使用的地步，則勢必通過「文學」的洗禮，因為「文學」反映的是人的情感與思想。若人們習於用「白話」來表達情思且具有藝術價值，「白話」才得以上升至「文學」的地位，則「白話」始能行之久遠。民國以後，先有李大釗發聲，自覺地追求「新文藝」。他在〈《晨鐘》之使命——青春中華之創造〉（1916）一文曰：

　　　　由來新文明之誕生，必有新文藝為之先聲。〔註89〕

他尚未說明「新文藝」的具體內涵，但已直指文學革命之依藉即「新文明」，真可謂是敲響了「文學革命」之先聲。

　　首先對「新文學」提出明確主張的是胡適。〔註90〕由於「白話」普及的

〔註85〕 胡適：〈吳虞文錄序〉（1921），《吳虞文錄》，《民國叢書》第2編第96冊（上海：上海書店，1990年），頁4。

〔註86〕 吳虞〈儒家主張階級制度之害〉曰：「儒教不革命，儒學不轉輪，吾國遂無新思想、新學說，何以造新國民？悠悠萬事，惟此為大矣！」《吳虞文錄》，頁79。

〔註87〕 胡適：〈吳虞文錄序〉（1921），《吳虞文錄》，頁2、3、7。胡適又曰：「正因為二千年吃人的禮教法制都掛著孔丘的招牌，故這塊孔丘的招牌——無論是老店是冒牌——不能不拿下來，搥碎，燒去！」頁6～7。

〔註88〕 張錫勤：《中國近現代思想史》，頁394～404。

〔註89〕 李大釗：〈《晨鐘》之使命——青春中華之創造〉，原載《晨鐘》創刊號（1916年8月15日），《新潮》，頁39。

〔註90〕 胡適曾說，白話文學的推動，欠缺「有意的主張」。詳見〈建設的文學革命論〉（1918）曰：「這一千年來，中國固然有了一些有價值的白話文學，但是沒有一個人出來明目張膽的主張用白話為中國的『文學的國語』。……因為沒有『有意的主張』，所以做白話的只管做白話，做古文的只管做古文，做八股的只管做八股。因為沒有『有意的主張』，所以白話文學從不曾和那些

程度，也反映了國人教育與知識普及的程度。所以胡適在〈建設的文學革命論〉（1918）一文提出「國語的文學」，他的目的正在於成就「文學的國語」。〔註91〕為了提高「白話文學」的位階，一方面他在傳統雅正文學史觀之外另闢蹊徑，以「白話文學」史觀為主軸，重衡中國歷代文學作品的價值；〔註92〕另一方面，他作〈文學改良芻議〉（1917）一文，對於今後中國文學之發展，首揭文學改良的「八事」：〔註93〕此八事就形式言是追求「文」、「言」合一；就內容言，則稍後陳獨秀在〈文學革命論〉中說得更加仔細：即「平易的抒情的國民文學」、「新鮮的立誠的寫實文學」、「明瞭的通俗的社會文學」，所謂「三大主義」也。〔註94〕

為什麼談「新文學」要提倡「白話」呢？胡適認為，「用死了的文言決不能作出有生命有價值的文學來」（〈建設的文學革命論〉）；〔註95〕同時蔡元培也贊成提倡「白話」，他說「白話」是「用今人的話，來傳達今人的意思」。〔註96〕後來，周作人在〈漢文學的前途〉一文回顧民初白話文運動，也指出「白話文之興起完全由於達意的要求，並無什麼深奧的理由」。〔註97〕正如周作人所說，「因為時代改變，事物與思想愈益複雜，原有文句不足應用，需要一新的文體，乃始可以傳達新的思想。」〔註98〕中國傳統教育非普及教

『死文學』爭那『文學正宗』的位置。白話文學不成為文學正宗，故白話不曾成為標準國語。」《新文學運動史資料》，頁86。

〔註91〕 胡適：〈建設的文學革命論〉（1918 年 4 月）：「我們今日提倡『國語的文學』，是有意的主張。要使國語成為『文學的國語』。有文學的國語，方有標準的國語。」《新文學運動史資料》，頁 86。

〔註92〕 胡適著有《白話文學史》一書，可見其研究成果。

〔註93〕 胡適〈文學改良芻議〉提出文學改良「八事」，他說：「吾以為今日而言文學改良，須從八事入手。八事者何？一曰須言之有物。二曰不摹仿古人。三曰須講求文法。四曰不作無病之呻吟。五曰務去爛調套語。六曰不用典。七曰不講對仗。八曰不避俗字俗語。」原載《新青年》第 2 卷第 5 號（1917 年 1 月 1 日），《新潮》，頁 77。

〔註94〕 陳獨秀：〈文學革命論〉，原載《新青年》第 2 卷第 6 號（1917 年 2 月 1 日），《新潮》，頁 94。

〔註95〕 同前注，頁 81。

〔註96〕 蔡元培：〈國文之將來〉，《新文學運動史資料》，頁 133。

〔註97〕 周作人：〈漢文學的前途〉，《藥堂雜文》，《周作人文集》（臺北：藍燈文化事業公司，1992 年），第 4 冊，頁 185～186。

〔註98〕 同前注。周作人《中國新文學的源流‧文學革命運動》亦曰：「由於西洋思想的輸入，人們對於政治、經濟、道德等的觀念，和對於人生、社會的見

育，受教育的機會並不均等，何況歷代考科又多以高文典冊為主，公家乃至一般正式通行的文書也以文言為正，自然不會有人要起而為「白話」在文學場上爭一席之地。如今教育普及已成趨勢，人民不再處於被動的被統治的地位，任何一個人理應皆可通過報章雜誌來讀取資訊，甚至發表議論、提出主張。他們不但是國家的更是自己的主人。思想的啓蒙使得更多人始有自我的覺察，而有了發展自我、突顯個性的需求。身在這樣相對開放且變化迅速的社會環境裡，文字普及的重要性自然就被突顯出來。因此，一種可以承載新興複雜事物，又合於個人所宣暢情理之需求的語言文體便應運而生。所謂「合於情理」，茲以羅家倫在〈駁胡先驌君的中國文學改良論〉（1919）一文中的一段話來說明：

> 我以為白話文是最能有想像、感情、體性以表現和批評人生的，最能傳布最好的思想而無阻礙的。何以故呢？因為我們人生日日所用的都是白話，我們日日所流露的所發生的種種感情，都是先從日用的白話裡表現出來的。所以用白話來做文學，格外親切，格外可以表現得出、批評得真。〔註99〕

在諸人看來，「文言」是用「古人的話」來傳達「今人的思想」，其形式與內容之關係是間接的，而非直接的。因此，就表現批評現實人生的需求而言，「韓歐八家以及桐城派的（古文）不足以充分表現批評人生」（羅家倫〈駁胡先驌君的中國文學改良論〉）的看法，漸漸成為定調。

　　陳獨秀繼胡適之後高揭「文學革命」之大旗，這是延續他提倡「倫理的覺悟」同一思脈而來。民初政治黑暗，辛亥革命碩果——「民主」、「共和」——岌岌可危，本此憂患，陳獨秀等認為非要再進行一次人心思想上的革命不可。而胡適所提倡的「文學改良」正是他認定必須採取的進路，他說：

> 今欲革新政治，是不得不革新盤據於運用此政治者精神界之文學。

〔註100〕

解，都和從前不同了。應用這新的觀點去觀察一切，遂對一切問題又都有了新的意見要說要寫。然而舊的皮囊盛不下新的東西，新的思想必須用新的文體以傳達出來，因而便非用白話不可了。」《周作人文集》，第 5 冊，頁 361。

〔註99〕羅家倫：〈駁胡先驌君的中國文學改良論〉，《新文學運動史資料》，頁 164。
〔註100〕陳獨秀：〈文學革命論〉（1917），《新潮》，頁 96。

同是倡導文學改革，比起胡適「一時代有一時代之文學」的觀點，陳獨秀抱持更激進的心態。〔註101〕他甚至宣稱「孔子之道不合現代生活」。〔註102〕因此，爲了在人心思想上盡去尊卑上下之舊習，以穩固民主共和之新政治；爲了在學術文化上革除自大自卑之陋性，以獲得新興進化之新文明；他要通過改革文學藝術來改革倫理道德，通過二者達到改革社會人心的目的，使「科學」精神領航學術，使「民主」思想遍生人心。所以他說：「要擁護德先生又要擁護賽先生，便不得不反對國粹和舊文學。」他要推倒「雕琢的阿諛的貴族文學」，目的在撤除社會階級的意識；他要提倡「平易的抒情的國民文學」，目的在落實「民主」的政治。換言之，「文學革命」是陳獨秀在實踐政治理想的手段之一。

不過，正因之作爲「手段」的性質，種種言論遂不免有過於急切乃至專橫之虞，乃至出現「必不容反對者有討論之餘地」云云。〔註103〕錢玄同也曾在與胡適通信時表示支持陳獨秀這「不容異議」的態度。〔註104〕這種態度，

〔註101〕胡適嘗言自己與陳獨秀在革新文學態度上的不同，他在〈文學革命運動〉一文中這樣描述：「胡適自己常說他的歷史癖太深，故不配作革命的事業。文學革命的進行，最重要的急先鋒是他的朋友陳獨秀。陳獨秀接著〈文學改良芻議〉之後，發表了一篇〈文學革命論〉，正式舉起『文學革命』的旗子。……胡適當時承認文學革命還在討論的時期，他那時正在用白話作詩詞，想用實地試驗來證明白話可以作韻文的利器，故自取集名爲《嘗試集》。他這種態度太和平了。若照他這個態度做去，文學革命至少還需經過十年的討論與嘗試。但陳獨秀的勇氣恰好補救這個太持重的缺點。……當日若沒有陳獨秀『必不容反對者有討論之餘地』的精神，文學革命的運動絕不能引起那樣大的注意。反對即是注意的表示。」《新文學運動史資料》，頁14～15。

〔註102〕在他看來，固有的名教道德既悉自周漢兩代而來，而皆與今日追求自由平等的「社會現實生活」相互齟齬。正如胡適指出：「獨秀攻擊孔丘的許多文章（多載在《新青年》第2卷）專注重『孔子之道不合現代生活』的一個主要觀念。」胡適：〈吳虞文錄序〉（1921），《吳虞文錄》，頁3。

〔註103〕見胡適〈文學革命運動〉（1922）一文所引陳獨秀曰：「鄙意容納異議、自由討論固爲學術發達之原則；獨至改良中國文學當以白話爲文學正宗之說，其是非甚明，必不容反對者有討論之餘地；必以吾輩所主張者爲絕對之是而不容他人之匡正也。」《新文學運動史資料》，頁14。

〔註104〕錢玄同〈寄胡適之〉（1917）曰：「玄同對於用白話說理抒情，最贊成獨秀先生之說，亦以爲『其是非甚明，必不容反對者有討論之餘地；必以吾輩所主張者爲絕對之是而不容他人之匡正。』此等論調，雖若過悍，然對於迂謬不化之選學妖孽與桐城謬種，實不能不以如此嚴厲面目加之。因此輩對於文學之見解，正與反對開學堂，反對剪辮子……如此幼稚，尚有何種商量文學之

自亦不合「言論自由」的精義，而專橫的姿態，難免引起他人的反感。〔註 105〕而他們本此獨斷、對立的心理來立說，則「文學改革」最後走上窄化爲形式面的文言與白話之爭，乃至錢玄同又提出「廢漢字」的主張，〔註 106〕便非純粹偶然的發展。雖然陳獨秀也不贊成錢氏這種「用石條壓駝背」的做法，但他仍肯定錢氏「廢漢字」主張背後趨新棄舊的意嚮，這與他「要擁護德先生又要擁護賽先生，便不得不反對國粹和舊文學」的立場是一致的。〔註 107〕

胡、陳鼓吹「文學革命」，企圖以「新文學」取代「舊文學」，表面是古文白話文形式之爭論，其內涵卻是要逼退「舊文學」所挾帶的「反對共和的舊思想」，這與諸人對聖道孔教、倫理道德的批判其實是相互聯繫的。他們欲革除殆盡的「舊思想」，主要有「別尊卑、重階級、事天尊君」等內涵。以「古文家」之大名傳世，宣揚「君者出令」、「民者事上」乃至「臣罪當誅，天王聖明」等思想情感的韓愈，當然在本時期也不免受到輿論大力的抨擊。

當時站在「文學革命」對立面的代表是林紓。他曾在 1919 年通過《公言

話可說乎？」〈關於文學革命的兩封信〉，《新文學運動史資料》，頁 61。

〔註 105〕胡適也指出「這種態度，在當日頗引起一般人的反對。」〈文學革命運動〉（1922），《新文學運動史資料》，頁 14。

〔註 106〕錢玄同〈中國今後之文字問題〉（1918）曰：「獨秀先生：先生前此著論，立主推翻孔學，改革倫理，以爲倘不從倫理問題根本上解決，那就這塊共和招牌一定掛不長久。玄同對於先生這個主張，認爲救現在中國的唯一辦法。然因此又想到一事：則欲廢孔學，不可不先廢漢文；欲驅除一般人之幼稚的野蠻的頑固的思想，猶不可不先廢漢文。」又曰：「二千年來所謂學問，所謂道德，所謂政治，無非推演孔二先生一家之學說。所謂《四庫全書》者，除晚周幾部非儒家的子書外，其餘則十分之八都是教忠教孝之書。『經』不待論；所謂『史』者，不是大民賊的家譜，就是小民賊殺人放火的帳簿，——如所謂『平定甚麼方略』之類；『子』、『集』的書，大多數都是些『王道聖功』、『文以載道』的妄談。……所以二千年來用漢字寫的書籍，無論哪一部，打開一看，不到半頁，必有發昏作夢的話。……欲驅除三綱五倫之奴隸道德，當然以廢孔學爲唯一之辦法。……欲廢孔學……惟有將中國書籍一概束之高閣之一法。何以故？……中國文字，自來即專用於發揮孔門學說……」原載《新青年》第 4 卷第 4 號（1918 年 4 月 15 日），《新潮》，頁 138～140。

〔註 107〕陳獨秀〈《新青年》罪案之答辯書〉（1919）曰：「社會上最反對的，是錢玄同先生廢漢文的主張。錢先生是中國文字音韻學的專家，豈不知道語言文字自然進化的道理？他只因爲自古以來漢文的書籍，幾乎每本每頁每行，都帶著反對德、賽先生兩先生的臭味；又碰著許多老少漢學大家，開口一個國粹，閉口一個古說，不啻聲明漢學是德、賽兩先生天造地設的對頭；他憤極了才發出這種激切的議論。」原載《新青年》第 6 卷第 1 號（1919 年 1 月 15 日），《新潮》，頁 248。

報》公開發表致北大校長蔡元培的一函，內容不外批判當時瀰漫社會的「道德革命」與「文學革命」之風氣。就文學一面來說，林紓個人並不反對使用「白話」，他自己也曾作白話文章。〔註108〕他所反對的是新文學運動者「盡棄古文以行白話」的絕對、對立之談法。這或許也可看作是陳獨秀「不容異議」的強硬態度所引起的一種反激。林紓亦知「白話」的普及是時勢所趨，但以「文言」為表現形式的「古文」有其文化淵源，即使「文言」不再作為社會上通行的文字，「古文」亦不得輕易革除殆盡。〔註109〕何謂「古文」之文化淵源？他在〈論古文白話之相消長〉一文說：

> 名曰「古文」，蓋文藝中之一，似無關於政治，然有時國家之險夷繫
> 彼一言，如陸宣公之制誥是也；無涉於倫紀，然有時足以動人忠孝
> 之思，如如李密之〈陳情〉、武侯之〈出師表〉是也。〔註110〕

古文之文化淵源，即通過「古文」所示現的「古道」，即傳統知識分子欽慕的聖賢周孔之道，其可貴之處在其所承載的大我之關懷、人心之靈明，所謂忠孝之思也。一旦「廢古文」、「廢古書」，則古文所載「聖人之道」、古書所錄「周孔之教」亦有隨之去滅之虞。為了保全「古道」，林紓起身捍衛「古文」。「古文」所載之「道」，方是他眼中的「真學術」、「真道德」。在他而言，「白話」或「文言」，大抵是形式上的不同；若論及作「文」，則中心情思之深淺關乎文章之高下。故他說「能讀書閱世方能為文」；〔註111〕又說「非讀破萬卷不能為古文，亦並不能為白話」，〔註112〕而中國傳統學術道德皆形諸古文，故他總結云：

> 古文者，白話之根柢。無古文，安有白話？〔註113〕

因此，雖普世舉用白話，但古書不能廢、古文不能棄。所以林紓所謂「古文」當有兩個層次，一是形式上的「文言」，一是內涵上的「古道」，而後者又涵

〔註108〕 林紓〈論古文白話之消長〉曰：「至白話一興，則喧天之鬧。人人爭撤古文之席而代以白話，其但始行白話報。憶庚子客杭州，林萬里、汪叔明劬為《白話日報》，余為作《白話道情》，頗風行一時。」《新文學運動史資料》，頁98～99。

〔註109〕 林紓〈論古文白話之消長〉曰：「今官文書及往來函札何嘗盡用古文？一讀古文則人人瞠目，此古文一道已屬消爐滅之秋，何必再用革除之力？其曰『廢古文用白話者』亦正不知所謂古文也。」同前注，頁99。

〔註110〕 同前注，頁97。

〔註111〕 同前注，頁100。

〔註112〕 林紓：〈致蔡元培書〉，原載《公言報》（1919年3月18日），又見《新潮》第1卷第4號（1919年4月1日），《新潮》，頁269。

〔註113〕 同前注。

攝了超越兩者的價值根源性質。縱使當今社會有取法西方科學新興學術之必要，但亦不妨古文傳統思想之並存。〔註114〕他曾寫信給蔡元培曰：

> 且天下惟有眞學術、眞道德，始足獨樹一幟，使人景從。若盡廢古
> 書，行用土語爲文字，則都下引車賣漿之徒所操之語，按之皆有文
> 法……則凡京津之稗販均可用爲教授矣。〔註115〕

顯然，他批判的對象非白話形式本身，而是欲藉文學革命以完成學術與道德革命之主張。陳獨秀既已宣示欲通過反對舊文學來清除「反對共和的舊思想」，林紓正是站在捍衛「舊思想」的立場上來爭取「古文」在文學革命運動中之地位。

　　總之，時人對於「新道德」、「新文學」的追求，往往表現爲批判「舊道德」、「舊文學」的姿態。一來，這是由於「新」、「舊」在本質上的不同。蔡元培曾以教育總長身分提倡「公民道德」，即以「自由」、「平等」、「博愛」三者作爲「一切道德之根源」，這是本於民主立場而以個人主體爲核心的考量，與傳統視綱常倫紀爲道揆法守，有著本質上的不同。二來，趨新者仍不免挾帶改君主專制爲民主共和的政治考量。如陳獨秀便堅持主張：爲了鞏固民主共和政治，民國與綱常階級之制度必不相容；〔註116〕同樣的，他在文學革命上也表現爲「必不容反對者有討論之餘地」的態度。〔註117〕此外，由於西風東來之影響，今之政治社會正逢數千年未有之巨變，傳統學術思想亦隨之發生前所未有之震盪。值此之際，順勢努力打破中國數千年來之思想藩籬，在

〔註114〕林紓〈致蔡元培書〉（1919）曰：「若云死文字有礙生學術，則科學不用古文，古文亦無礙科學。」《新潮》，頁268。

〔註115〕同前注，頁269。

〔註116〕陳獨秀〈吾人最後之覺悟〉（1916）曰：「吾人果欲於政治上採用共和立憲制，復欲於倫理上保守綱常階級制，以收新舊調和之效，自家沖撞，此絕對不可能之事。蓋共和立憲制，以獨立平等自由爲原則，與綱常階級制爲絕對不可相容之物，存其一必廢其一。」《新潮》，頁19。

〔註117〕類似的意見，另見劉半農〈我之文學改良觀〉一文指出：「吾輩欲建造新文學之基礎，不得不首先打破此崇拜舊時文體之迷信，使文學的形式上速放一異彩也。」（《新文學運動史資料》，頁68）所謂「崇拜舊時文體」的情形，從胡適所說：「古文家則以爲今人作文必法馬班韓柳。其不法馬班韓柳者，皆非文學之正宗也」（〈歷史的文學觀念論〉）可見一二。劉半農斥「崇拜舊時文體」曰「迷信」；而諸人所以誤於迷信而猶不自知，乃由於「不明文學之趨勢」也。胡適也表示，若「此說不破，則白話之文學無有列爲文學正宗之一日。」胡適語見〈歷史的文學觀念論〉（1917年5月），《新文學運動史資料》，頁46。

趨新取快者而言也不啻是一種積極的建設，如吳虞就認定「儒教不革命，儒學不轉輪，吾國遂無新思想、新學說」。這種新舊對立的態度，一直延續到陳獨秀提倡「文學革命」時擺出「不容異議」的姿態，顯得更加強硬。站在「文學革命」對立面者自然感到不滿，如林紓對於世人「必覆孔孟鏟倫常為快」，好為「叛親蔑倫之論」，〔註118〕惟恐古道之將息而深懷憂懼。他去信蔡元培，冀望蔡能力挽「盡反常軌」、「趨奇走怪」之歪風；〔註119〕在崇尚新學之餘，亦以保全名教為己任。蔡元培即刻覆信，雖對林紓所說多所駁斥，然亦不得不承認革新一派「偶有過激之論」。〔註120〕

　　話說回來，蔡元培雖亦主張「白話」者，但他對「文言」的態度，則並不苟同陳獨秀「不容異議」的強勢。他曾站在「美」的觀點，重新衡量「文言」的價值而予以定位。他在〈國文之將來〉一文中說：

> 我敢斷定白話派一定占優勝。但文言是否絕對的被排斥，尚是一個
> 問題。照我的觀察，將來應用文一定全用白話，但美術文或者有一
> 部份仍用文言。〔註121〕

應用文目的在「記載」和「說明」，當要求「明白」與「確實」，所以宜用白話。若是藝術要求的「美文」，將來亦可用白話來表現，卻應不只於此。他能洞見「古文」在形式、聲調方面的藝術價值，〔註122〕這就將「文言」地位提高到審美的高度，而「文言」也有了不須革除殆盡的理由，甚至有了恆存於美感境界的存在意義。這樣的談法，可說是已經脫離了胡、陳藉鼓吹「新文學」來打倒「舊道德」的語境，另從藝術審美的角度，更為超然地看待「文言」與「白話」的地位。這樣一來，清末民初時期，因「古文家」之聲名而備受抨擊的韓愈，也由此獲致了某種新的定位，以及新的詮釋取徑。

〔註118〕林紓：〈致蔡元培書〉（1919），《新潮》，頁268。

〔註119〕同前注，頁270。

〔註120〕蔡元培：〈致《公言報》函並答林琴南函〉，原載《公言報》（1919年3月18日），又見《新潮》第1卷第4號（1919年4月1日），《新潮》，頁266～267。

〔註121〕蔡元培：〈國文之將來〉，《新文學運動史資料》，頁134。

〔註122〕蔡元培〈國文之將來〉曰：「但是美術，有兼重內容的，如圖畫、造像等，也有專重形式的，如音樂、舞蹈、圖畫等。專重形式的美術，在乎支配均齊，節奏調適。舊式的五七言律詩與駢文，音調鏗鏘，合乎調適的原則；對仗工整，合乎均齊的原則，在美術上不能說毫無價值。就是白話盛行的時候，也許有特別傳習的人。譬如我們現在通行的是楷書、行書，但是寫八分的、寫小篆的、寫石鼓文或鐘鼎文的，也未嘗沒有。將來文言的位置，也是這個樣子。」同前注，頁135。

第三章　清末民初批評韓愈的
若干焦點及其檢討

甲、批　評

第一節　〈闢韓〉引生的討論

　　自清末以來，尤其是光緒二十年（1894）甲午戰爭發生以後，政治上「與民共治」的呼聲漸高，「設立議院」的訴求愈烈。當時輿論紛紛出現「參用民權以固君權」、「君權不可獨專」，甚至「君權民授」的新穎觀點。這說明了人們對「民權」的認識愈來愈深刻，對「民主」的訴求愈來愈強烈。緣此契機，韓愈某些根植傳統經誥的思想觀念，似乎顯得特別迂腐，而特別難以被接受。

　　光緒二十一年（1895），嚴復在天津《直報》發表〈闢韓〉一文。猶如過去孟子曾「闢楊墨」以闡明「道」不在楊墨，韓愈曾「闢老佛」以闡明「道」不在老佛；今之嚴復「闢韓」，顯然意在闡明「道」非韓愈所傳。故〈闢韓〉開首便說：

　　　　往者吾讀韓子〈原道〉之篇，未嘗不恨其於道於治淺也。〔註1〕

〈原道〉歷來被視爲是韓愈文集中的大文章，它受注目被推崇厥在二端，一是其文字精神上通經、子，《新唐書》本傳所謂「與孟軻、揚雄相表裡，而左

〔註 1〕嚴復：〈闢韓〉，《中國學術名著今釋語譯》（臺北：西南書局，1972 年），頁390。以下再提簡稱《中國學術名著》。

右六經」也。〔註2〕另一是其特殊的寫作指向，即有意針砭當時幾乎隳毀民生的佛老信仰熱潮，如明人茅坤就說「退之一生闢佛老在此篇」，清人方東樹也謂「韓子懷孟子之懼而作〈原道〉」。〔註3〕然而，到了嚴復這裡，〈原道〉這篇大文字頓失往昔的光輝。這是因為過去所重〈原道〉的兩面向，已不再為嚴復所看重。他認為韓愈所陳述的「道」，尤其是論「治」的一面，已不符合國家眼下的實際需求。所以，他對〈原道〉所稱述的聖人之治，尤其感到不快。〈原道〉中有段回溯聖人之治的緣起與用心：

> 古之時，人之害多矣。有聖人者立，然後教之以相生養之道。為之君，為之師，驅其蟲蛇禽獸，而處之中土。寒然後為之衣，飢然後為之食。木處而顛，土處而病也，然後為之宮室。為之工以贍其器用，為之賈以通其有無，為之醫藥以濟其夭死，為之葬埋祭祀以長其恩愛，為之禮以次其先後，為之樂以宣其壹鬱，為之政以率其怠勌，為之刑以鋤其強梗。相欺也，為之符璽斗斛權衡以信之；相奪也，為之城郭甲兵以守之，害至而為之備，患生而為之防。……如古之無聖人，人之類滅久矣。〔註4〕

韓愈認為，古時文化未開，人類所以能在野蠻中生存下來，並開展出禮樂文化的歷史新頁，正有賴於聖人的啟迪開化。對此，嚴復卻說：

> 如韓子之言，則彼聖人者，其身與其先祖父必皆非人焉而後可，必皆有羽毛麟介而後可，必皆有爪牙而後可。使聖人與其先祖父而皆人也，則未及其生，未及成長，其被蟲蛇禽獸寒飢木土之害而夭死者，固已久矣，又烏能為之禮樂刑政，以為他人防備患害也哉？〔註5〕

嚴復言聖人非人云云，表示反對韓愈之說。此舉揭示了他另有關心的面向。所謂治道，所謂民生，他都有自己的定義。

　　韓愈最重「道」而作〈原道〉，為了與韓愈立異，嚴復曾取其命題之意而另作〈原強〉一文，以「強」字取代「道」字，以見心裁。在〈闢韓〉一文中，他也取〈原道〉「其亦幸而出於三代之後，不見黜於禹、湯、文、武、周

〔註2〕〔宋〕宋祁、歐陽脩等：《新唐書》（臺北：鼎文書局，1976年），第7冊，頁5265。

〔註3〕俱見葉百豐：《韓昌黎文彙評》（臺北：正中書局，1990年），頁8～9。

〔註4〕〔唐〕韓愈：〈原道〉，《韓昌黎文集校注》（上海：上海古籍出版社，1988年），卷1，頁15～16。以下再提簡稱《校注》。

〔註5〕嚴復：〈闢韓〉，《中國學術名著》，頁390。

公、孔子也；其亦不幸而不出於三代之前，不見正於禹、湯、文、武、周公、孔子也」〔註 6〕云云來批評〈原道〉，強調韓愈〈原道〉內涵之淺薄，亦當在被黜之列。

嚴復所認知的「道」，「吸收了近代自然科學的認識成果和實驗科學的方法，從而把這一古老範疇建立在自然科學的基礎上。」〔註 7〕因此，嚴復論「道」不再是窮理盡性的道德內涵，而是經得起驗證的普遍原則。西方各國的強盛本身即是一種顯著的效驗。故他要藉闢韓來論述他治國之道。〈闢韓〉曰：

> 道在去其害富害強而日求其能與民共治而已。〔註8〕

原來嚴復所謂治國之道，一是富強，二是與民共治。「富」國「強」兵，特別講究現實上的效用，亦是當下國人面臨外侵的必然要求。那麼，與民共治，又與富強有何關係呢？嚴復認為國家富強之本在「民」，他的〈原強〉一文反覆申說的就是這個道理。在他看來，過去中國效法西方推行新政，但遲遲未見顯著效果，其癥結就是民力的乏弱。當今治國之要在富國強兵，但空有富強之政，而無自強之民，則政亦莫之能行。因此，他主張「自強之本」在民，而提出三事：一曰「鼓民力」，二曰「開民智」，三曰「新民德」。〔註 9〕他所以如此強調「民力」、「民智」、「民德」，與他的治道理想——「與民共治」——當然有密切關係。

受到西方「民主」觀念的啟發，他最新銳的言論即是提出「君權民授」的說法：

> 有其相欺，有其相奪，有其患害，而民既為是粟米麻絲作器皿通貨
> 財與凡相生相養之事矣，今又使操其刑焉以鋤，主其斗斛權衡焉以

〔註 6〕〔唐〕韓愈：〈原道〉，《校注》，頁 16。

〔註 7〕張力文：《道》，頁 332。

〔註 8〕嚴復：〈闢韓〉，《中國學術名著》，頁 390。

〔註 9〕嚴復〈原強〉曰：「且夫中國之西法之當師，不自甲午東事敗衄後始也。海禁大開以還，所興發者亦不少矣，譯署一也，同文館二也，船政三也，出洋肆業局四也，輪船招商五也，製造六也，海軍七也，海署八也，洋操九也，學堂十也，出使十一也，礦務十二也，電郵十三也，鐵路十四也……此中大半皆西洋以富以強之基，而自吾人行之，則淮橘為枳，若存若亡，不能實收其效者，則又何也？……苟民力已苶，民智已卑，民德已薄，雖有富強之政，莫之能行。……是以今日要政統於三端：一曰鼓民力，二曰開民智，三曰新民德。……此三者，自強之本也。」〈原強〉，《近代名家名人文庫》（呼和浩特：內蒙古人民出版社，2009 年），頁 131～135。

信，造爲城郭甲兵焉以守，則其勢不能，於是通功易事，擇其公且賢者，立而爲之君。其意固曰：「吾耕矣織矣，工矣賈矣，又使吾自衛其性命財產焉，則廢吾事，何若使子專力於所以爲衛者，而吾分其所得於耕織工賈者以食子給子之爲利廣而事易治乎？」此天下立君之本怡也。〔註10〕

君王不但不能獨存，尙須仰賴官吏爲治，且君與官吏，始皆爲民而設，故君臣皆因衛民之事而後有，人民才是國家眞正的主人：

斯民也，固斯天下之眞主也。〔註11〕

他又援西理以爲據，明白指出君爲民僕、官爲民役：

西洋之言治者曰：「國者，斯民之公產也；王侯將相者，通國之公僕隸也。」〔註12〕

所以，他認爲中國傳統政治觀念整個需要翻轉：統治階級——君也、臣也——「皆緣衛民之事而後有也」；而被統治階級——民也——「固斯天下之眞主也」。〔註13〕

自「君權民授」而言，嚴復固極不滿韓愈在〈原道〉說明君師聖人淵源由來的論述。再就「民斯眞主」來看，嚴復尤不喜〈原道〉「民不事上則誅」的說法。〈原道〉曰：

君者，出令者也；臣者，行君之令而致之民者也；民者，出粟米麻絲、作器皿、通貨財，以事其上者也。君不出令，則失其所以爲君；臣不行君之令而致之民，民不出粟米麻絲、作器皿、通貨財，以事其上，則誅。〔註14〕

〈原道〉所揭示君、臣、民相資的論述，在他看來，徒利於君主逞其私欲，而罔顧眾民的權利。所以他說：

夫自秦以來，爲中國之君者，皆其尤強梗者也，最能欺奪者也。……今韓子務尊其尤強梗最能欺奪之一人，使安坐而出其爲所欲爲之令，而使天下無數之民各出其苦筋力勞神慮者以供其欲，稍不如是

〔註10〕 嚴復：〈闢韓〉，《中國學術名著》，頁391。
〔註11〕 同前注，頁393。
〔註12〕 同前注。
〔註13〕 嚴復：〈闢韓〉，《中國學術名著》，頁392～393。
〔註14〕 〔唐〕韓愈：〈原道〉，《校注》，頁16。

焉則誅。〔註15〕

觀此可知，無論有意無意，嚴復解讀〈原道〉的「君」，已逕等同於「秦以來
之君」，這和韓愈所說的「聖人之君」顯然異指；他又謂此「君」乃「尤強梗
最能欺奪之一人」，則不免導向君威壓民的情狀，這又與韓愈所述的「先王之
教」顯然異趣。通過嚴復的詮解，〈原道〉竟從根源經誥、闢除異端的大文章，
一落成了爲「桀紂秦政之治」張目的助虐文。〔註16〕

在嚴復一心嚮往「民主」的視野裡，強調尊聖人、尊君師的〈原道〉自
然是一篇「知有一人而不知有億兆」的「淺」談。〈闢韓〉又曰：

> 如彼韓子徒見秦以來之君；秦以來之君，正所謂大盜竊國耳。國誰
> 竊？轉相竊之於民而已。既已竊之矣，又惴惴然恐其主之或覺而復
> 之也，於是其法與令蝟毛而起，質而論之，其什八九皆所以壞民之
> 才，散民之力，漓民之德也。〔註17〕

消極言之，他批評韓愈，乃指桑罵槐，間接批判「秦以來之君」。言下之意，
無非暗諷當今清廷的專制獨裁。積極言之，他表面上批評韓愈，其實意在藉
此發揮他亟欲伸張的「民主」理念，目的是爲了救國，回應國家當前的實際
困境。嚴復作〈闢韓〉一文的用心，大抵如是。

〈闢韓〉一出，隨即在當時社會上掀起波瀾。該文得到不少維新人士的
肯定與認同。〈闢韓〉於 1895 年初刊於天津《直報》，而後梁啓超、汪康年在
上海創辦《時務報》，於 1897 年又轉載此文，以筆名「觀我生室主人」發表
刊登。譚嗣同讀了該文之後尤感興趣，甚至還去信當時的報社經理汪康年進
一步探詢：

> 《時務報》二十三冊〈闢韓〉一首，好極好極！究系何人所作？自
> 署「觀我生室主人」，意者其爲嚴又陵乎？望示悉。〔註18〕

梁、譚同道相交，俱倡民權、革命思想。〔註19〕從譚信語氣可知他頗讚賞嚴
文。

另一方面，該文在當時也引發朝臣的攻訐。曾任清廷御史、以直諫聞名

〔註15〕嚴復：〈闢韓〉，《中國學術名著》，頁391。
〔註16〕同前注。
〔註17〕嚴復：〈闢韓〉，《中國學術名著》，頁393。
〔註18〕譚嗣同：〈致汪康年書〉（六），見牛仰山、孫鴻霓編：《嚴復研究資料》（福州：
海峽文藝出版社，1990年），頁371。
〔註19〕可參梁啓超：《清代學術概論》（臺北：啓業書局，1972年），頁137～142。

的屠仁守，稍後便在《時務報》發表了〈辨〈闢韓〉書〉一文，針對嚴復〈闢韓〉進行駁辯，表達對此文的不滿，如云：

> 今〈闢韓〉者，溺於異學，純任臆臆。義理則以是爲非；文字則以辭害意，乖戾矛盾之端不勝枚舉。〔註20〕

該文著重在批駁〈闢韓〉主張「民主」的觀點。所謂「溺於異學」，指的是嚴復的西化教育背景；所謂「以辭害意」，指的是〈闢韓〉刻意扭曲〈原道〉文字，而曲解聖人「非人」云云；所謂「以是爲非」，意在批判嚴復「民主君僕」等顛倒尊卑上下之主張。由於〈闢韓〉企圖動搖固有秩序，站在清廷政府立場的反對者不得不加以批駁。屠氏〈辨〈闢韓〉書〉首先就「君臣之義」來談：

> 請先言其大者。夫君臣之義，與天無〔同〕極，其實尊卑上下云爾。自有倫紀以來，無所謂不得已之說也。在昔封建之時，天子撫有天下爲君，則率土爲之臣；諸侯撫有一國而爲君，則境內爲之臣；大夫有家，則家眾爲之臣；下逮士庶人，有主則有僕，猶君臣也。若〈闢韓〉之意，則必尊上其僕，卑下其主，猶室老以祿大夫，猶大夫以立諸侯，由諸侯以共置天子。而僕之視主曰：「爾直爲吾保性命財產，吾故不得已而事之。」此明自然也。則夫人之於天，亦惟當責其保吾性命財產，曰：「吾之爲人於天也，不得已而事之也。」由明自然也，而可乎？〔註21〕

雖然，嚴復自己也主張今之中國猶不可盡棄君臣，不過，這是由於人民尚未能臻於自治的權宜之計，並非君臣制度有何不可捨離之義，故曰「君臣一倫，蓋出於不得已也」。換言之，君臣之存在，皆是爲了「民主」之路而權設。嚴復最新穎的言論，即是「君權民授」：君臣乃起於人民爲了自保性命財產之需要而設；除了衛民以外，君臣本身並無其他存在的正當性，故曰「君也臣也，皆緣衛民之事而後有也」。這一政治理論大大超前晚清的政治格局。嚴復意圖打破傳統的君臣觀，自然引起保守人士的反彈。在屠氏看來，〈闢韓〉簡直是滿紙「乖戾矛盾」。屠氏認爲，「君主臣僕」即尊卑上下而已，而尊卑上下又是天經地義。由此言之，嚴復棄置傳統君權神聖性的觀念，外援西學而高倡「民主君僕」的論調，形同離經叛道。

〔註20〕 〔清〕屠仁守：〈辨闢韓書〉，《時務報》第 30 冊（1897 年 5 月 20 日），見《嚴復研究資料》，頁 373。
〔註21〕 同前注，頁 373～374。

其次，屠氏再就嚴復所提的「富強之本」來說：

> 至今日而孔子之道不足致富強，不足爲民保財產性命，獨西人擅富
> 強，能爲民保財產性命，是西人又勝孔子矣。孔子如是，豈況韓子？
> 孔子曰：「足食，足兵，民信之矣。」孔子之所謂富強也。又曰：「齊
> 一變至於魯，魯一變至於道。」春秋莫富強於齊，而夫子云爾，豈謂
> 國不當富不當強哉！毋亦以富強必探其本，必進其治，斷非法自然，
> 棄君臣，專事賈胡之事，變爲民主之國，而後乃與道大適也。夫民主
> 之云，故〈闢韓〉者所以明自然之本旨，爲其能同心耳，能并力耳。
> 然古之善爲國者，何嘗不以同心并力爲務？聿求元聖，與之戮力而商
> 王；亂臣十人，同心同德而周興，商、周非民主也。〔註22〕

〈闢韓〉提倡「民主」，主張「民」爲國家富強之本。言「民主」，乃欲扭轉
傳統「主權在君」觀念；言「富強」，則側重國家貧弱無力的困境。對嚴復而
言，提倡「民主」思想是爲了謀求「富強」的手段，「富強」才是他在本時期
提倡「民主」的目的。〔註23〕而屠仁守認爲，追求民生富強，原本就是自古
以來聖賢明君一致的願望，三代之治、孔子之道，都是這一願望的理論與實
踐。惟探「本」始能善治。中國若要富強，當循此「本」而行，大可不必以
西人之說易孔子之道。他視西人猶如賈胡，視其「民主」之說無異於「棄君
臣」般荒謬，這反映了他濃厚的華夷思想。須仔細辨析的是，屠仁守批駁的
對象，是嚴復藉著「闢韓」引介的「民主」、「民本」思想。換言之，嚴復藉
〈闢韓〉來申論「民主」思想，屠仁守則藉「辨〈闢韓〉」來駁斥「民主」思
想。辨〈闢韓〉，又連帶及於辨夷（西）夏（中）。匯聚在「韓愈」的論述裡，
其實摻進了許多複雜的成分。

〔註22〕同前注，頁 374。

〔註23〕這點已見李澤厚〈論嚴復〉一文闡明，他說：「在政治思想上，嚴復原來就存
在一個思想的內在矛盾和理論的惡性循環，即一方面認爲要國家富強，首先
有賴於組成國家的無數細胞即國民個體的『德』、『智』、『體』三方面的基本
素質，著重個人在經濟上、思想上、言論上的自由、競爭和發展。……另一
方面，迫切的救亡局面，把國家富強問題推到當務之急的首位，使嚴復愈來
愈痛感『小己自由非今日之所急，而以合力圖強……爲自存之至計。』（《法
意》卷 18 按語）這樣，國家富強又比個體的德智體，比個人思想言論上經濟
上的自由和發展要緊得多，急迫得多，應該擺在前面。這是近代先進思想家
包括嚴復在內所實際著重的首要主題。」《中國近代思想史論》（臺北：谷風
出版社，1986 年），頁 317～318。

　　屠仁守〈辨〈闢韓〉書〉一刊出，隨即獲得其他守舊人士的支持。〔註24〕不久，光緒二十四年（1898），湖廣總督張之洞刊行《勸學篇》。張氏乃樂道「中學爲體，西學爲用」之人，非但不信西人在器用之外更有其他學問，〔註25〕而且頗懼新學害道，觀他所說「不知本則有非薄名教之心」、「恢詭傾危亂名改作之流，遂雜出其說以蕩眾心」等針對趨新者而發的言論，〔註26〕可知他深以此爲患。由《勸學篇》內篇篇名如〈教忠〉、〈明綱〉、〈宗經〉、〈正權〉等，可知他羽翼聖教的立場。他在《勸學篇·序》釋題時說得更明白：於〈教忠〉則曰「陳述本朝德澤深厚」、於〈明綱〉則闡明三綱爲「中國神聖相傳之至教」、於〈宗經〉則曰「破道勿聽，必折衷於聖也」、於〈正權〉則曰「辨上下，定民志，斥民權之亂政也」。〔註27〕其中「斥民權之亂政」一語，殊可注意。張氏在內篇〈明綱〉說：

> 五倫之要，百行之原，相傳數千年更無異義，聖人所以爲聖人，中國所以爲中國，實在於此。故知君臣之綱，則民權之說不可行也。〔註28〕

〔註24〕 如〔清〕樊增祥《漫與三解》其三：「高談時務駁諸儒，廢疾膏肓那易除。唯有吾鄉眞御史，霜毫能闢〈闢韓〉書。」《朝天集上》，《樊山續集》（清光緒二十八年西安臬署刻本），卷3，《續修四庫全書》（上海：上海古籍出版社，2002年）。又如〔清〕朱浩文曰：「近讀屠梅君侍御辨報館〈闢韓〉書，竊嘆因時病道者若此，而何幸即時辨道者竟復有人也。夫今之時何時乎？外畔迭生，強橫日甚……而我之所恃以常存不弊者，惟此德配天地之聖人，立綱常之極，嚴尊卑之辨，植禮義之防。俾君子修之吉，小人悖之凶，影響之捷，比比然也，豈或爽哉！不謂妄以道病者，轉乘其間，逞其私臆，而欲於道，揚之使高，鑿之使深，蔽我聖學，亂我朝常，謬托尊聖之名，陰以畔人道之極，不知用夏以變夷，直欲盡我變於夷，能勿傷哉！能勿懼哉！」見〔清〕蘇輿：《翼教叢編》卷3，《蘇輿集》（長沙：湖南人民出版社，2008年），頁76～77。

〔註25〕 梁啓超曰：「甲午喪師，舉國震動；年少氣盛之士，疾首扼腕言『惟〔維〕新變法』，而疆吏若李鴻章張之洞輩，亦稍稍和之。而其流行語，則有所謂『中學爲體西學爲用』者；張之洞最樂道之，而舉國以爲至言。蓋當時之人，絕不承認歐美人除能製造能測量能駕駛能操練之外，更有其他學問，而在譯出西書中求之，亦卻無他種學問可見。」《清代學術概論》，頁160～161。

〔註26〕 〔清〕張之洞：《勸學篇·序》曰：「不知通則無應敵制變之術，不知本則有非薄名教之心。夫如是，則舊者愈病新，新者愈厭舊，交相爲瘉，而恢詭傾危亂名改作之流，遂雜出其說以蕩眾心。學者搖搖，中無所主，邪說暴行，植流天下。敵既至無與戰，敵未至無與安，吾恐中國之禍，不在四海之外，而在九州之內矣！」《叢書集成初編》，第1輯，第996冊，頁4。

〔註27〕 以上引文俱同前注，頁5。

〔註28〕 同前注，頁41。

他一再重申反對「民權之說」,要在鞏固「君臣之綱」。光緒二十九年(1903),張之洞等復制定〈學務綱要〉,強調「中小學堂宜注重讀經以存聖教」。其文曰:

> 若學堂不讀經書,則是堯、舜、禹、湯、文、武、周公、孔子之道,所謂三綱五常者,盡行廢絕,中國必不能立國矣。學失其本則無學,政失其本則無政。其本既失,則愛國愛類之心亦隨之改易矣,安有富強之望乎?〔註29〕

經學的價值在於存續聖教,道統的意義在於維護綱常。面對排滿輿論漸興,張之洞顯然站在清廷的立場,要藉由「文化」、「道德」等抽象而高遠的訴求,來統合種族之間在心理上的嫌隙。這一意圖在稍後揭示的「教育宗旨」裡又更加顯著。光緒三十二年(1906),「忠君」、「尊孔」皆列為「教育宗旨」,〔註30〕若「忠君」則云:

> 我國素稱禮義之邦,忠愛根於性生,感發尤易為力。欲謀普及教育,宜取開國以來列祖列宗締造之艱難,創垂之宏遠……務使全國學生每飯不忘忠義,仰先烈而思天地高厚之恩……則一切犯名干義之邪說皆無自而萌,臣等所謂忠君者此也。〔註31〕

若「尊孔」則云:

> 孔子之道大而能博,不但為中國萬世不祧之宗,亦五洲生民共仰之聖。……必取吾國聖賢之名言至論,日進學生而訓導之,以之砥礪志節,激發忠義。〔註32〕

「忠君」即「政之本」,「尊孔」即「學之本」,中國政教之大端盡在於斯。「堯、舜、禹、湯、文、武、周公、孔子之道」再次被援引作為清廷統治的護符,目的在鞏固「綱常」,激發「忠義」,消泯君民上下、滿漢種族之間漸生的仇

〔註29〕 張百熙、榮慶、張之洞等訂定:〈學務綱要〉,舒新城(編):《中國近代教育史資料》(北京:人民教育出版社,1981年),上冊,頁200。又見《清史稿‧選舉志二》,卷82,第12冊,頁3137。

〔註30〕 見《清史稿‧選舉志二》:「中國政教之所固有,而亟宜發明以距異說者有二:曰忠君,曰尊孔。中國民質之所最缺,而亟宜箴砭以圖振起者有三:曰尚公,曰尚武,曰尚實。」(卷82,第12冊,頁3134)〈學部奏請宣示教育宗旨折〉,原載《大清教育新法令》第1冊第2編,今見舒新城(編):《中國近代教育史資料》,上冊,頁217。

〔註31〕 舒新城(編):《中國近代教育史資料》,上冊,頁218。

〔註32〕 同前注。

隙，欲藉此挽回君主尊嚴。因此，張之洞盛稱韓愈之功，《勸學篇·同心》云：

> 唐韓子推明道原，攘斥佛老，尊孟子，贊伯夷，文宗六經，至北宋
> 而正學大明，學統、文體皆本昌黎，由是大儒蔚起。〔註33〕

這裡可注意的是「贊伯夷」的說法。伯夷事蹟見司馬遷《史記·伯夷列傳》。伯夷不滿武王伐紂，最後選擇餓死首陽來表達抗議。韓愈作〈伯夷頌〉歌頌伯夷特立獨行，不為世改的精神。張之洞所以標明韓愈「贊伯夷」，蓋伯夷獨自不認同武王「以暴易暴」的手段，縱天下未聞有非之者。對伯夷來說，君臣之道已在「不食周粟」、「餓死首陽」之「義」中流露無遺。韓愈盛稱伯夷的「特立獨行，窮天地、亙萬世而不顧」的精神，以及指出「微二子，亂臣賊子接跡於後世矣」的訓示，皆就這個「義」字來說。張之洞標置韓愈「贊伯夷」，殆認識到伯夷之「義」可明君臣上下之倫，側重的是伯夷不墜臣道的一面。在張之洞眼裡，那些主張「民主」之人，顛覆上下，實與「亂臣賊子」並無二致。〈同心〉篇又說：

> 今日時局，惟以激發忠愛、講求富強、尊朝廷、衛社稷為第一義。
> 〔註34〕

雖言「富強」，但「忠」君「愛」國、「尊朝廷」才是他的著眼。所以他反對嚴復「君臣之倫……不足為道之原」的說法，而盛稱韓愈「推明道原」之功。在這裡韓愈所謂「道」，在張之洞看來即是「忠」君「愛」國之道。嚴復曾懷疑屠仁守作〈辨闢韓書〉很可能是受到張之洞的指使，〔註35〕殆非純屬臆測。張之洞和嚴復雖然皆知「富強」的重要，但因立場不同，故著眼不同。這一點恰好通過兩人各自對韓愈評價的互異，鮮明地反映出來。

嚴復通過闢「韓」來提倡「民主」，張之洞則藉由揚「韓」來鞏固「名教」。經此番爭論推波助瀾，韓愈更被強化了代言「知君臣之綱，則民權之說不可行也」（張之洞語）的形象。

據說，嚴復曾因〈闢韓〉一文而身陷險境，幾乎危及性命。〔註36〕若從

〔註33〕〔清〕張之洞：《勸學篇》，《叢書集成初編》，第1輯，第996冊，頁17。
〔註34〕同前注，頁20。
〔註35〕嚴復〈與五弟書〉曰：「前者《時務報》有〈闢韓〉一篇，聞張廣雅尚書見之大怒，其後自作〈駁論〉，令屠墨君出名也。《時務報》已照來諭交代矣。」王栻編：《嚴復集》（北京：中華書局，1986年），第3冊，頁733。
〔註36〕王蘧常〈嚴幾道年譜〉曰：「梁任公孝廉，汪穰卿中書（康年）創辦《時務報》於上海，先生〈原強〉、〈闢韓〉篇，均又刊入。湖廣總督張文襄公（之洞）

稍後「戊戌政變」乃起於異議人士大肆「指斥清室」、「鼓吹民權」來看，也不是全無可能。此即梁啟超所謂「蓋學術之爭，延爲政爭矣」。〔註37〕若此傳聞並非空穴來風，則何嘗不可視作嚴復〈闢韓〉鼓吹新興思想確有不小影響的旁證呢？數十年後，陳獨秀回首此事說道：

> 張之洞《勸學篇》即爲康黨而發也。張氏亦只知欣羨堅甲利兵之一人，而於西洋文明大原之自由平等民權諸說，反覆申駁，謂持此說者爲「自墮汙泥」，意在指斥康梁，而以息邪說正人心之韓愈孟軻自命。〔註38〕

此論直指張之洞撰文動機。張之洞尊孟子，在於孟子闢楊墨；尊韓愈，在於韓愈闢老佛，皆是出於捍衛「道統」的考量。他自命承孟子、韓愈所傳正道，有意效法諸儒闢除異端。但張之洞所謂「道」更偏重在忠君愛國，與孟子、韓愈所謂「道」的指涉不全然同，其言說對象也多有所針對。在他看來，新學就是他所謂的「邪說」、「汙泥」，即他當身之世的「異端」。

嚴復〈闢韓〉刊出後，雖有屠仁守、張之洞等保守人士加以反駁，但對於社會上漸趨高漲的「民主」思潮，顯然已難力挽狂瀾。下繼申說。

第二節　宋恕、夏曾佑、章士釗所提道與道統的問題

在「民權」備受關注的氛圍中，韓愈〈原道〉聖人「爲之君」及「君者出令」、「民者事上」等說法，漸易招致他人的反感與攻擊。與嚴復發表〈闢韓〉的同年（1895），維新人士宋恕、夏曾佑也在互通的書信中批評韓愈。宋恕〈致夏曾佑書〉曰：

> 及至昌黎，借儒張詞，排斥高隱，而山林之名始漸奪於華士。然其俗跡太顯，未能遽絕山林之教種也。及至伊川，以純法之學，陽托儒家，因軻死之謬談，建直接之標榜，舞儒合法，力攻高隱，黨盛勢強，邪說持世。世主初疑其怪，既而察其說之便己，雖私喜而獨

> 見而惡之，謂爲洪水猛獸，命屠梅君侍御（仁守）作〈闢韓駁議〉。先生幾罹不測。嗣鄭孝胥輩爲解圍，事始寢。」見《嚴復研究資料》，頁31。
>
> 〔註37〕梁啟超曰：「戊戌政變前，某御史臚舉札記批語數十條指斥清室鼓吹民權者俱摺皆參，足興大獄；嗣同死焉，啟超亡命，才常等被逐，學堂解散，蓋學術之爭，延爲政爭矣。」《清代學術概論》，頁141。
>
> 〔註38〕陳獨秀：〈孔子之道與現代生活〉（1916），《新潮》，頁63。

尊之。民賊忍人，盤據道統，丑詆孤識，威抑公理，而山林教種無
地自容，一線微言，從此遂絕。……叔始之，董韓繼之，程終之。
四氏之禍同族，所謂烈於洪水猛獸者歟！〔註39〕

這裡他將漢叔孫通、董仲舒、唐韓愈、宋程頤四儒視爲民族之禍害。洪水猛
獸之害生，這是人人所共知，而宋恕視韓愈四儒之禍「烈於洪水猛獸」，可知
在他看來，四儒所涉乃關乎學統存廢、國族存亡的問題。尤其是四儒之一的
韓愈，好以文字鼓吹「道」與「道統」，從而助長「邪說」、煽動「謬談」。因
此，宋恕大不喜韓愈。他在《六字課齋津談・九流百氏類》批評：

孟子識議極奇而極正，其文亦冠絕古今。昌黎無孟之志與學，徒以
罵佛老摹擬罵楊墨，其文亦文人之文，與孟子不可同年語。宋後習
稱孟韓，大謬！〔註40〕

君是強者，民是弱者，而孟子有「民爲貴，社稷次之，君爲輕」、「聞誅一夫」
等明揭「抑強扶弱」宗旨之極奇見識、極大議論，因此得到宋恕的肯定。而
韓愈〈原道〉除了「君者出令」、「民者事上」等語，已遠於吾儒「抑強扶弱」
之旨；又有「軻死不得其傳」云云來標榜「道統」，隱然護持君主專制，分明
與宋恕所謂先秦儒宗旨異趣。〔註41〕他認爲，韓愈所傳已非先秦儒之道，卻
又好爲文章，喜借儒張詞；雖自命承孟子之後，傳周孔之道，實則其志與學
俱不足道；其文章縱獲高名，但由於缺乏志與學，亦只是文人之文。這就大
大貶抑了韓愈〈原道〉及其所謂「道」與「道統」的位置。

夏曾佑也在回信中鼓應宋恕的意見，〈答宋恕書〉說：

而韓愈者，不過晚近一辭章之徒，特以所擅文體法於諸子，於是空
言義理以實之。〔註42〕

他認爲，韓愈所謂「道」與「統」，貌若孔門義理，實則所傳早已失眞；他認
爲孔門後學多「半聞者」、「各效一官之選」，「所學者爲帝王之學」，故自「漢

〔註39〕 宋恕：〈致夏曾佑書〉（1895 年 5 月 3、9 日），鄭大華等選注：《砭舊危言──唐
　　　　才常、宋恕集》，《中國啓蒙思想文庫》，頁 275。下文再提簡稱《砭舊危言》。
〔註40〕 〔清〕宋恕：《六字課齋津談・九流百氏類》（1895 年），《砭舊危言》，頁 250。
〔註41〕 〔清〕宋恕《六字課齋卑議・洛閩章》（1892～1897 年）曰：「儒家宗旨，一
　　　　言以蔽之曰：『抑強扶弱』；法家宗旨，一言以蔽之曰：『抑弱扶強』。洛閩講
　　　　學，陽儒陰法。……自謂接孟，實孟之賊！背此『聞誅一夫』之說，樹彼『臣
　　　　罪當誅』之誼；背此『殃民不容』之說，奉彼『虜使其民』之教。道統、帝
　　　　統，日事忿爭；上智、上仁，悉遭橫貶。」《砭舊危言》，頁 178。
〔註42〕 〔清〕夏曾佑：〈答宋恕書〉（1895 年），《砭舊危言》，頁 278～279。

西京之學已非孔子之舊矣」；是故〈原道〉之所謂「道」與「統」不過一派空言，韓愈不過一「辭章之徒」爾爾。〔註43〕這點與宋恕「文人之文」的批評是一致的。但夏曾佑對韓愈的反感似乎更大，他在〈答宋恕書〉繼而又說：

> 觀其忽而俯首乞憐，忽而直承道統，則其己心亦不自以爲一定，俳優而已。〔註44〕

他認爲韓愈既作〈原道〉明倡「道統」，卻又有若干「俯首乞憐」的文字，〔註45〕可見其言行不一，其心非一定，其所謂「道」與「道統」，更只合爲「空言」；其自命承軻之後云云，亦只如「俳優」爲迎合上意的演出罷了。值得注意的是，他這段批評，便開始牽涉到韓愈的爲人。這一牽連實起於不滿韓愈所謂

〔註43〕〔清〕夏曾佑〈答宋恕書〉曰：「孔子之教，雖同一不說他方世界，而不禁奢華，即以當世爲報境，而又有榮名之可貴，子孫之可懷，故不數年而其教大行。其教不外三科九旨，而諸弟子有全聞者、有半聞者。全聞者知君主之後，即必有君民並主與民主，故道性善，而言必稱堯舜，此傳者，有若、曾參是矣。半聞者不知後二，但知初一，故言性惡而法後王。此派至繁，名家、法家、縱橫家、陰陽家、兵家、農家，悉在其中，各效一官之選。蓋教門之宗子，所學者爲帝王之學，而其他爲輔也，而荀卿乃此中之一支。斯既相秦，大行其學，焚坑之烈，絕滅正傳，以吏爲師，大傳家法。叔孫通爲其博士，決是荀卿家法中人。仲舒作書美荀卿，則其爲荀教之徒可知。蓋十四博士，強半原出蘭陵，漢西京之學已非孔子之舊矣。若歆之古文，周、張、邵、二程之性理，皆賊中之賊，非其渠魁。」（同前注）夏曾佑在這裡做了一個很有意思的分判：他以「民主」意識的程度，將孔門弟子區分爲「全聞者」與「半聞者」。兩者的差別只在於，「全聞者」在「君主」之外猶知「民主」，所以「道性善」、「稱堯舜」；「半聞者」則不知「民主」，故「言行惡」、「法後王」。若回到先秦政治觀念的脈絡，則所謂「全聞者」、「半聞者」其實就是法先王與法後王的差別。換言之，夏曾佑企圖以「民主」來標記法先王與法後王的政治異趨。若從梁啓超等人以先王之治「公天下」視爲「公權於民」的論述來看，夏曾佑會做這樣的分判亦非全無憑據。這又再次反映了本時期民主思潮對傳統學術思想的衝擊。中國二千年來雖有儒教，然「全聞者」之「君民並主」乃至「民主」的眞義早已亡失，惟流傳「謬種」，徒存「半聞者」之「君主」、「帝王之學」。他以爲孔門中尚有不少「半聞者」（即欠知「君民並主」、「民主」觀念，所學皆「帝王之學」），而以荀子學說爲代表。秦以後，孔門之學主要由「半聞者」衍其緒。比起宋恕對漢以來儒者的批評，夏曾佑更安上一個荀子作爲禍源，其質疑進一步深入先秦儒家；對於唐宋儒者的批判也更加劇烈。宋恕於漢儒尤恨叔、董，而叔、董在夏看來皆荀門之流，漢儒所傳學說皆是「帝王之學」一類，固是「認賊作子」，則後儒如歆、周、張、邵、二程之說更是「賊中之賊」。

〔註44〕同前注。

〔註45〕殆指〈潮州謝上表〉一類。

「道」與「道統」欠缺「民主」精義之故。

　　清末嚴復、宋恕、夏曾佑等對韓愈所謂「道」與「道統」的質疑，持續延燒到民國以後，又有章士釗撰〈《闢韓》餘論〉一文，加以喧嚷和發揮。章士釗明指，韓愈歷史地位的動搖，肇始自嚴復〈闢韓〉對韓愈〈原道〉的批評。〈《闢韓》餘論〉曰：

> 自前清末造，侯官嚴復著論〈闢韓〉，退之在思想上千年不倒之壟斷
> 地位，開始動蕩，隨而韓柳對峙之局，韓方每況愈下，以至公曆一
> 九四九年人民政權成立，韓之〈原道〉「誅民」學說，形成冰與炭之
> 不能兩存。於是柳進韓退之自然形勢，乃如蓬萊驟淺之無可動搖。
> 〔註46〕

韓愈地位如果產生動搖，主因確實在於他所謂「道」的精神，已不符合本時期的要求。在〈《闢韓》餘論〉一文中，章士釗更為韓愈冠上「民賊」之「御用學者」的帽子，他認為：

> 以是退之之道，號為遠大，彼並不能自為遠大，特不過投合後來民
> 賊之需要，供求相應，而為人利用，姑予推崇而已。韓學如何至宋
> 大行，得此數語，如畫龍而點睛，正綽綽然有餘。〔註47〕

在此，他將韓文影響深遠的事實，窄化為役於君權的說法。章士釗「御用學者」一詞，與嚴復所謂「韓子務尊其尤強梗最能欺奪之一人」、「知有一人而不知有億兆」、夏曾佑所謂「俳優」云云，皆是就韓愈重君、尊君的面向所發。在諸人傾向「民主」的視線裡，過去主政的君臣就是「民賊」，〈原道〉就是「誅民學說」，倡「道」與「道統」的韓愈就是「御用學者之前茅」。〔註48〕

　　從章士釗文章標明「餘論」二字，可見除了有自承嚴復〈闢韓〉之意，他另有欲申說者。在他而言，韓愈地位的動盪，更具體表現在韓柳評價的變化。過去昔人所論，或著眼於道，或著眼於文，多半軒韓輕柳。本時期由於對「道」內涵的認知的轉變，章士釗順勢翻轉往昔軒韓輕柳的定價。〈《闢韓》餘論〉曰：

〔註46〕　章士釗：〈闢韓餘論〉，《柳文指要》（北京：中華發行，新華出版，1971年），
　　　　卷6，頁1629～1632。

〔註47〕　同前注。

〔註48〕　章士釗曰：「嘗論封建社會之於民，既總持民之生產資料，同時復掌握其精神
　　　　資料，此精神資料，非得御用學者為之主張施設，輒不能自圓其說，而招致
　　　　人之景從。如退之者，正此類御用學者之前茅也。」同前注。

> 近有公言韓、柳優劣，不在「學」不在「文」而在「道」。……要之韓、柳之優劣何在？必須申述清楚者，不外一個「道」字。〔註49〕

章士釗之論亦聚焦一「道」字。而他所謂「道」，已添入「民主」的色彩，有了新的精神與內涵。以此「道」來重新審視韓、柳二人，自然得出與傳統學人——尤其是宋儒——異調的評價。〈《闢韓》餘論〉曰：

> 子厚之道，崇民至上，斷唐之受命不于天，于其民，已爲中唐所接受不了，於宋又何望？彼濂洛諸儒，拘牽六藝，曲解君親無將，天王明聖諸說，以寇讎土芥乎人民。於斯時也，視民如傷之子厚，將避之若浼之不暇，惟望數百年後，以一九四九年之有朝一日，或有人焉，大書深刻此一「民」字，而顯現其眞實意義，旦暮遇之而欣慕焉，如斯而已矣。今幸而其時已屆，顧叫囂乎東西，驟突乎南北，他之聲不聞，而微聞軒韓之音不絕，烏乎噫嘻！此得毋使持《天演論》、〈闢韓〉之嚴幾道笑人？〔註50〕

章士釗不避忌個人的立場，特意將柳宗元「崇民」的一面強調突出。觀柳宗元〈貞符〉所說的「受命不于天于其人」〔註51〕之以民爲主的立場，不是和嚴復〈闢韓〉所說的「斯民也，固斯天下之眞主也」很接近嗎？又，柳宗元〈送薛存義序〉所說的「凡吏于土者，若知其職乎？蓋民之役，非以役民而已也。凡民之食于土者，出其十一傭乎吏，使司平於我也」〔註52〕所揭示的官爲民役的觀念，不是和〈闢韓〉所說的「何若使子專力於所以爲衛者，而吾分其所得於耕織工賈者以食子給子之爲利廣而事易治乎？此天下立君之本恉也。是故君也臣也，刑也兵也，皆緣衛民之事而後有也」很接近嗎？雖然柳宗元尙未能直言「君爲民僕」，但他指出，理想君王應該使民「安其常而得所欲，服其教而便於己，百貨通行而不知所自來，老幼親戚相保而無德之者，不苦兵刑，不疾賦力，所謂民利，民自利者是也」，〔註53〕實已隱然觸及〈闢韓〉所說「國者，斯民之公產也；王侯將相者，通國之公僕隸也」的精神。更前清末江瀚（1853～1935）〈讀柳河東集〉已有此觀察：

> 子厚〈送薛存義之任序〉謂「吏者民之役，非以役民，蓋民之食於

〔註49〕同前注。
〔註50〕同前注。
〔註51〕〔唐〕柳宗元：《柳河東集》（上海：上海人民出版社，1974年），卷1，頁22。
〔註52〕同前注，卷23，頁391。
〔註53〕同前注，卷15，頁276。

土者，出其十一傭乎吏。」其言與近世英吉利國語以官爲公僕相同，而子厚獨早見及之，可謂卓識矣。同時韓退之作〈原道〉，乃稱「民不出粟米麻絲，作器皿，通貨財，以事其上，則誅。」其與子厚之言，相去不亦遠哉？〔註54〕

章士釗對江瀚此文尤爲激賞，稱爲「近代不可多得之文」，視之以與嚴復〈闢韓〉相當：

獨叔海以老師宿儒，見及乎此，猶自超人一等。又提出與韓退之作一比較，以見〈原道〉誅民之説，視子厚不啻直墜九幽之下。此律之嚴幾道之〈闢韓〉，尤爲質直而明切，殆爲近代不可多見之文。〔註55〕

由此可知，柳宗元在本時期評價的抬升，並非只是純然出於章士釗深嗜柳文之獨好，而是時勢使然。本時期韓、柳比較的基礎，是在「民主」的要求下，將柳宗元「崇民」之思想與韓愈「誅民」之學説對立起來，從而揚柳抑韓。其間變化之關鍵仍在於嚴復〈闢韓〉一文所勾勒出韓愈〈原道〉「誅民」、「尊君」的形象，以及張之洞爲韓愈建構的維護「君臣之綱」之代表人的角色。

第三節　吳魂〈中國尊君之謬想〉帶出的批評

自嚴復〈闢韓〉一文直揭「夫自秦以來，爲中國之君者，皆其尤強梗者也，最能欺奪者也」，「秦以來之君」便成爲輿論批判君主專制的主要對象。秦以前之「先王」、「三代」則一變而成爲時人寄託「君民共治」、「公天下」理想之所在。〔註56〕「秦以來之君」能否指實？梁啓超曾説：

〔註54〕　〔清〕江瀚：《愼所立齋文集》，沈雲龍（主編）：《近代中國史料叢刊》（臺北：文海出版社，1971年），第1輯，第709冊，頁71。

〔註55〕　章士釗：《柳文指要》下，頁1575。

〔註56〕　爲了合理化「民權」的存在，擁護者群起撰文捍衛議院制度。例如，康有爲〈上清帝第二書〉（1895）、汪康年〈論中國參用民權之利益〉二文，皆搬引古籍，以爲佐據；又如梁啓超〈古議院考〉（1896）一文認爲議院制實可微於中國先王之道，與古聖先王治理之上下交通、知民好惡等精神同源，所以，中國古代雖無立議院之名，但已存議院之精神。再如趙而霖〈開議院論〉（1898）一文認爲，由於洋人能變通中國古法，創爲議院，使「國家無難決之疑，言路無壅蔽之患」，故得内政清明，外侮不作，遂致富強。這顯然出於中國本位的觀點，雖非切實之談，但論者擁護議院制度，追求與民共治，乃出於亟欲爲國家尋求生路的用心，表達對於中國内政壅蔽之憂患。諸人千百爲詞，無非是要開闢一塊人民也可以參與政治的空間。

當知三代以後，君權日益尊，民權日益衰，爲中國致弱之根源，其

罪最大者，曰秦始皇，曰元太祖，曰明太祖。〔註57〕

他說今日國家貧弱之根源，正由於君不重民，奪民之權。故誅秦以來之君心
皆出於「自私」，目秦以來之禮法皆爲「鈐壓之具」。〔註58〕又說：

君主者何？私而已矣。民主者何？公而已矣。〔註59〕

先王之爲天下也公，故務治事；後世之爲天下也私，故務防弊。

〔註60〕

所謂先王之「公天下」，即遙指前文所陳述「與民共治」、「參用民權」的理想。
這雖不盡是三代政治之眞相，但確實反映了他們對西方人民得以參政之嚮
往。故梁啓超批判秦以降之政治，尤其著眼民權日衰，君奪民權。〔註61〕不
只梁啓超有是論，他如畢永年〈存華篇〉（1898）亦發明此意：

自秦始皇、唐太宗、明太祖以塞聰錮明，圈芭豪傑爲治，故民權日

屈，而堯、舜、禹、湯、文、武、周公牖民公天下之精意亡。〔註62〕

他所謂的堯、舜、禹、湯、文、武、周公之治道，自上而言，當「貴民、重
民、公權於民」；自下而言，當以天賦自主之權，衛國如家。〔註63〕上者參用
民權，下者民主衛國，即是當今治世之要道，更是救國之急方。諸人援引三
代之治、先王之道立說，自是藉此訴求政治理想；另一方面，他們痛批秦以
來之君，〔註64〕則隱然實指當今專權的統治者。自庚子以降，「民權」云云，

〔註57〕梁啓超：〈西學書目表後序〉（1896），《強學》，頁130。

〔註58〕梁啓超〈論中國積弱由於防弊〉（1896）曰：「自秦迄明，垂二千年，法禁則
日密，政教則日夷，君權則日尊，國威則日損。上自庶官，下自億姓，游於
文網之中，習焉安焉，馴焉擾焉，靜而不能動，愚而不能智。歷代民賊，自
謂得計，變本而加厲之。」原載《時務報》第9冊（1896年10月27日），《強
學》，頁118。

〔註59〕梁啓超：〈與嚴又陵先生書〉（1897），《強學》，頁136。

〔註60〕梁啓超：〈論中國積弱由於防弊〉（1896），《強學》，頁118～122。

〔註61〕梁啓超〈論中國積弱由於防弊〉曰：「防弊者欲使治人者有權，而受治者無權，
收人人自主之權，而歸諸一人，故曰私。」同前注。

〔註62〕畢永年：〈存華篇〉（1898），原載《湘報》（1898年4月14日），《強學》，頁
253。

〔註63〕同前注，頁254～255。

〔註64〕又如皮嘉祐〈平等說〉（1898）曰：「欲變新法，禦強鄰，有志之士所爲太息
痛恨於秦始皇、宋太祖，明太祖之誤國也。」《湘報》（1898年5月12～14
日），《強學》，頁260。

不再僅止於「設立議院」、「君民共治」等溫和改革的訴求；那種主權在民、還權於民的革命性質，更能喚起社會人心的共鳴與應和。隨著清廷對外交涉頻頻失利，對內政令又反覆無常，輿論在批判秦以來君主的同時，也暗藏對當今清政權的反彈。

　　光緒三十二年（1906）三月，清廷詔以「忠君」、「尊孔」為五大「教育宗旨」之二。〔註65〕由於國人對清廷漸失信任，反清革命情緒的高漲，輿論對於「忠君」、「尊孔」云云反彈頗為激烈。五月，留日革命社團在東京創設的《復報》，即刊載了「吳魂」〈中國尊君之謬想〉（1906）一文。但該文卻另針對韓愈大作文章：

> 至唐之韓愈，言「君者出令者也，臣者行君之令而致之民者也，民者出粟米麻絲貢貨財以事其上者也。」（按：〈原道〉）又擬文王〈拘幽操〉曰「臣罪當誅，天王聖明。」（按：〈拘幽操〉）後儒評其深得文王之心。試問文王伐崇，崇侯讒之紂辛，因被囚，乃一入獄中，即現出困頓乞憐之態，昔何勇而今何怯，昔何叛逆而今何順從，諒文王必不爾爾也。而韓愈之言，亦所謂道其所道，非我所謂道也。
> 〔註66〕

韓愈文名高，爭議也大，但使他在本時期被特別放大檢視的，是他衛道尊孔的言行，與尊君事上的情操。前者的代表作是〈原道〉，後者是〈拘幽操〉。衛道尊孔、尊君事上這兩種本來俱屬正面的特質，在本時期卻被顛覆了原有的價值。吳魂該文顯然揭示了這個價值扭轉的過程。他還指出，「尊君」是一種「恐怖思想」，即一種認知上的謬誤，它支配人民「視威權炎赫之專制魔王，一若神聖不可侵犯」，使人民失去自我的主宰，彷若「無魂」的「馴奴」。舉國正處內憂外患之中，而多數臣民無視現實的衰弱與瘡痍，猶事君甚尊，惶惶不敢違逆。如此「尊君」，實堪稱為「謬想」。作者以「吳魂」為筆名，取「無魂」之同音，或者也有藉此警醒世人的意思。吳魂還認為，歷來儒者所重的忠義道德，正是形塑「恐怖思想」的幫兇。在他看來，傳統君王所以崇重聖人之學，非真信聖

〔註65〕〔清〕趙爾巽《清史稿・德宗本紀二》曰：「（光緒三十二年）三月戊辰朔，以「忠君」、「尊孔」、「尚公」、「尚武」、「尚實」五大綱為「教育宗旨」，宣詔天下。」，頁550。

〔註66〕吳魂：〈中國尊君之謬想〉（1906），《復報》第1期（1906年5月），《民聲》，頁122～123。

人，而是「信聖人之學說足以駕馭國民」。〔註67〕他又說：

> 君主無聖人，則其壓制臣民較難，唯有聖人而君主乃得操縱自如，
> 以濟其奸。〔註68〕

儒家論及君臣，從不輕忽對君主自身的德行要求，如曰「君使臣以禮，臣事君以忠」、「爲政以德」云云，但儒家實亦講究「事君以忠」、「事君盡禮」（《論語・八佾》）。然而，在這股批判君主專制的熱潮中，就君之端而言的效聖修德，被認爲別有居心；就臣之端而言的「尊君」、「忠君」，則被譏爲是一種「謬想」；在伸張民權的要求聲中，孔子所謂「民可使由之，不可使知之」，似乎也令人頗感芒刺在背。「吳魂」認爲，學聖則使人習於尊君，於君令不敢違抗；而君又下令法聖，使人知敬畏聖人君主，則聖人與君主「互相爲因，互相爲果」，結果是「一人獨壓萬人上」，使在下人民彷若「無魂」之「馴奴」。

稍後又有「凡人」作〈無聖篇〉（1908）一文，呼應「吳魂」所謂聖君互爲因果的論調，更明白揭示「破專制之惡魔，必自無聖始」的主張：

> 惟聖王與聖人有親密之關切，聖王非有聖人不克施其術，聖人非聖
> 王不能行其說。不將其相繫之根苗斬除而絕滅之，則其奴隸臣民事
> 其君上之私衷，終無由消化以發現其天良，其弊不至於「天王聖明，
> 臣罪當誅」不可，是何日始有天日耶！〔註69〕

「聖王非有聖人不克施其術，聖人非聖王不能行其說」一句，即謂君主與聖人互爲因果。所謂「發現天良」，亦即「復我天賦之人權」，既不作君主之奴隸，也不作聖人之傀儡。在「凡人」看來，今之人民所以欠缺民主觀念，而視君王爲國主、天子，乃由於聖人學說太過講究尊卑所致。作者以「凡人」作爲發表〈無聖篇〉的筆名，大有黜聖歸凡之意，表白他寧可甘爲凡人，也不願囿於傳統習見而屈於「聖」名之下。反對「尊君」，波靡至於「無聖」，其於傳統思想的衝擊可謂巨大已極。

庚子以後，隨著反清情緒高漲，「尊君」已被徹底汙名化。過去事君謹重的儒臣，如今反被指爲諂媚君上，連孔子都被誣爲「事君以諂」、〔註70〕「教

〔註67〕 同前注。

〔註68〕 同前注。

〔註69〕 凡人：〈無聖篇〉（1908），《河南》第3期（1908年3月），《民聲》，頁164。

〔註70〕 吳魂〈中國尊君之謬想〉（1906）一文中還引用「事君盡禮」一條（相關說明已見第二章第二節），也隱然流露批評孔子的意向。可見時論對於《論語》「事

人熱衷富貴利祿」，﹝註71﹞而況韓愈？繼「吳魂」〈中國尊君之謬想〉（1906）一文痛批韓愈之後，又有「憤民」在《克復學報》發表〈僞道德〉（1911）一文，在批評傳統君臣民之關係時，亦以韓愈爲箭靶。文曰：

> 嘗謂能代表中國人民對於君主之僞道德者，莫如唐儒韓愈。其言曰：「天王聖明，臣罪當誅。」（按：〈拘幽操〉）夫紂獨夫也，文王聖人也，以獨夫爲聖明，稱聖人有當誅之罪，無他，君主雖獨夫，既尊之爲天王，不得不諛以聖明，人民雖聖，既賤之爲臣庶，不得不謂其當誅耳。又曰：「君者，出令者也；臣者，行君之令而致之民者也；民者，出粟米麻絲、作器皿、通貨財，以事其上者也。君不出令，則失其所以爲君；臣不行君之令而致之民，民不出粟米麻絲、作器皿、通貨財，以事其上，則誅。」（按：〈原道〉）夫君何爲有出令之權？民何爲有出粟米麻絲之責，不出則誅？又何爲而嚴酷武斷至於斯極？亦無他，君民間之關係使然耳。夫以愈之所言，悍戾無倫，等於狂吠，而後世學者，稱道弗衰，配食尼山，千秋俎豆。無識如蘇軾，且稱之爲匹夫而爲天下師，一言而爲天下法，則直以聖人相推許。此亦可見愈之言適合於古人相傳之習慣，而非徒一家之私議矣。﹝註72﹞

1906 年，「吳魂」〈中國尊君之謬想〉一文先揭露「尊君」是一種「恐怖思想」，到了 1911 年，「憤民」〈僞道德〉一文則進一步在價值層面否認「尊君」在道德上的眞實性，宣稱那只是一種「僞道德」。「憤民」不但厭惡韓愈「尊君」、「臣罪當誅」的情操，說他是「諛」君「賤」民；而且不滿韓愈「事上」、「誅民」的主張，說他是「悍戾無倫，等於狂吠」。觀其以「憤民」作爲發表〈僞道德〉一文之筆名，亦可想見作者對於傳統視「尊君」爲道德內涵，視「事上」爲理所當然，而輕忽人民之權利與自由的憤怒。

君盡禮，人以爲諂」的詮釋，容易受到「民主」觀念的影響而不自知，往往逕自解作「事君以諂」，反指孔子「於君民一關看不太破」（無名氏：〈箴奴隸〉，原載《國民日日報匯編》第 1 集（1904 年 10 月），《民聲》，頁 82）。尤其在革命思潮高漲之際，這樣的詮釋更易鼓動人心。對待孔孟尚且如此，遑論其後的儒者。

﹝註71﹞ 章太炎語。詳見下節。

﹝註72﹞ 憤民：〈僞道德〉（1911），《克復學報》第 2～3 期（1911 年 8～9 月），《民聲》，頁 255～256。

第四節　吳虞、章太炎等人所提闢異端問題

　　由前文可知，本時期在思想上對韓愈所謂「道」與「道統」的不滿，與在政治上對「君主專制」的批判，是桴鼓相應的。這背後除了「民主」思潮的推動，還有「自由」、「平等」精神之啓蒙。

　　從「自由」觀點來批評韓愈的代表是吳虞〈儒家主張階級制度之害〉一文，他說：

> 自孔子誅少正卯，著「侮聖言」、「非聖無法」之屬禁；孟軻繼之，闢楊墨，攻異端，自附於聖人之徒；董仲舒對策，以爲諸不在「六藝」之科、孔氏之術者，皆絕其道，勿使並進；韓愈〈原道〉「人其人、火其書、廬其居」之說昌；於是儒教專制統一，中國學術掃地！……儒教徒之心理與獷悍可以想見。……儒教不革命，儒學不轉輪，吾國遂無新思想、新學說，何以造新國民？悠悠萬事，惟此爲大矣！〔註73〕

韓愈所謂「道」乃承孔、孟而來。但在吳虞看來，孔、孟「誅」、「闢」異端之舉，是一種思想上專制的表現；而孔、孟也被他視爲思想上的「教主」，與政治上的「君主」，同被看作是「天下二大患」。〔註74〕尤其是孟子力闢的楊墨：楊朱主張「爲我」，實接近今者所謂「自由」；墨子主張「兼愛」，實接近今者所謂「平等」；而「自由」、「平等」皆吳虞平生所力倡的思想，所以他尤恨孟子。

　　孟子殊崇孔子，以爲「聖之時者」、「集大成也者」（《孟子‧萬章下》），這在開始追求個人自由解放的時人看來，如此推尊一人，無異成就一「統一專制之聖」；而孔孟學說影響中國歷史文化深遠，更被視爲在精神上牢籠後世無數學者，有害於人生、學術的自由發達。這種看法背後的心理，當然仍是出於時人對於所謂「強權」的反抗意識，如「凡人」在〈無聖篇〉就說：

> 況吾國學有淵源，非只孔孟一支，平其心，靜其氣，無所重輕，兼採眾說，以求公理，則雖余固未能謂孔孟都無可取也。惟強余以爲

〔註73〕吳虞：《吳虞文錄》，頁72～79。
〔註74〕吳虞〈辨孟子闢楊墨之非〉曰：「天下有二大患焉：曰君主之專制，曰教主之專制。君主之專制，鈐束人之言論；教主之專制，禁錮人之思想。君主之專制，極於秦始皇之焚書坑儒，漢武帝之罷黜百家；教主之專制，極於孔子之誅少正卯，孟子之距楊墨。……韓愈以爲孟子距楊墨，功不在禹下，亦可謂陋矣。」原載《蜀報》第4期（1910年10月），《民聲》，頁233～237。

> 至聖，沮人生之自由，禁學術之發達，再爲第二漢武，定爲一尊，
> 則余不忍泯此良心也。……不統一於鄒魯一家之溺說，務使人之智
> 識言論有完全自由。〔註75〕

主張「聖賢革命」者欲破學術上的「第二漢武」，正與政治上鼓吹推翻君主專制的聲浪一致，皆與反抗強權、嚮往自由的心理有密切關係。比起安逸與保守，他們更看重的是競爭與進步。一家之言若成爲主流學說，則有礙新學說的興起，反而影響各個學派之競爭、阻礙整體思想之進步。吳虞在〈辨孟子闢楊墨之非〉（1910）一文中便突出此見解：

> 夫學術思想之在一國，猶人之有精神也。故彌勒・約翰之言曰：「無
> 新思想、新言論，則其國亦無由興。」蓋辯論愈多，學派愈雜，則
> 競爭不已，而折衷之說出，於是眞理益明，智識益進，遂成爲燦爛
> 莊嚴之世界焉。故知專制者，乃敗壞個人品性之一大毒藥也。夫與
> 己不同道，則詆爲異端，詈爲邪說，不以爲非聖無法，即以爲判道
> 離經，斯誠社會之汙點，學術家之深恥也。而儒家則不憚而恆蹈之。
> 觀孟子之斥楊墨，至於無君無父，其詞嚴矣。然推其說之所由來，
> 不過曰楊子爲我、墨子兼愛而矣，別無左證也。鳴呼！吾有以知孟
> 子之攻擊楊墨，特以門戶意氣之私見，而實未窺楊墨之學說，有入
> 室操戈、扼吭拊背之勝算也。〔註76〕

在吳虞看來，主張獨尊一家思想，更無異學術專制，這就妨礙了自由競爭、追求眞理，社會遂停滯不能進步。因此，他認爲那些主張尊聖人、闢異端的儒者是「社會之汙點」、「學術家之深恥」。他的批評甚至上綱到人品人格，如是則孟子亦不免爲失德之人。前文已及，西學的許多內涵，與儒家以外的諸子學說多有暗合之處；再者，墨家功利的思維也頗適於本時期求富求強的需要。反觀今之所謂儒臣，保守大於開創，僵固而不能應變，論學術，既無能作國家政治指導；論思想，又往往與新學牴牾。復逢輿論不滿多數人民對當前政治的無感，因而過去長期佔據入世思想主流的儒家遂被視爲禍首，斥之爲孕育「奴隸」的思想溫床。〔註77〕至此，聖人之道、孔子之教不僅不再被

〔註75〕 凡人：〈無聖篇〉，《民聲》，頁164～166。

〔註76〕 吳虞：〈辨孟子闢楊墨之非〉，《民聲》，頁233～234。

〔註77〕 無名氏〈箴奴隸〉曰：「夫孔孟考道德之本原，明出處之大義，由其道而無弊，可爲公民、爲豪傑、爲義俠、爲聖賢。乃老子浸淫而奪其席，易之以鄙夫、鄉愿、學究、僞君子之名目，昭告於天下。天下之人，且以爲眞孔也，相率

認爲是應然的教化準則，連孟子「闢楊墨」以明正道的言論，也不再被理所當然地接受，其學術史價值亦黯然不彰。孟子所論被看作是「門戶意氣之私見」，其說則被視爲是「人生自由」、「學術發達」的阻礙。輿論大肆批判孔孟，乃藉此言彼，欲根除今人事事依傍傳統，不願求變取進的習性。

　　吳虞從「專制」——即「禁錮人之思想」——的角度來看孔孟儒，自然絕不喜漢唐儒「尊孔」、「衛道」、「闢異端」之尊崇與標榜。韓愈曾推尊孟子距楊墨之功「不在禹下」（〈與孟尚書書〉），又嘗擬孟而排佛老，主張「人其人、火其書、廬其居」（〈原道〉）；對此，吳虞先譏其識「陋」，〔註78〕又誅其心「獷悍」。就吳虞而言，連孔孟之人格都可非議，又何憚於對韓愈人格作批評？

　　民國以後，周作人基本延續吳虞批判韓愈助長儒教「專制」思想、護持孔子「教主」地位的論調，他在〈談韓文〉提到：

> 韓退之留贈後人有兩種惡影響，流澤孔長，至今未艾。簡單的說，可以云一是「道」，一是「文」。本來「道」即是一條路，如殊途而同歸，不妨各道其「道」，則「道」之爲物原無什麼不好。韓退之的「道」乃是有「統」的，他自己闢佛卻中了衣缽的迷，以爲吾家周公三吐哺的那支鐵碗在周朝轉了兩個手之後一下子就掉落在他手裡，他就成了正宗的教長，努力於統治思想，其爲後世在朝以及在野的法西斯派所喜歡者正以此故，我們翻過來看就可以知道這是如何有害於思想的自由發展的了。〔註79〕

所謂「『道』即是一條路……不妨各道其『道』云云，大抵同於吳虞以「自由」至上的意見。同樣地，對凡有害於思想言論自由的，周作人也要加以批判。周作人抱持「太陽底下本無聖書」〔註80〕的想法，自然不能同意韓愈尊孔、傳道統、闢異端之舉。他對韓愈闢佛老的看法，雖然也有一些訴諸韓愈

　　而效之，唯恐其不肖，於是孔子遂爲養育各項奴隸之乳媪，生息而不盡。……故孔派推尊一度，而奴隸沉沒一度。」作者雖然明罵老氏，實是暗批恪守學說而不知變通，乃至迂腐的儒者。《民聲》，頁83。
〔註78〕吳虞〈辨孟子闢楊墨之非〉曰：「韓愈以爲孟子距楊墨，功不在禹下，亦可謂陋矣。」《民聲》，頁237。
〔註79〕周作人：〈談韓文〉，《秉燭集》，《周作人全集》，第3冊，頁247～248。
〔註80〕周作人：〈論語小記〉（1934年），《苦茶隨筆》，《周作人全集》，第3冊，頁12。

當身時空的理解，[註81] 但他基本上不大同情韓愈。他在〈蒿菴閒話〉（1936）一文曰：

> 不知怎的我總不喜歡韓退之與其思想文章。第一，我怕見小頭目。俗語云：「大王好見，小鬼難當。」我不很怕那大教祖，如孔子與耶穌比孟子與〔按：疑爲與〕保羅要好親近一點，而韓退之又是自稱是傳孟子的道統的，愈往後傳便自然氣象愈小而架子愈大，這是很難當的事情。[註82]

在他看來，若孔子是「大教祖」，則尊孔、傳道統的韓愈就是「小頭目」。他對「小頭目」的偏見更甚於「大教主」，認爲韓愈所謂「道」與「道統」不但「氣象愈小而架子愈大」，而且更「有害於思想的自由發展」。不僅出於個人的不喜，也是爲了捍衛思想的自由，反對思想的統制，所以周作人認爲韓愈「暫時不能不挨罵」。[註83]

　　稍後，林辰由於不滿郭沫若在〈寫在菜油燈下〉（1940）一文將魯迅與韓愈相提並論的說法，[註84] 特撰〈魯迅與韓愈——就教於郭沫若先生〉（1941）一文加以駁斥。該文有一段批評韓愈的文字，與上述吳虞、周作人的觀點十分接近：

> 這位儼然以繼承堯舜禹湯文武周公孔孟的道統自任的韓愈，他雖則拼命擺著教主的臉嘴，「觝排異端，攘斥佛老」，而實際上他不僅對於所謂「異端」，就是對於儒家的道，也是毫無理解。……在客觀上，他的衛道鬥佛，實在妨害了學術思想的自由發展。[註85]

〔註81〕周作人〈蒿菴閒話〉（1936 年）曰：「……前兩天有朋友談及，韓退之在中國確也有他的好處，唐朝崇奉佛教的確鬧得太利害了，他的鬥佛正是一種對症藥方，我們不能用現今的眼光去看，他的〈原道〉又是那時的中國本位文化的宣言，不失爲有意義的事因爲句那位朋友的意思，印度思想在中國乃是有損無益的，所以不希望他發達，雖然在文學與思想的解放運動上這也不無用處。他這意見我覺是〔筆者按：疑爲得〕也是對的，不過不知怎的我總不喜歡韓退之與其思想文章。」《風雨談》，《周作人全集》，第 3 冊，頁 344～345。

〔註82〕同前注。

〔註83〕周作人：〈談韓文〉，《秉燭集》，《周作人全集》，第 3 冊，頁 248。

〔註84〕郭沫若〈寫在菜油燈下〉（1940）曰：「考慮到在歷史上的地位，和那簡練、有力、極盡了曲折變化之能事的文體，我感覺著魯迅有點像「文起八代之衰而道濟天下之溺」的韓愈，但魯迅的革命精神，他對民族的貢獻和今後的影響，似乎是過之而無不及。」《路畔的薔薇》，頁 167。

〔註85〕林辰：〈魯迅與韓愈——就教於郭沫若先生〉（1941），原載桂林《野草》第 3

他也站在追求「自由」的立場，認為韓愈所謂「道」與「道統」有「教主」的思維和專制的意圖。在他看來，這樣的韓愈，與在思想上「猛烈地抨擊著一切腐濫的舊思想舊文明，努力於進步思想的提倡與促進」、在文學上以個人的實踐為「中國舊文學的棺上的最後一顆鐵釘，同時又是中國新文學園地裡的最初一塊基石」的魯迅，〔註86〕豈可相提並論？

另可注意的是，周作人、林辰對韓愈之「道」的批判，也連帶涉及到對其「文」、其「人」的不滿。他節再詳。

同是批評韓愈，另從「平等」觀點來立論的則是章太炎。章太炎篤信佛教，而身為支持反清革命的一分子，他便主張利用宗教來提倡「革命的道德」。在他看來，由於佛教「最重平等」，「最恨君權」，所以他力倡佛教，鼓吹「勇猛無畏」的精神，目的是實行革命。所以他說：「提倡佛教，為社會道德上起見，固是最要；為我們革命軍的道德上起見，亦是最要。」〔註87〕不難想見，他對闢佛老的韓愈必然有所不滿。

他先是批評韓愈所論「非社會之總意」。觀他在〈《社會通詮》商兌〉（1907）一文所說：

> 海外諸教，釋氏先入於漢世矣。天方繼入於唐世矣。基督晚入於明
> 世矣。是時，人民望之，以為導師，歡喜踴躍，如大旱之見長棟。
> 特一二士人以其背棄儒法，而批以異端之名，非社會之總意然
> 也。……若夫韓愈……以其私意，抒之簡畢，陳之廟堂，則於全體，
> 固無所與也。〔註88〕

他重視的不是特定的宗教，而是民間「以為導師，歡喜踴躍」的意嚮。人民是社會國家的主體，人民的心向自然才是首應被重視的。他認為，韓愈闢異端之舉，只是獨唱高調，而忽略民間真正的心聲。民意不能被重視，也就代表「民權」無由伸張。這顯然不符合章太炎欲藉革命來推滿清君主制度、追求「平等」、「自治」的政治理想。所以他不認同韓愈闢異端，認為那是一種

卷第 2 期（1941 年 10 月），《林辰文集》（濟南：山東教育出版社，2010 年），第 2 卷，頁 196～200。

〔註86〕 同前注。

〔註87〕 章太炎：〈東京留學生歡迎會演說詞〉（1906），湯志鈞：《章太炎政論選集》（北京：中華書局，1977 年），上冊，頁 275～276。

〔註88〕 章太炎：〈《社會通詮》商兌〉，原載《民報》第 12 號（1907 年），《章太炎全集》，第四冊（上海：上海人民出版社，1985 年），頁 328。

出於「私意」之舉。

另一方面，他又批評韓愈「見道不明」。《國學概論・唐代哲學概說》曰：

> 韓昌黎見道不明，〈原道〉一篇，對於釋老只有武斷的駁斥。〔註89〕

他在《檢論・案唐》說得更明白：

> 韓李之徒，徒能窺見文章華采，未有深達理要、得與微言者。若夫《太玄》《法言》，可謂追琢章相，不見內心者矣，而爭相摹述，冀得爲其後嗣。及楊子之譏禹步、笑靈場者，由弗能庶幾也，佟然便欲以孟軻、荀卿自擬。此所謂翰音登天、喪其中孚者，非耶？文辭不艾，上者欲刪《詩》《書》，定禮樂，自擬周孔；下亦彷佛稷契。
> 辛其政論高下，未及仲長統、劉邵萬分之一，而況孟荀乎？〔註90〕

上文「見道不明」之「道」，可以指韓愈所闢釋老之「道」，〔註91〕也可指其所尊周孔之「道」。不論所指爲何，章太炎認爲韓愈皆「見道不明」，於釋老則「只有武斷的駁斥」，於儒則「未有深達理要、得與微言者」。除此之外，章太炎尤其不滿韓愈闢佛，還有現實上的明確目的。蓋他爲了鼓吹革命運動，努力提倡「革命道德」。在此目的下，佛法提供了重要的思想資源，可謂應世實用之法，理當特加強調；〔註92〕而抨擊往昔闢佛者所論，謂之「非社會之總意」、「見道未明」，或許也有強化以佛法爲「革命道德」之合理性的意圖罷。

自謂是章太炎「私淑弟子」的曹聚仁（1900～1972），在其《中國學術思想史隨筆》〔註93〕一書中談及韓愈的部分，大抵與其師同調。正如章太炎謂

〔註89〕章太炎：《章太炎：國學的精要》（北京：中國畫報出版社，2010年），頁43。

〔註90〕章太炎：《檢論・案唐》，《章太炎全集》，第三冊（上海：上海人民出版社，1984年），頁450～451。

〔註91〕這一點，實與宋僧契嵩批評韓愈的觀點相去不遠。契嵩嘗著〈非韓〉上、中、下三篇，大肆駁斥韓愈的思想。他曾說過：「韓子泥古不知變，而不悟佛教適時合用，乃患佛老加於儒，必欲如三代而無之，是亦不思之甚也。」此即章太炎所謂韓愈「於全體固無所與也」；又說「韓子……排佛，謂佛詭擾我世治，此韓子以己不見而誣人之見。」此即章太炎所謂韓愈「對釋老只有武斷的駁斥」。〔宋〕契嵩：〈非韓〉上，《鐔津文集》（臺北：大乘精舍印經會，1983年），頁268、271。

〔註92〕章太炎〈東京留學生歡迎會演說詞〉（1906）曰：「提倡佛教，爲社會道德上起見，固是最要；爲我們革命軍的道德上起見，亦是最要。」《章太炎政論選集》，上冊，頁275～276。

〔註93〕1922年春，章太炎應邀至上海公開演講國學，曹聚仁隨堂筆記，即說：「我在聽了演講以後，心裡自然有無限的感激，所以不計工拙，把先生底話記出」；不久，他旁涉章太炎《國故論衡》、《檢論》及其他著作，依其論調，編次成

韓愈闢異端之舉「非社會之總意」，曹聚仁也批評此舉不合於「唐人的一般人生觀」。該書〈唐人傳奇文〉一文有曰：

> 唐代並不是儒家的正統思想時代，而佛道二家注入了朝野各階層的社會觀、人生觀中去。韓愈所以反道佛，即在於此。我們且看〈枕中記〉和〈南柯太守傳〉所透露的唐人的一般人生觀，——其中有著他們的宗教思想即對現實人生的看法。……我們在這兒，且不必討論各家思想的得失是非，但要了解唐代文藝的思想觀點，單單把韓愈〈原道〉咬住不放，如韓氏那樣排逐佛教道教以及老莊之學，那是不足以接受唐代文藝的。〔註94〕

又，〈韓柳元白〉一文也說：

> 我們覺得〈長恨歌〉〈鶯鶯傳〉，比韓柳古文更富時代氣息。我們認為韓愈的〈原道〉全無意義，而白行簡〈李娃傳〉，蔣防〈霍小玉傳〉，沈既濟〈枕中記〉，李公佐〈南柯太守傳〉，都是不朽的作品。〔註95〕

他認為，「傳奇」所反映的宗教思想，實更符合唐代一般的人生觀，這正是「傳奇」可貴之處。相較之下，傳「道統」、闢佛老的〈原道〉，反而不足以呈現唐人思想生活的全貌。在他看來，〈原道〉遠比不上「更富時代氣息」的「傳奇」，前者「全無意義」，後者則是「不朽的作品」。

又如章太炎謂韓愈「見道不明」，曹聚仁一來也批評〈原道〉「淺薄無聊」，〔註96〕二來也說他「對道家佛家思想沒有研究清楚」。該書〈再談唐宋古文〉

書，遂有今天所見的《國學概論》。其後，他更依章太炎學說，鋪衍寫成《國學十二講》，即《中國學術思想史隨筆》前身。詳參《國學概論》（香港：南天書業公司，1971年）〈小識〉、〈五版自序〉；另見章念馳：〈章太炎·曹聚仁·魯迅〉一文，見《上海文史資料選集·曹聚仁先生紀念集》第96輯第1期（上海：上海市政協文史資料委員會，2000年）。

〔註94〕 曹聚仁：《中國學術思想史隨筆》（北京：生活·讀書·新知三聯書店，1986年），頁442～443。

〔註95〕 同前注，頁429。

〔註96〕 曹聚仁在〈韓柳元白〉一文云：「我要談韓愈的古文運動，指出他在〈原道〉中所說的淺薄無聊，但我們得明白他的用心。韓氏的古文運動，有他的中心命意。他在〈原道〉中說：『曰斯道也…軻死不得其人焉。』這段話，不僅不合邏輯，也不合事實的。孔子，憲章文武，夢見周公，但儒家思想和堯舜湯根本不相干。禹的思想路向，倒和墨子頗相近。孟軻死了以後，儒家嫡傳的荀卿，著實比孟軻高明得多，博大得多。」同前注，頁430～431。又〈道學初興〉一文曰：「後世人以為韓愈乃唐宋八大家之一，在唐代一定有很大的影響力，殊不知在晚唐、五代、百宋初年那百五十年中，並沒有人知道韓退之

一文曰：

> 他那篇名文〈原道〉是要不得的，因為他對道家佛家思想沒有研究
> 清楚，那樣罵街式的文章不足以服人的。不錯，〈原道〉是不足道
> 的……〔註97〕

又，〈韓柳元白〉一文也提到：

> 他在那兒高舉中國固有的所謂堯舜禹湯文武周孔的道，即儒家的文
> 化旗幟，用以壓倒後來居上，喧賓奪主的佛教文化，連帶把老莊的
> 道家思想攻擊了一回。我們總覺得這位古文家的腦子頗成問題。隋
> 唐二代，天下才智之士，都走向佛家路子，豈是他的幾篇論文所能
> 打擊的了。（另一篇論文，便是他的〈諫佛骨表〉。）到了後來，他
> 自己和他的門徒，都成為佛家的同路人了。〔註98〕

和章太炎一樣，曹聚仁也以人民為社會的主體，能反映民生的現象或代表主
流民意的思潮本身即具價值。一二士人衛儒統、闢異端之舉，在他看來全無
意義，無異於蚍蜉撼樹，不足服人也不足道。他甚至譏韓愈曰「腦子頗成問
題」。這樣的批評，揭示論者已全然接受本時期「民主」、「自由」、「平等」等
等的價值，進而對韓愈所謂「道」與「道統」失去同情的解讀。

　　此外，章、曹二人還頗好言韓愈變志事佛。章太炎在《國學概論》說：

> 韓貶潮州以後，意氣頗頹唐，不得已而習佛法的。韓習佛法，外面還
> 不肯直認。和朋友通信，還說佛法外形骸是他所同意的。〔註99〕

曹聚仁在上文所引〈韓柳元白〉一文也說：「到了後來，他自己和他的門徒，
都成為佛家的同路人了。」他另在〈道學初興〉一文還說：

> 韓愈是反佛教的，但他的觀點中，卻受了佛教的影響。……其彼此
> 親密的態度和當年反佛教的意向大不相同了。〔註100〕

其人，韓愈文章為後人所認識，這是歐陽修所重新提倡出來的，這和一般人
的想法，完全不相同。再則韓氏所說的『道統』，即宋明道學家所說的十六字
心法：『人心惟危，道心惟微。惟精惟一，允執厥中』，算作是堯舜禹湯文武
周公所傳的道統，經過清代考證學家的考證，證明了這十六字心法並非堯舜
相傳的古訓，而是戰國時人所偽造的。這都是我們該明白的，不要再隨著前
人人云亦云了。」同前注，頁210～211。

〔註97〕同前注，頁427。
〔註98〕同前注，頁431。
〔註99〕章太炎：《章太炎：國學的精要》，頁43。
〔註100〕曹聚仁：《中國學術思想史隨筆》，頁210～211。

不只章、曹如此，周作人亦云韓愈「闢佛卻中了衣缽的迷」。〔註101〕甚至，陳登原〈韓愈評〉（1932）一文更反過來說他「好佛而闢佛」。〔註102〕

除了上述曹聚仁大抵接受章太炎論韓愈闢異端的觀點，另外還有一些餘響，以下再舉二例詳之。例如：陳登原〈韓愈評〉（1932）一文曾批評韓愈闢佛無實質意義：

> 信仰佛教，已爲當時社會之一部。文人故不必肆其短長，亦不能左右上下之矣……愈不圖匡救時艱，但肆攻擊於深入社會之佛徒……
> 〔註103〕

他也是出於肯定「民主」的價值，所以不能同意韓愈闢佛的主張。這點與章太炎謂闢佛「非社會之總意」、曹聚仁謂〈原道〉「全無意義」的立場相近。該文屢次引用章太炎的意見，亦可見觀念承繼響應之一斑。再如：林辰〈魯迅與韓愈——就教於郭沫若先生〉（1941）一文亦批評韓愈闢佛其實沒有什麼道理：

> 他的幾篇最重要的衛道的文章，如〈原道〉，前幾年曹聚仁先生已指出只是一篇胡說，毫沒有哲學的知識；如〈論佛骨表〉，也只是執拗可笑地亂罵一通，說什麼「佛本夷狄之人，口不言先王之法言，身不服先王之法服」，而不能接觸到佛教的本質，展開理論上的批判。
> 〔註104〕

他也同意曹聚仁所謂「罵街式文章」的說法，認爲韓愈闢佛的幾篇文章都是「胡說」、「亂罵一通」。

尤可注意的是，在這股不滿韓愈衛儒統、闢佛老的聲浪中，批評的矛頭也波及韓愈本人的評價。如吳虞說他「獷悍」，周作人說他「氣象愈小而架子愈大」；章太炎以「私意」、「武斷」云云行文，也顯然涉及負面評判，曹聚仁所謂「腦子頗成問題」則純屬人身攻擊了。但有諸大家學者立說如此，也無怪乎陳登原會有韓愈闢佛乃「爲矯激之沽名」的說法，〔註105〕而林辰更肆意

〔註101〕見前引周作人：〈談韓文〉引文。

〔註102〕陳登原：〈韓愈評·論〈論佛骨表〉〉（1932），《金陵學報》第2卷第2期（1932年），《中國文學研究叢編第二輯》（香港：龍門書店，1969年），頁66。

〔註103〕陳登原：〈韓愈評·論〈論佛骨表〉〉（1932），同前注，頁59、63。

〔註104〕林辰：〈魯迅與韓愈——就教於郭沫若先生〉（1941），《林辰文集》，第2卷，頁196～200。

〔註105〕陳登原〈韓愈評·論〈論佛骨表〉〉（1932）曰：「好佛而闢佛，闢佛而又不能遠佛，執其兩端，而爲矯激之沽名；而不識夫佛徒之深入人間，而徒取前人俚淺之說，以肆其咆哮。」《中國文學研究叢編第二輯》，頁66。又曰：「以

譏其「執拗可笑」的局面了。

第五節　胡適、陳獨秀對韓文形式的片面肯定

　　民國初年新文學運動之一大宗旨，即「白話」的要求，亦即文字的平易。這一點也反映在時人對韓愈的評價上。

　　為了提倡「白話文學」作為「今人之文學」，胡適首先提出「文學改良」的口號。他的〈文學改良芻議〉（1917）一文是站在「歷史進化」的觀點，強調「一時代有一時代之文學」，文學乃隨時代變遷者也。〔註106〕所以他說：

> 周秦有周秦之文學，漢魏有漢魏之文學，唐宋元明有唐宋元明之文學。……凡諸時代，各因時勢風會而變，各有其特長。〔註107〕

本此觀點，他對於「古人之文學」，倒也強調「還他一個本來面目」。〔註108〕因此，胡適雖然頗不滿本時期提倡古文的「古文家」（如：林紓），但對於過去創作古文的「古文家」，倒也還能抱持相對平和的態度來看待。胡適〈歷史的文學觀念〉（1917）一文即是從「文字平易」的視角來肯定韓愈的文學：

> 古文家又盛稱韓、柳，不知韓柳在當時皆為文學革命之人。彼以六朝駢儷之文為當廢，故改而趨較合文法、較近自然之文體。其時白話之文未興，故韓柳之文在當日皆為「新文學」。韓柳皆未嘗自稱「古文」，古文乃後人稱之之辭耳。……韓柳作「今文」，而後人謂之「古文」。不知韓柳但擇當時文體中之最近於文言之自然者而作之耳。故韓柳之為韓柳，未可厚非也。〔註109〕

從「文字平易」角度切入，就能清晰地看見韓、柳文相較於六朝「駢文」乃「較合文法、較近自然之文體」的事實。他視韓、柳文為「今文」，意即韓、

予度之：愈實未必有距佛之愚勇，殆以論佛未必得重罪；而論佛以後，除衛道之美名外，貶謫之罪名而已。高官美宦，愈所馨香頂禮而不能得者也；二者不可得兼，舍魚而取熊掌者也。」同前注，頁63。

〔註106〕胡適：〈文學改良芻議〉（1917），原載《新青年》第2卷第5號（1917年1月1日），《新潮》，頁79。

〔註107〕同前注，頁79。

〔註108〕胡適：〈國學季刊發刊宣言〉，《中國新文學運動史資料》，頁196。該文又曰：「每一個時代，還他那個時代的特長的文學，然後評判他們文學的價值。」（頁197）

〔註109〕胡適：〈歷史的文學觀念〉（1917），《中國新文學運動史資料》，頁47。

柳當身亦從事「今人之文學」。胡適著眼的是韓、柳文「最近於文言之自然者」
的原則。

不過，正是本於「一時代有一時代之文學」的觀點，所以胡適又說：

> 吾輩以歷史進化之眼光觀之，決不可謂古人之文學皆勝於今人也。

〔註110〕

蓋中國幡然改君主爲民主之國，此一中國數千年來未有之巨變，亦必對傳統
文學形成不小的衝擊。「民主」即主權在民也，就政治言則人民是國家的主
人，而其精神本於人生而自由平等，擁有獨立人格，「我」即個人生命主宰。
落實到文學，「當處處不忘有一個我」，〔註111〕即人人皆有獨特的情感思想，
應等視之而無高下分別；人人亦有表達情感思想之自由，文學不應是專屬特
定階級的私家玩物。「文學革命」所以漸起波瀾，仍與「民主」思想風起雲
湧有密切之關係。本此觀念，胡適指出本時代文學應有的發展方向：「白話
文學之爲中國文學之正宗」。〔註112〕所謂「白話文學」，通過他在〈建設的
文學革命論〉一文提出「文學的國語，國語的文學」的口號〔註113〕可知，
即人人皆可通過如說話般的淺白文字，表達種種眞摯的情思；也唯有眞摯，
始能實寫社會情狀，呈現時代風華，適成「今人之文學」。

繼胡適後大張「文學革命」旗幟的陳獨秀，對韓愈文學的意見，也大抵
與胡適同調。〈文學革命論〉（1917）一文中說道：

> 東晉而後，即細事陳啓，亦尚騈麗，演至有唐，遂成騈體。詩之有
> 律，文之有騈，皆發源於南北朝，大成於唐代。更進而爲排律，爲
> 四六。此等雕琢的阿諛的鋪張的空泛的貴族古典文學，極其長技，
> 不過如塗脂抹粉之泥塑美人，以視八股試帖之價值，未必能高幾何，
> 可謂爲文學之末運矣！韓柳崛起，一洗前人纖巧堆朵之習；風會所
> 趨，乃南北朝貴族古典文學變而爲宋元國民通俗文學之過渡時代。
> 韓柳元白，應運而出，爲之中樞。俗論謂昌黎文起八代之衰，雖非
> 確論，然變八代之法，開宋元之先，自是文界豪傑之士。〔註114〕

〔註110〕同前注，頁79。
〔註111〕劉半農：〈我之文學改良觀〉，《中國新文學運動史資料》，頁68。
〔註112〕同前注，頁89。
〔註113〕胡適：〈建設的文學革命論〉，《中國新文學運動史資料》，頁78。
〔註114〕陳獨秀：〈文學革命論〉，原載《新青年》第2卷第6號（1917年2月1日），
　　　　《新潮》，頁94～95。

他也認為，由於韓、柳文能「一洗前人纖巧堆朵之習」，意即胡適所謂能改作「最近文言之自然者」，所以韓、柳文相較於六朝駢文在形式上是進步的。此外，他還進一步指出韓、柳文形式上的革新也帶來了內涵上的變化，能使六朝「雕琢的阿諛的鋪張的空泛的貴族古典文學」漸變為宋元「國民通俗文學」——即「變八代之法，開宋元之先」。他是站在「通俗文學」的立場，重新定位韓文「變八代之法，開宋元之先」的意義。蓋由於「白話」形式，使文學得以普及，而非專屬某些群體的特權；若文學得以普及，則人人皆可憑之抒發情感思想，適與民初解放自我、表現個性、追求自由的思潮合流。本此關懷，所以他能見得六朝至宋元間文學自「貴族」過渡至「平民」（國民）的發展脈絡。韓、柳之「變」雖未能一蹴而至「平易的抒情的國民文學」，但在語言形式上已卓然有破舊之功，故陳獨秀仍許韓愈為「文界豪傑之士」。

胡適、陳獨秀對韓愈其「人」其「道」雖仍存偏見，〔註115〕但若回到「白話文學」史觀來看，他們仍然相當肯定韓「文」的價值，胡適謂之「文學革命之人」，陳獨秀稱之「文界豪傑之士」，皆就其文學在形式上的成就來談。

第六節　陳獨秀、周作人對古文與古道的拒斥

新文學運動的另一宗旨，即「通俗」的要求，亦即普遍人生思想的自由。這一點卻招致時人對韓文更強烈的拒斥。

陳獨秀雖肯定韓文在前，但只偏重其形式。他是站在提倡「白話文學」的立場來重估韓文的價值。因此，他對韓愈的肯定，主要就其文字語言相對「平易自然」一面而言。然而，對於韓文之內涵精神，陳獨秀卻有著全然相反的看法。他在〈文學革命論〉（1917）說：

> 吾人今日所不滿於昌黎者二事，一曰文猶師古。雖非典文，然不脫貴族氣派；尋其內容，遠不若唐代諸小說家之豐富，其結果乃造成一種新貴族文學。二曰誤於「文以載道」之謬見。文學本非為載道而設，而自昌黎以迄曾國藩所謂載道之文，不過鈔襲孔孟以來極膚淺極空泛之門面語而已。余嘗謂唐宋八家文之所謂「文以載道」，直與八股家之所謂「代聖賢立言」同一鼻孔出氣。以此二事推之，昌黎之變古，乃時代使然，於文學史上，其自身並無十分特色可觀

─────────────

〔註115〕前文已有述及，兼可與下節互參。

也。〔註116〕

雖然，韓文在形式上已有擺脫「典文」的努力，但在內容上卻仍不出「貴族氣派」，仍屬上層（統治）階級的關懷與志趣，而非民間百姓普遍的生活與情意。這仍不免是「一種新貴族文學」。當時用來表現民間色彩的是新興的「傳奇」。唐「傳奇」有別於高文典冊，而旁入社會下層的意識與生活。其形式、其內容雖非廟堂主流，但卻豐盈地呈現了民間日常的點點滴滴。這就是陳獨秀大肆鼓吹的「平易的抒情的國民文學」。「新文學」所以要求「通俗」，是為了打通「廟堂」與「草野」——即「雅」、「俗」之辨——的傳統文學觀，目的在追求更適用於本時期用來表現普遍人生的文學形式與內涵。韓文「不脫貴族氣派」的文字工夫，與「不若唐代小說之豐富」（唐傳奇）的內容，〔註117〕便引起陳獨秀的不滿。他肯定韓文在形式上的「變古」，而反對在內涵上的「師古」。韓愈所謂「古文」，乃學古道、好古道之文，若由此來理解陳獨秀所謂「古」，則可知他所不滿於韓愈之「師古」者，其實指的是韓愈所謂「道」，這就又牽涉到他不滿韓愈的第二點：「文以載道」。在此陳獨秀所批評的「道」，乃徒具形式而內容枯乏的「代聖賢立言」。

陳獨秀所不滿韓文「師古」、「載道」二事，很大程度來自他在現實上特定的指向，即站在「新文學」對立面的所謂「舊文學」。更明確地說，是相對於「民主」、「平等」、「自由」等新思潮的「舊思想」。韓愈所謂「道」與「道統」，多半正是「新文學」運動欲加以清掃的對象。在陳獨秀看來，韓愈成了「舊文學」的代言人。韓愈所謂「道」，不再適用於今之民國，已經失去了它指導人生的實際作用，徒留「道」與「道統」的名義空殼。因此，陳獨秀不滿韓愈滿紙「師古」、「載道」，而批評他「不過鈔襲孔孟以來極膚淺極空泛之門面語而已」。

與陳獨秀「文學本非為載道而設」的立場一致，周作人也大肆批評韓文「載道」的一面。他在《中國新文學的源流》（1932）中提到：

> 唐朝……文學隨又走上載道的路子，因而便沒有多少好的作品。這時的文人，我們可以很武斷地拿韓愈作代表。雖然韓愈號稱文起八代之衰，六朝的駢文體雖也的確被他打倒了，但他的文章，即使是

〔註116〕陳獨秀：〈文學革命論〉，《新潮》，頁95。
〔註117〕這點可與前文所述曹聚仁「我們覺得〈長恨歌〉、〈鶯鶯傳〉比韓柳古文更富時代氣息」云云互詳。

> 最有名的〈盤谷序〉，據我們看來，實在作得不好。僅有的幾篇好些
> 的，是在他忘記了載道的時候偶爾寫出的，當然不是他的代表作品。
> 自從韓愈好在文章裡面講道統而後，講道統的風氣遂成爲載道派永
> 遠去不掉的老毛病。「文以載道」的口號，雖則是到宋人才提出來的，
> 但那只是承接著韓愈的系統而已。〔註118〕

在文學形式與內容的關係上，周作人相當不滿韓文所揭示的「文」、「道」關
係，即文以明道（「通其辭者，本志乎古道者也」）、文道兼重（「志在古道，
又甚好其言辭」）的文論觀點。前面先有胡、陳等人提倡「白話文學」，認爲
「白話文學爲中國文學之正宗」（胡適〈建設的文學革命論〉）。其後，周作人
更一步主張爲人生而藝術的「人的文學」，認爲「人生的文學實在是現今中國
唯一的需要」。〔註119〕「人的文學」應以「普遍」與「眞摯」爲原則。所謂「普
遍」，即可訴諸人人的情感道德；所謂「眞摯」，即切己合心的「眞我實感」。
〔註120〕他所以批評韓文「載道」，可由此二原則悟入。

　　由周作人的角度來看，一來，韓愈所謂「道」與其所關涉的政治、社會、
學術、道德等內涵，隨著時移世異，與民初以來的「民主」、「平等」、「科學」、
「自由」等思潮已生隔閡。故他反對「古文」，正由於其內裡精神在本時期已
失去了可普及貫通人心社會的作用。他所謂「古文」，即韓愈的載「古道」之
「文」。他尤其不喜韓愈所謂「道」還涉及尊君抑民的內涵，他在〈中國文學
史上的兩種思想〉（1943）說到：

> 散文……在那裏面爲君主的思想當更佔有勢力，「臣罪當誅，天王聖
> 明」的話頭在詩中難免稍微觸目，文中使用得慣了，更肉麻些也還
> 不妨……凡眞正好的文學作品都不是屬於這一路，現在又因了時代
> 的關係明顯的已失勢力，復興的應該是那一切爲人民爲天下的思
> 想……此與普通思潮之流行變化不同，乃是與民族的政治文化的運
> 動密切相關。〔註121〕

〔註118〕周作人：《中國新文學的源流‧中國文學的變遷》，《周作人全集》，第5冊，
　　　　頁330。
〔註119〕周作人：〈新文學的要求〉，《藝術與生活》，《周作人全集》，第3冊，頁573。
〔註120〕詳參周作人：〈平民的文學〉、〈人的文學〉、〈新文學的要求〉、〈國語文學談〉
　　　　等文。
〔註121〕周作人：〈中國文學史上的兩種思想〉（1943），《藥堂雜文》，《周作人全集》，
　　　　第4冊，頁180。

在他看來，尊君抑民這類欠缺「平等」、「民主」等觀念的意識，不但有害於文學，更關乎「民族的政治文化運動」，非同小可。他又在〈現代散文選序〉（1934）說：

> 古文者文體之一耳，用古文之弊害不在此文體而在隸屬於此文體的
> 種種復古的空氣、政治作用、道學主張、模仿寫法等等。〔註122〕

事實上，周作人所說「古文」，其批判的最要對象更確切的說應是明清「八股文」的流弊。在他而言，「八股文」不僅只是一形式上的文體而已，而且還是內容上「中國文學的結晶」、精神上「中國的奴隸性」之代表。〔註123〕由於韓愈所謂「道」與「道統」不脫「為君主」的思維和「臣罪當誅」的情懷，所以韓文也同具一切「古文」之弊害，必然要引起周作人的厭惡與抨擊，亦可以想見。

再者，周作人認為，韓愈倡言「古文」與「古道」，即在形式上與內容上各抬出一種「正宗的標準」。文學創作一旦有了「正宗的標準」，就會束縛作者「真我實感」，從而扼殺文章的生機，這就有害於他所重視的「真摯」原則。他在〈文學史的教訓〉（1945）一文又將此歸罪韓愈：

> 中國則至唐朝韓退之出，也同樣的發生一種變動，史稱其文起八代
> 之衰，實則正統的思想與正宗的文章合而定於一尊，至少散文上受
> 其束縛直至於今未能解脫，其危害於中國者實深且遠矣。……中國
> 散文則自韓退之被定為道與文之正統以後，也就漸以墮落。〔註124〕

韓愈「文起八代之衰」及「唐宋八大家」的歷史地位，在他看來，無異於文學史上「定於一尊」的現象。從他另外提出「雜文」的理想——「文章不必正宗，意思不必正統」——作為挽救中國文學之方，可見他認為「定於一尊」，是思想「萎縮」、散文「墮落」的主因。在他看來，韓「文」及其「道」倘若固有生命力，也終因後世「定於一尊」而成為「泥塑木雕的偶像」。〔註125〕

〔註122〕周作人：〈現代散文選序〉（1934），《苦茶隨筆》，《周作人全集》，第3冊，頁
　　　　　50。
〔註123〕周作人：〈論八股文〉（1930），《看雲集》，《周作人全集》，第2冊，頁208～
　　　　　211。
〔註124〕周作人：〈文學史的教訓〉（1945年），《立春以前》，《周作人全集》，第4冊，
　　　　　頁578。
〔註125〕周作人〈雜文的路〉曰：「雜文者非正式之古文，其特色在於文章不必正宗，
　　　　　意思不必正統，總以合於情理為準。……文體思想很夾雜的是雜文……中國
　　　　　過去思想上的毛病是定於一尊，一尊以外的固是倒楣，而這定為正宗的思想

　　為了要適切地表達一己之真情實意，先須有合宜的語言文字，所以周作人說「因為要言志，所以用白話」，〔註126〕更適合本時代用來表現人生的是「白話文學」。〔註127〕他也認為文學應抒寫性情，反對載道。前者不論品性高下，忠於自己便起碼有了「真」的價值；後者則不然，言道者多半陳義過高，然而反求諸己則往往不足。言行之間有了落差，文章也就失卻了「真」，易淪為虛假，即所謂的「壞文章」。〔註128〕

　　陳獨秀、周作人對韓愈「古文」與「古道」的拒斥，主要的原因，正如周作人所說，是「因了時代的關係」（〈中國文學史上的兩種思想〉）。清末民初之際，隨著君主專制的顛覆、民主共和的成立，由於韓愈所謂「道」不免帶有尊卑上下的意識型態，因而引起社會輿論猛烈的抨擊。這一「時代的關係」乃牽涉到「民族的政治文化的運動」，所以此刻對於「文以載道」的討論，絕非僅只是就其文學的面向來討論而已。陳獨秀、周作人在這裡對韓文「載道」的重探，及對其價值的重估，都一一折射著論者的當身處境、所面臨的時代課題以及現實關懷。

　　陳獨秀、周作人抨擊韓文，其實還有某種非關韓愈本身的原因，而在現實上另有指對，即反對民國以來倡議「復古」、恢復「孔教」的論調。陳獨秀等對於康有為提倡「孔教」乃至袁氏政權的響應，深懷憂懼，擔憂如今的共和政體有倒退回專制之虞。陳獨秀曾說過：「孔教與帝制，有不可離散之因緣。」〔註129〕何以故呢？觀他所說：

　　也自就萎縮，失去其固有的生命，成為泥塑木雕的偶像。現在挽救的方法便在於對症下藥，始得更為豐富而且穩定。」，《立春以前》，《周作人全集》，第4冊，頁570。

〔註126〕同前注，頁359。

〔註127〕周作人在〈漢文學的前途〉一文中的意見可以互參：「白話文之興起完全由於達意的要求，並無什麼深奧的理由。因為時代改變，事物與思想愈益複雜，原有文句不足應用，需要一新的文體，乃始可以傳達新的意思，其結果即為白話文，或曰語體文，實則只是一種新式漢文。」《藥堂雜文》，《周作人全集》，第4冊，頁186。更早羅家倫也在〈駁胡先驌君的中國文學改良論〉（1919）一文提到：「文學最重要的體用，是表現批評人生和傳布最好的思想。今就前項而論，韓歐八家以及桐城派的不足以充分表現批評人生，已於那篇〈建設的文學革命論〉說得清清楚楚；就後項而論，則古文不能說理，非用白話不可，已有宋明諸儒的語錄為證……」《中國新文學運動史資料》，頁174。

〔註128〕見前文引周作人〈壞文章之二〉云云。

〔註129〕陳獨秀：〈駁康有為致總統總理書〉，原載《新青年》第2卷第2號（1916年

> 中國帝制思想，經袁氏之試驗，或不至死灰復燃矣，而康先生復於
> 別尊卑，重階級，事天尊君，歷代民賊所利用之孔教，銳意提倡，
> 一若唯恐中國人之「帝制根本思想」或至變棄者也。〔註130〕

可見陳獨秀所謂的「孔教」，乃代指「別尊卑，重階級，事天尊君」等思想，正是他所謂「反共和的舊思想」。正因此乃過去君主專制政治社會下習常的觀念，故他斥謂「歷代民賊所利用」，視之「與帝制有不可離散之因緣」。這與前人站在批判君主專制的立場，視綱常道德為「偽道德」之觀點是一致的。〔註131〕袁世凱帝制自為，欲從共和總統搖身一變為專制皇帝，他所以支持康有為推行孔教，乃有特定的政治目的，即陽尊孔子之道，陰用綱常上下之教，如此一來，非但合理化稱帝之野心，而且得飾以傳統之美名，何樂不為？於是有干涉制憲等表現尊孔之舉。在有心人的操作下，「孔教」不免與「帝制」掛勾，染上政治顏色。因此，國家雖已改換共和，但李大釗仍要批判：「孔子者歷代帝王專制之護符也」。〔註132〕從這個角度來看，就不難理解為何陳獨秀尤其不滿韓愈「文猶師古」、「文以載道」二事了。

　　另外，當時社會上還有一股「復古」的傾向，也有如林紓所代表的既反對文學革命，提倡復古，主張不可盡廢文言，同時又「引韓柳以自重」〔註133〕的「古文家」。隨著「新文學」運動的影響逐漸擴散，傳統文學面臨變革，其思想文化存續同時也遭遇危機。林紓即是懷此憂患意識的代表人物。林紓並不反對「白話文」的寫作形式。但在他看來，尊重「古文」與提倡「白話文」並不相妨。「古文」可貴之處，在其所示「古道」——中國數千年淵遠流長學術思想文化，亦即內涵精神之一面。所以他說「古文者，白話之根柢。無古文，安有白話？」（〈致蔡元培書〉）「古文」是民族文化之重要載體，實不可

　　　　10月1日），《新潮》，頁61。
〔註130〕同前注，頁57～58。
〔註131〕陳獨秀〈孔子之道與現代生活〉曰：「淺人所目為今日風俗人心之最壞者，莫過於臣不忠，子不孝，男不尊經，女不守節。然是等謂之不尊孔則可，謂之為風俗人心之大壞，蓋未知道德之為物，與真理殊，其必以社會組織生活狀態為變遷，非所謂一成而萬世不易者也。」原載《新青年》第2卷第4號（1916年12月1日），《新潮》，頁69。
〔註132〕李大釗：〈孔子與憲法〉，原載《甲寅》（1917年1月30日），《新潮》，頁91。
〔註133〕錢玄同〈寄陳獨秀〉（1917）曰：「林紓與人對譯西洋小說，用《聊齋志異》文筆，一面又欲引韓柳以自重。此其價值，又在桐城派之下，然世固以『大文豪』目之矣。」〈關於文學革命的兩封信〉，《中國新文學運動史資料》，頁55。

輕論存廢。林紓察覺到，陳獨秀等提倡「新文學」，實是出於改造社會的政治目的，企圖以「新文學」取代「舊文學」及其挾帶的「舊思想」。林紓恐此舉將有害古道與聖教，導致「人心喪敝」。〔註134〕因此，他起而發聲捍衛「古文」，目的在護存斯「道」斯「教」。

　　林紓等所欲復之「道」，或可相當於韓愈所謂「道」與「道統」。在文學革命者看來，林紓的「復古」是一種倒退的逆流。他們也不免憂心，文學上「復古」與思想上「尊君」的曖昧牽扯，恐與民初掌權者帶有「專制」色彩的政治欲望，隱隱應和。周作人在《中國新文學的源流》一方面肯定桐城派文人對新文學的影響，如嚴復翻譯西方社會科學著作、林紓翻譯大量西洋小說，都有功於引進新觀念、新思想。〔註135〕但另一方面，他又指出嚴復、林紓等人的舊文學與新文學根本上的不同：前者「載道」，後者「言志」。〔註136〕他在《中國新文學的源流》中說：

> （嚴復、林紓等）他們的基本觀念是「載道」，新文學的基本觀念是「言志」，二者根本上是立於反對地位的。所以……終於不能調和。於是，在袁世凱作皇帝時，嚴復成為籌安會的六君子之一，後來寫信給人也很帶復辟黨人氣味，而林紓在民國七八年時，也一變而為反對文學革命運動的主要人物了。〔註137〕

又說：

> 嚴林都十分聰明，他們看出了文學運動的危險將不限於文學方面的改革，其結果勢非使儒教思想根本動搖不可。所以怕極了便出而反對。林紓有一封很長的信，致蔡孑民先生，登在當時的《公言報》上，在那封信上它說明了這次文學運動將使中國人不能讀中國古書，將使中國的倫常道德一齊動搖等危險，而為之擔憂。〔註138〕

從周作人不滿嚴復依附袁氏乃至支持「復辟」可知，他對韓文「載道」的批

〔註134〕林紓：〈致蔡元培書〉，《新潮》，頁 268。

〔註135〕周作人：《中國新文學的源流・第四講：清代文學的反動下 —— 桐城派古文》，《周作人全集》，第 5 冊，頁 350～351。

〔註136〕所謂「言志」，就是真摯地表達自己的實情實意，亦即他所提的「真摯」原則；由於出於一己之真實，即是人之真實，此一真實遂有了普遍性，這就符合他所提的「普遍」原則。

〔註137〕同前注，頁 351。

〔註138〕周作人：《中國新文學的源流・五講：文學革命運動》，《周作人全集》，第 5 冊，頁 357。

評，仍是受到當時政治風向的影響。此外，他在文學上批評「載道」，然而批評的面向實則不只在文學，更涉及政治立場、社會倫常、學術思想、道德價值。周作人認為，這些主張「復古」的衛道人士乃食古不化的一群。他反對「載道」，而以「言志」作為其對立面，並指出「言志」是新文學的核心精神。因此，為了提倡「新文學」，為了提倡「新思想」，必須強調抑韓有理，周作人〈談韓文〉曰：

> 我們假如不贊成統制思想，不贊成青年寫新八股，則韓退之暫時不能不挨罵，蓋竊以為韓公實係該項運動的始祖，其勢力至今上瀰漫於全國上下也。〔註 139〕

周作人這股在思想和文學上批評韓愈的情緒，幾乎一發不可收拾，大大波及了他對韓愈為人的評價。此再詳下。

第七節　本時期對韓愈言行與人格的批評

　　前面各議題的討論，或顯或隱地揭示了本時期論韓的共同趨向，即涉及對韓愈為人的質疑。尤其是針對韓愈貶潮前後的言行。章太炎在《國學概論》說他貶潮後「人格就墮落」：

> 實在韓自貶潮以後，人格就墮落，上表請封禪，就是獻媚之舉，和揚雄獻符命有什麼區別呢？〔註 140〕

他認為韓愈〈潮州刺史謝上表〉請封禪之舉就是「獻媚」，其人格必然就是「墮落」。這實與他批評孔教「熱衷富貴利祿」的立場一致。光緒三十二年（1906）年，章太炎曾在東京發表演說：

> 孔子當時，原是貴族用事的時代，一般平民，是沒有官作的，孔子心裡，要與貴族競爭，就教化起三千弟子，使他成就作官的材料。從此以後，果然平民就有官作了。但孔子最是膽小，雖要與貴族競爭，卻不敢去聯合平民，推翻貴族政體。他《春秋》上雖有「非世卿」的話，只是口誅筆伐，並不敢實行的，所以他教弟子，總是依人作嫁，最上是帝師王佐的資格，總不敢覬覦帝位，即到最下一級，便是委吏乘田，也將就去做了。……所以孔教最大的汙點，是使人不脫富貴利祿的思想。自漢武帝專尊孔教以後，這熱衷富貴利祿的

〔註 139〕周作人：〈談韓文〉，《秉燭集》，《周作人全集》，第 3 冊，頁 248。
〔註 140〕章太炎：《章太炎：國學的精要》，頁 43。

人，總是日多一日。我們今日想要實行革命，提倡民權，若夾雜一
點富貴利祿的心，就像微蟲黴菌，可以殘害全身，所以孔教是斷不
可用的。〔註141〕

章太炎說「自漢武帝專尊孔教以後，這熱衷富貴利祿的人，總是日多一日。」
他不滿漢武以祿利勸獎儒術，導致士子難免懷有「富貴利祿之心」。歷代取
士，雖輕重取捨有別，但大抵不離儒家所重的典籍，「孔教」遂與「干祿」
脫不了關係。他認為，孔子之徒皆以做官為己任，而求官便涉及利祿。做人
一旦懷干祿之心，就不免要依附上位者。與章太炎同時的吳虞也持此論，他
在〈儒家主張階級制度之害〉一文提到：「蓋孔氏之徒，湛心利祿，故不得
不主張尊王，使君主神聖威嚴，不可侵犯，以求親媚。」〔註142〕而尊王思
想又將有害於本時期推翻君權的革命大業。可見，章太炎說韓愈「獻媚」，
等於是在批評其「湛心利祿」的一面，故他又說：

韓對於死生利祿之念，刻刻不忘，登華山大哭，作〈送窮文〉，是真
正的證據。〔註143〕

他另在《檢論・案唐》又就其「沒於勢利」來批評：

盡唐一代，學士皆承王勃之化也。……夫其淫為文辭，過自高賢，
而又沒於勢利，妄援唐賢群貴，以自光寵。浮澤勝故慮憲衰，矜夸
行故廉讓廢。其敗俗，與科目相依，而加勁軼焉。終唐之世，文士
如韓愈、呂溫、柳宗元、劉禹錫之倫，皆勃之徒也。〔註144〕

此論雖針對王勃而發，但不妨藉此認識章太炎對韓愈為人的觀感，浮澤矜夸
云云，可謂孔教遺禍後代文人士子的一證。章太炎還指出，因科舉制度而形
成「座主與所舉者得稱師生」的風氣，其弊在以功名挾制人心，更是起於韓
愈好為人師，及作〈師說〉一文所帶來的壞影響。〔註145〕

〔註141〕章太炎：〈東京留學生歡迎會演說詞〉，《章太炎政論選集》，上冊，頁 272～
273。
〔註142〕吳虞：〈儒家主階級制度之害〉，《吳虞文錄》，頁 75。
〔註143〕章太炎：《章太炎：國學的精要》，頁 43。
〔註144〕章太炎：《檢論・案唐》，《章太炎全集三》，頁 450～451。
〔註145〕章太炎〈箴新黨論〉（1906 年）曰：「師生本以學術授受得名，非座主與所舉
者得稱師生。晚世浮僞之俗，其師在窮閻織屨者，則棄之，未嘗一顧，而曲
事座主如對上皇，斯已可鄙。科舉廢而斯道不行，然執贄上官以師生相稱者，
其醜又甚於座主。推究始禍，實為唐之韓愈。愈作〈師說〉以自文飾，其門
下相從者，自皇甫張李之外，以其力能通榜求為援手而已。」《章太炎全集》，

針對韓愈貶潮後的言行，除了章太炎「人格墮落」等批評，還有胡適在《白話文學史》說他「變成了一個卑鄙的人」：

> 當他諫佛骨時，氣概勇往，令人敬愛。遭了挫折以後，他的勇氣銷磨了，變成了一個卑鄙的人。他在潮州時，上表謝恩，自述能作歌頌皇帝功德的文章，「雖使古人復生，臣亦未肯多讓」，並勸皇帝定樂章、告神明、封禪泰山，奏功皇天！這已是很可鄙了。他在潮州任內，還造出作文祭鱷魚，鱷魚為他遠徙六十里的神話，這更可鄙了。他在袁州任內，上表說他的境內「有慶雲……」這真是阿諛獻媚，把他患得患失的心理完全托出來了。由於這樣的悔過獻媚，他遂得召回作國子祭酒，轉兵部侍郎，又轉吏部侍郎。〔註146〕

章士釗《柳文指要》也說他「禁不起挫折，一至於此」：

> 退之〈潮州刺史謝上表〉……云云，此在退之文中，最為庸下，曾幾何時，試問諫佛骨時之魄力安在？文家之一翻一覆，曾不足自掩其眉目，不料退之禁不起挫折，一至於此。〔註147〕

胡適、章士釗對韓愈貶潮後的批評，從胡適所說「上表歌功頌德」、「勸封禪」、「賀慶雲」、「祭鱷魚」云云，及章士釗針對〈潮州刺史謝上表〉所論來看，引起他們反感的，是韓愈在上述言行中所透露出來的尊君的意態。在他們看來，韓愈乃是個為了「利祿」而不惜為文「獻媚」於君之人，可見其人格之「卑鄙」。

對於韓愈「湛心利祿」一面的判定，也影響他們看待韓愈的其他表現。最顯著的例子就是韓愈的〈示兒〉詩。周作人認為韓愈「以勢利教兒子」，〔註148〕是「要不得」；〔註149〕章士釗則以「求田問舍」譏之；〔註150〕就連胡適也說他

第四冊，頁293。

〔註146〕胡適：《白話文學史》（臺北：胡適紀念館，1974年），第十五章〈大曆長慶間的詩人〉，頁360。

〔註147〕章士釗：《柳文指要》上，頁1082。

〔註148〕周作人：〈壞文章之二〉，鍾叔河編：《本色：文學，文章，文化》，《周作人文類編》（長沙：湖南文藝出版社，1998年），頁408。

〔註149〕周作人〈關於家訓〉（1936）曰：「謝在杭的《五雜組》卷十三有云：『今人之教子讀書不過取科第耳，其於立身行己不問也。……非獨今也，韓文公有道之士也，訓子之詩有『一為公與相』『潭潭府中居』之句，而俗詩之勸世者又有『書中自有黃金屋』等語，語愈俚而見愈陋矣。』這也可算是老實了罷，卻又要不得，殆偽善之與怙惡亦尤過與不及歟。」，《風雨談》，《周作人全集》，第3冊，頁302～303。

〔註150〕章士釗：《柳文指要‧第韓》，下冊，第6卷，頁1599。

是一個「做作修飾」的「小人」：

> 他的〈示兒〉詩中有云：「嗟我不修飾，事與庸人俱。安能作如此，
> 比肩於朝儒？」這幾句詩畫出他不能不「修飾」的心理。他在詩裡
> 對他兒子誇說他的闊朋友……他若學盧仝劉叉的狂肆，就不配「比
> 肩」於這一班「玉帶懸金魚」的闊人了。試把他的〈示兒〉詩比較
> 盧仝〈示添丁〉、〈抱孫〉的兩首詩，便可以看出人格的高下。左思、
> 陶潛、杜甫、盧仝對他們的兒女都肯說眞率的玩笑話；韓愈對他的
> 兒子尚且不敢眞率，尚且叫他羨慕闊官貴人，教他做作修飾，所以
> 他終於作了一個祭鱷魚、賀慶雲的小人而已。〔註151〕

在胡、章二人看來，韓愈在貶潮後所以變成獻媚於君的「小人」，正與他趨炎
附勢、熱衷利祿的心理相符應。同樣不滿韓愈干祿求進的還有林辰，他在〈魯
迅與韓愈——就教於郭沫若先生〉（1941）一文說：

> 說到韓愈的人，則尤令我們齒冷。試一翻閱《昌黎集》，觸目皆是〈感
> 二鳥賦〉、〈元和聖德詩〉、〈賀慶雲表〉、〈賀皇帝即位表〉、〈上宰相
> 書〉、〈上某尚書書〉、〈上某侍郎書〉，以及什麼大夫什麼夫人的墓誌
> 銘、神道碑等等。他的詩文，不是干祿求進，便是歌功頌德，嗟老
> 嘆卑。我們試讀他的「至於論述陛下功德，與詩書相表裡，作爲歌
> 詩，薦之郊廟，祭泰山之封，鏤白玉之牒，鋪張對天之閎休，揚厲
> 無前之偉跡，編之乎詩書之策而無愧，措之乎天地之間而無虧，雖
> 使古人復生，臣亦未忍多讓。」（〈潮州謝上表〉）以及「今又有有力
> 者當其前矣。聊試仰首一鳴號焉，庸詎知有力者不哀其窮…亦命也」
> （〈應科目與時人書〉）這些文章，眞令人覺得肉麻透頂，難以卒讀。
> 他實在是中國二千年來熱中竟進的所謂「儒者」中最典型的一個。
> 〔註152〕

經過章太炎、胡適、章士釗、林辰等人對韓愈上書求進、登華山慟哭以及〈示
兒〉詩等一番重議之後，則韓愈貶潮後看似前後不一的矛盾，竟彷彿也得到
了前後一致的（負面）印象了。

　　對韓愈貶潮前後的評價，還有一些人持更極端的意見。陳登原在〈韓愈
評・論〈論佛骨表〉〉（1932）曰：

〔註151〕胡適：《白話文學史》，頁360。
〔註152〕林辰：〈魯迅與韓愈——就教於郭沫若先生〉（1941），《林辰文集》，第2卷，
　　　　頁196～200。

以予度之：愈實未必有距佛之愚勇，殆以論佛未必得重罪；而論佛以後，則除衛道之美名以外，貶謫之罪名而已。高官美宦，愈所馨香頂禮而不能得者也；二者不可兼得，捨魚而取熊掌者也。是則愈固愚中有詐，詐中有愚者矣。〔註153〕

胡適、章士釗等人猶尚肯定韓愈諫迎佛骨的表現，〔註154〕陳登原則不然，他甚至認為韓愈根本「未必有距佛之勇」。他徹底視韓愈為一個慣於權衡利益的「愚」、「詐」之人。對於韓愈不諱干祿求進，他更加大力抨擊，見〈韓愈評‧論〈上宰相書〉〉曰：

為官誠非罪惡，即向人求薦，亦事理所許。惟文人忸怩作態，於淫蕩中故持貞節，較之挾弧矢之大盜，則吾寧取夫後者。而又以文字有靈，以為經國定民，全在乎斯，則合而成其為浮妄鄙惡矣。……此等鄙惡之事，乃文人自媒之長技……為「以文要人」之大罪魁焉。
〔註155〕

他說韓愈「忸怩作態」、「浮妄鄙惡」，可知他尤不滿韓愈「言行不一」——「於淫蕩中故持貞節」——的一面，明明意在求仕，卻滿紙仁義道德，實在「可恥」。同樣的意思又見〈韓愈評‧原〈原道〉〉（1932）所說：

……賣弄風流，而又自托於孔子之道統者，則可恥孰甚！……蓄道德而能文章，而不免於蕩佚者……原其為人，真不堪道其所道哉！
〔註156〕

周作人對於韓愈也有類似的不滿，他曾在〈蒿菴閒話〉（1936）一文中說過：

至於以教訓為事的權威們我覺得必須先檢查其言行，假如這裡有了問題，那麼其紙糊冠也就戴不成了。……因為這個緣故，我對於韓退之便不免要特別加以調驗，看看這位大師究竟是否有此資格……
〔註157〕

〔註153〕陳登原：〈韓愈評‧論〈論佛骨表〉〉（1932年），《中國文學研究叢編第二輯》，頁 63～66。
〔註154〕胡適、章士釗雖然不滿韓愈貶潮後的言行，但對他諫迎佛骨一事大抵抱持肯定欣賞的態度，如胡適說他「氣概勇往，令人敬愛」，章士釗也承認他進諫的「魄力」。
〔註155〕陳登原：〈韓愈評‧論〈上宰相書〉〉，《中國文學研究叢編第二輯》，頁 78～80。
〔註156〕陳登原：〈韓愈評‧原〈原道〉〉，《中國文學研究叢編第二輯》，頁 50～52。
〔註157〕周作人：〈蒿菴閒話〉（1936），《風雨談》，《周作人全集》，第 3 冊，頁 344～

他所以要對韓愈加以調驗，因韓「文」及其所謂「道」在歷史上皆有一定的（偶像）地位和影響。而調驗的結果是：「不幸看出好些漏洞來，很丟了這權威的體面。」〔註158〕他另在〈文章的放蕩〉（1945）一文中也斥責韓愈是「言行不一致」的「道地小人」：

> 文人裡邊我最佩服這行謹重而言放蕩的，即非聖人，亦君子也。其
> 次是言行皆謹重或言行皆放蕩的，雖屬凡夫，卻還是狂狷一流。再
> 其次是言謹重而行放蕩的，此乃是道地小人，遠出謝靈運沈休文之
> 下矣。謝沈的傲冶其實還不失爲中等，而且在後世也就不可多得，
> 言行不一致的一派可以說起於韓愈，則滔滔者天下皆是也，至今遂
> 成爲載道的正宗了。〔註159〕

不同於胡適、章士釗等著眼於韓愈尊君的意態，陳登原、周作人等側重的是韓愈「載道」的主張，陳登原批評的是韓愈「於淫蕩中故持貞節」、「賣弄風流而又自托於孔子之道」，周作人批評的是他「以教訓爲事」、「言謹重而行放蕩」。這是由於他們不滿韓愈所謂「道」與「道統」主張的緣故。爲了強化其批評，周作人甚至不惜恣意詆毀韓愈，如他在〈壞文章之二〉一文所說：

> 他的尊容是紅黑圓大，厚唇，眼小如豬，我從前猜疑他好吃豬肉，
> 身胖喜睡，後來看什麼書始證實他確實如此……他是封建文人的代
> 表，熱中躁進，頑固妄誕而膽小；干謁宰相，以勢利教兒子；滿口
> 禮教，因諫佛骨謫官，立即上疏哀鳴；登山怕下不來，號哭寫遺囑。
> 這些行動正好配上那麼的外表。〔註160〕

又說：

> 我找壞文章，在他的那裏找代表，這即是《古文觀止》裡人人必讀
> 的那兩篇，〈原道〉與〈送孟東野序〉。〈原道〉是講道統的八股，單
> 就文辭來講，如云幸而……正是十足的八股腔。〈送孟東野序〉開口
> 說物不得其平則鳴，而後邊就說伊尹鳴殷，周公鳴周，直至和聲鳴
> 盛，話都說得前後不兜頭。音調鏗鏘，意思糊塗矛盾，這是古文的
> 特色，上邊兩篇是最道地的。古文多壞，而古文的正宗爲韓氏，此

345。
〔註158〕同前注。
〔註159〕周作人：〈文章的放蕩〉（1945），《苦竹雜記》，同前注，頁449。
〔註160〕周作人：〈壞文章之二〉，鍾叔河編：《本色：文學，文章，文化》，《周作人文類編》，頁408。

又是韓氏的代表作，可以夠得上稱爲標準的壞文章了吧。〔註161〕

他表面批評韓愈「言行不一」，其實還是不滿韓愈之「言」，亦即其「文」與「道」。在他們而言，愈是批評韓愈言行不符，愈能突出韓愈其「文」與「道」的荒謬——這正是他們抨擊韓愈的主要目的。

乙、檢 討

本節將針對上述清末民初學人或直接或間接對韓愈所作的種種批評稍作檢討。

每一時代有每一時代的處境，有每一時代的問題。韓愈之文之道，昔日曾被推崇爲「萬世所共尊，天下所共傳而有也」（歐陽脩語）、「匹夫而爲百世師，一言而爲天下法」（蘇軾語），可謂尊崇至極；本時期則詆其「文」無十分特色可觀，內無志與學，徒飾以文辭，爲的是依附君權以求取榮利；卑其「人」曰俳優、曰小人，對外高談道德，對內則以勢利教子；雖貌若有諫佛骨之勇，實則一遇困頓則乞憐、獻媚於君；斥其「道」曰淺、曰見道不明、曰全無意義，對於治道未能深入肯綮，非但不能直指主權在民之要義，反而宣說事上之道理、尊君之情懷，乃至於有令人怵目的誅民學說；對於他家學說思想亦擺出獷悍不容的態度，高舉闢佛老之主張，罔顧學術自由之精神，更忽略社會民心之趨向。以上種種皆是當時圍繞「韓愈」所發的議論，背後無非是一份因世變逼激出的現實關懷與用世熱情。以今日的眼光來看，韓愈蒙受這些批評，實有特殊時代因素，原非其罪。但這些批評他的人，其實也只是落入新潮衝激的巨大漩渦中而不克自拔，以致作出種種聲東擊西、指桑罵槐的議論。所以這些批評韓愈的議論，實非站在文化史學術史上可久可大的正論，反而暴露了他們自己的時代侷限、過度上綱、輕議古人等缺點。

清末以還，「罪韓」幾成爲批判君主專制的一種途徑。韓愈所尊之「君」，被等同於「秦以來之君」（〈闢韓〉）。自「秦以來之君」遭嚴復、梁啓超等人大肆抨擊後，「秦以來之儒者」也被視爲助長君主專制的一份子。尤其是韓愈，他以〈原道〉一篇大文字獨標「道」與「道統」、排斥佛老，強調君師教化、君臣道義；他還有詩歌承載著濃厚的「臣罪當誅」之人臣情懷。加上宋儒的推波助瀾，則其所謂「道」與「道統」，已成專制之器用，於是歷代君主皆「盤

〔註161〕同前注。

據道統」，以爲利己。〔註162〕在這些批評者看來，「道統」之說皆混染著君王統治權術的考量。這反映的是諸人對於「道」的看法，與韓愈所謂「道」已有本質上的不同。他們論「道」的基礎，是政治上「民」的權利與地位；而韓愈所謂「道」，是相對於無文「夷狄」的「華夏」文明，其中蘊含著深厚的歷史文化情懷。因此，他們所謂「道」，深具「民主」、「民權」的色彩，與韓愈論「道」講求「復古」、「尊聖」的調性顯然異趣。更何況，古聖賢之道，在本時期人眼裡，也不再是需要特別尊崇的理想。所以嚴復恨韓愈之道「淺」，而吳魂亦效韓愈闢異端，斥其道「非我所謂道」。

在此「韓愈」變成一個論述上的符碼，此符碼代表的是傳統君主立場的政治觀。嚴復「闢『韓』」，以示反對「君主」，提倡「民主」；屠仁守「辨『闢韓』」、張之洞「尊『韓』」，則示反對「民主」，提倡「尊君」。對韓愈的態度或崇或抑，反映的是不同的政治訴求與主張。張之洞「揚韓」，認爲韓愈建立學統、文體之大本，使北宋正學大明、大儒蔚起；而恰恰相反，宋恕「貶韓」，則認爲宋以後將孟子、韓愈並稱是天大的荒謬；「憤民」對韓愈的批評也波及宋人，曾經盛稱韓愈的蘇軾亦不能免「無識」之譏。同樣地，章士釗「抑韓」，與宋恕觀點類似，認爲「道」與「道統」皆是爲君主專制服務，所以「韓學至宋大行」亦勢在必然；於是章士釗有意翻轉過去「軒韓輕柳」的定見，因「軒韓輕柳」意即「尊君抑民」——〔註163〕韓愈代表的是傳統「君主」立場，柳宗元代表的是先進「民主」立場。本時期韓柳評價的變化，亦恰恰反映了隨國政大體劇變的思潮動向。褒貶揚抑之間，即對於「君民間之關係」的認知產生了變化，而這一變化，恰好通過諸人論韓的過程折射出來。此所以韓愈在宋代儒學復興思潮中獲得極高的推崇，而卻在清末民初民主思潮中受到接連的貶斥。

清末首揭「闢韓」的嚴復，是站在追求「與民共治」的立場來批判韓愈的第一人，此後逐開以「尊君」、「抑民」角度來定價韓愈的輿論風氣。回到嚴復當身處境來看，〈闢韓〉一文仍有它進步的意義。若從〈闢韓〉一文的寫作時間來看，當時正值中日甲午戰爭爆發的第二年，可想而知嚴復內在的憂

〔註162〕見前引宋恕：〈致夏曾佑書〉（1895）。

〔註163〕章士釗〈〈闢韓〉餘論〉曰：「從來軒韓輕柳尊君抑民之復辟意嚮，恍若蠢蠢思動，遏制新機，吾爲此懼，用深警惕。」由這段話可知，韓柳評價，與君民關係的認識有緊密之聯繫。《柳文指要》下，卷6，頁1629。

忡。為了救國於危亡，他力倡「民主」思想。〈闢韓〉中有一段文字清晰地揭示他的立場：

> 韓子胡不云：「民者出粟米麻絲作器皿通貨財以相為生養者也，其有相欺相奪而不能自治也，故出什一之賦且置之君，使之作為刑政甲兵以鋤其強梗，備其患害。然而君不能獨治也，於是為之臣，使之行其令，事其事。是故民不出什一之賦則莫能為之君；君不能為民鋤其強梗防其患害則廢，臣不能行其鋤強梗防患害之令則誅」乎？
>
> 〔註164〕

顯然地，嚴復是本於「主權在民」的立場，來批評韓愈〈原道〉以「主權在君」為前提所開展的論述。這自是嚴復身在不同社會思潮中，對「治道」形成全然不同的認識，才導致與韓愈對立的姿態。正是在政治上對「民主」的傾向與訴求，使他不得不重新審估〈原道〉的價值。韓愈〈原道〉對聖君生養化育萬民所勾勒的理想圖像，至此遂只成了本末顛倒的讕言。

　　近人韋政通曾明白指出嚴復〈闢韓〉一文與韓愈〈原道〉之間的分歧，他說：

> 其實韓愈〈原道〉一文的重點不在專制，而是在發揚道統以排佛，文中所言之「君」，是指理想中之聖君，所謂「帝之與王，其號名殊，其所以為聖，一也。」至於「是故君者，出令者也；臣者，行君之令而致之民者也」云云，這在儒統知識分子意識中，根本是天經地義的。歷史上攻擊專制最著名的黃梨洲，也沒有攻擊到這一點。所以〈闢韓〉一文，只能說是借題發揮，取材上並不恰當。〔註165〕

在嚴復手裡，韓愈的〈原道〉並非一篇論道排佛的鴻文，而是一個可憑藉立說的文本材料，借用來發揮特定主張的思想資源。嚴復言在此而意在彼，經過有意識的取捨與論述，從而為中國引渡西方的「民主」思想。韋政通謂嚴復〈闢韓〉一文「借題發揮」，即是此意。在中國傳統學術界，黃宗羲反覆申說的「民主君客」（《明夷待訪錄‧原君》），雖極可貴，但仍是沿襲孟子「民貴君輕」而來，並未擺脫主權在君的語境。到了嚴復提出「民主君僕」，〔註166〕這才觸及

〔註164〕同前注，頁390～391。

〔註165〕韋政通：〈輸入西學第一人──嚴復〉，《時代人物各風流》（北京：中華書局，2011年），頁122。

〔註166〕嚴復〈闢韓〉曰：「斯民也，固斯天下之真主也。」、「西洋之言治者曰：『國者，斯民之公產也；王侯將相者，通國之公僕隸也。』」《中國學術名著》，頁

了主權在民、民作主人的精神。同樣批判君主專制，嚴復始能不受固有政治格局的限制，涉及更深刻的「民主」思想，這是他所論度越昔人之處。然而，黃宗羲仍有黃宗羲的價值，韓愈也仍有韓愈的地位。各人立說的時空不同，目的不同，基礎也不同。嚴復的借題發揮，不應成為韓愈只知「君主」不知「民主」的罪狀。

事實上，韓愈因〈原道〉在歷史上獲得極高的聲名，其影響源遠流長。嚴復所以作〈闢韓〉，甚至還想闢除〈原道〉形成的深遠影響，闢除韓愈及〈原道〉占領社會人心之長久地位，意欲扭轉「道」的內涵，為國人闡明「道」（尤其是「治道」）的新義界。換句話說，嚴復正是要藉由「闢韓」，來「闢」除韓愈所謂「道」。凡有害於「民主」的思想，諸如以聖人視君師、君者出令、民者事上等如韋政通所說「在儒統知識分子意識中根本是天經地義的」觀念，均在闢除之列。〔註167〕李澤厚在〈論嚴復〉一文也指出：

> 嚴復對中國古代各家學說的評論取捨，都完全服從於、從屬於他當時提倡新學、西學的需要，都具有這個特定的時代內容。〔註168〕

嚴復「闢韓」亦即是顯著一例。然而即嚴復自己，也並不能貫徹其變舊趨新的想望。嚴復重視實用、講求實效，所以他能直指「民」為振興國家之根本。但是，正因他關注現實，所以他也注意到了中國目前民力不足以振興富強的事實。由於現實條件的限制（民力乏弱），中國當前政治的運作尚須憑藉「君臣」把持。這就是他為何既已明揭「民斯真主」之義，又回過頭來說「君臣之倫不可棄」的緣故（〈闢韓〉）。〔註169〕這一現實與理想之間的落差，也就構成嚴復「民主」論述的內在矛盾。這一矛盾，可以說充分顯示了個人在所處時代中逼出的獨特性與侷限性。

中國數千年來以帝王為權力核心的政治型態，在本時期因受到民主思潮的衝擊，並未被當作客觀的歷史事實來看待；加上流血革命的造勢，大肆渲

393。

〔註167〕韋政通：〈輸入西學第一人——嚴復〉，《時代人物各風流》，頁122。

〔註168〕李澤厚：〈論嚴復〉，《中國近代思想史論》（臺北：谷風出版社，1986年），頁294。

〔註169〕不過，嚴復此說乃便宜之計，並非承認「君臣」存在的必要性，所以他又強調「君臣之倫，蓋出於不得已」（〈闢韓〉）。他最終仍希望通過「民主」為國家帶來真正的「富強」，然而改變並非一夕之間，所以不得不提出折衷現實的方案。在這「君主」過渡到「民主」的階段，在人民之「才」、「德」、「力」能落實「自治」以前，為了維持一定的國力，他仍不敢主張遽廢「君臣」。

染複雜的情緒,愈發容易激起負氣的偏見與謾罵。最顯著的如「吳魂」〈中國尊君之謬想〉、「凡人」〈無聖篇〉、「憤民」〈偽道德〉等文,僅從他們另起帶有強烈情緒、鮮明立場的筆名已可測其態度之激烈;再就篇名來看,曰「尊君之謬想」、曰「無聖」、曰「偽道德」等,皆已固持一是非,在立論上自然難逃於偏陷與對立。再看到內文對韓愈之批評,逕罵曰「嚴酷武斷」、曰「悍戾無倫,等於狂吠」,用語均甚過分;論者不能跳脫對立的框限,執此而攻彼,又何嘗不是嚴酷武斷、悍戾狂吠的表現?他們有著足以凌越前代的獨特見解,卻也有著自己難以覺察的時代限制。也許是太過強烈的情感,使得時人難以理直氣和,對於韓愈的批評便流於揚厲,即使是博學淹通的學者也不免。如曾撰「新史學」〔註170〕代表作之一《中國古代史》的夏曾佑,相較傳統史家,他雖有嶄新的進化史觀,但對於先秦儒教諸子等等的批判實在過於偏頗,不能成為定論;以此見解再來批判後世之儒,則其不得其平也必。又如章士釗,他研究柳宗元文,曾作《柳文指要》,此時受新思潮所激,遂特地標示柳宗元的「崇民」意識,一反世人「軒韓輕柳」之見,轉而揚柳抑韓。但他又將韓柳評價與民初復辟等政治目的掛鈎,可見他仍是不能擺脫一時政治目的來評價歷史人物。再如章太炎,他深嗜佛理,對唐代文人原本就沒有什麼好感,韓愈闢佛,他就說他「見道不明」,至於韓愈所見為何,並未深入探討。曹聚仁師承章氏,雖有縱觀中國學術思想史的才學,卻也未能還給韓愈一個合理的定位。即便在文學的場域,陳獨秀、周作人等人看待韓文也只因其「道」牽涉到「民族的政治文化的運動」而特別加以拒斥。

此外,國人初嚐充滿個人主義色彩的「自由」與「平等」滋味後,不覺便對傳統重視尊卑上下的禮法道德產生某種厭棄的心理。如吳虞不惜扭曲孔孟尊聖闢異端的言行,更遑論他對後世尊孔孟之儒者的評價了。他罔顧過去數千年來儒學影響中國政治學術思想的事實,提出「儒教革命」如此激進極

〔註170〕梁啟超在《新史學‧史學之界說》(1902) 一文中對「新史學」的界定:「歷史者,敘述進化之現象也。現象者何?事物之變化也。宇宙間之現象有二種,一曰為循環之狀者。二曰為進化之狀者。何謂循環?其進化有一定之時期,及其則周而復始,如四時之變遷,天體之運行是也。何謂進化?其變化有一定之次序,生長焉,發達焉,如生物界及人間世之現象是也。循環者,去而復來者也。止而不進者也。進化者,往而不返者也。進而無極者也。凡學問之屬於此類者,謂之天然學。進化者,往而不返者也。進而無極者也。凡學問之屬於此類者,謂之歷史學。」《中國歷史研究法五種》(臺北:里仁書局,1982 年),頁 10。

端之主張，難道不也是一種「獷悍」嗎？他與周作人、林辰等人反覆強調學術思想的完全自由，認為絕對的自由能帶來燦爛的進步。但他們卻忽略了中國文化所以得以從容開展，其中必有核心的精神——傳統之「道」與「道統」正是此一核心精神的形式與內涵。普世人心所共傳的「道」絕非一時之私見，其中必然有可長可久之恆義。掌握此一精神意義，始知聖人何以為聖人、中國何以為中國。但當人們不再對傳統之「道」發生興趣，而紛紛趨新棄舊，連孔孟所言都不免被視為門戶意氣之見，又豈能對後儒持平心之論？

　　韓愈為時空所限，固不能知何謂「民主」，但他力闢佛老之教，自必有他的見識。陳寅恪〈論韓愈〉（1951 年）一文便從「文化史」的角度還予韓愈闢佛老一個合理的定位，他說：

> 三曰：排斥佛老，匡救政俗之弊害。……今所宜注意者，乃為退之所論時具有特別時代性，即當退之時佛教徒眾多，於國家財政及社會經濟皆有甚大影響。……則退之所論自非剿襲前人空言，為無病之呻吟，實匡正世俗之良策。……退之排斥道教之論點除與其排斥佛教相同者外，尚有二端，所應注意，一為老子乃唐皇室所攀認之祖宗，退之以臣民之資格，痛斥力詆，不稍諱避，其膽識已自超其儕輩矣。二為道教乃退之稍前或同時之君主宰相所特提倡者，蠹政傷俗，實是當時切要問題。〔註171〕

在不滿韓愈「闢佛老」的批評聲浪裡，陳寅恪獨從「文化史」的角度，將韓愈所言所行對應到他所屬時代的問題。在評價歷史人物時，陳寅恪避免了「由今視昔」的謬誤，把韓愈還給了唐代，在唐代社會文化的情境裡，重新衡定韓愈的歷史價值。他認為韓愈「闢佛老」具體地回應了當時的社會問題，評論時應即此來重估其意義。相較之下，章太炎雖能見及佛老在唐代社會的風行，卻未能洞悉大量教徒衝擊社會大本的憂患。至於曹聚仁說韓愈〈原道〉「不足道」、「全無意義」、「淺薄無聊」，顯然毫無歷史眼光。錢穆在《國學概論》曾經說過：

> 論一時代之學術者，首貴乎明其思想主潮之所在，此固也。然參伍錯綜，有其新苗，有其舊遺，旁衍橫溢，潛滋暗長於時代主潮之下，而與為推遷。逮夫時換代變，風尚翻新，則此潛滋暗長者，乃躍起

〔註171〕陳寅恪：〈論韓愈〉（1951 年），《陳寅恪先生論文集》（臺北：九思出版社，1977 年），頁 1284～1287。

而爲新時代之歸嚮。此又治學術史者所不可不知也。〔註172〕

韓愈〈原道〉一文，雖然站在當時佛老風尚思潮的對立面，但絕非只是一篇「不足道」的「罵街式的文章」；其價值除了前文揭示的現實關懷之外，更應以跨時代的長尺來衡量。正如馮友蘭在《中國哲學史》書中所說：〈原道〉一方面承先，晉隋以來佛老顯行，「韓愈獨喟然行聖」，使聖道不絕，「卒若大顯於時」；一方面啓後，開「宋明道學家之先河」。〔註173〕承先啓後，正是〈原道〉在中國學術文化史上卓然皭然之意義。曹聚仁雖然也曾承認〈原道〉「足以代表宋明道學家的基本論點」，〔註174〕但內心卻不能眞正認取這一價值，殆由於他對韓愈的偏見太深的緣故。評價〈原道〉若不能回到歷史情境來照察韓愈言「道」的外在脈絡與內在理路，則所議也無異於罵街，無法眞正撼動韓愈在歷史上的地位。

另一個值得注意的地方是，本時期對韓愈人格道德的批評，尤其集中在韓愈〈示兒〉、〈符讀書城南〉二詩似乎明白揭示富貴利祿的文字。自宋代起就出現對二詩的批評議論，〔註175〕二詩在宋代引起的負評雖不算強烈，但不可謂少，直到清代仍有若干學者大家與宋人同調。〔註176〕民國以來，在普遍

〔註172〕 錢穆：《國學概論·第七章 南北朝隋唐之經學注疏及佛學繙譯》（臺北：臺灣商務印書館，1998年），頁163。

〔註173〕 馮友蘭在〈道學之初興及道學中二氏之成分〉一節舉韓愈〈原道〉一文說：「韓愈爲『文人之雄』，此所說本無甚大哲學興趣，但有幾點，可使吾人注意者。……由此三點言之，韓愈實可爲宋明道學家之先河也。」又說：「自晉迄隋，老佛顯行，聖道不斷如帶。諸儒倚天下正義，助爲怪神。愈獨喟然行聖，爭四海之惑，雖蒙訕笑，踣而復奮。使若未之信，卒若大顯於時。昔孟軻距楊墨，去孔子才二百年。愈排二家，乃去千餘歲。撥亂反正，功與齊而力倍之。所以過荀況、揚雄爲不少矣。」《中國哲學史》（臺北：臺灣商務印書館，2007年），下冊，頁802～804

〔註174〕 曹聚仁〈道學初興〉回應曰：「馮友蘭氏說：眞正可說是宋明道學家先驅的人物，應該說到韓愈。……韓愈那一篇著名文字〈原道〉，並不是很好的說理文字，但……正足以代表宋明道學家的基本論點。」《中國學術思想史隨筆》，頁210～211。

〔註175〕 如：蘇軾說〈示兒〉「所示皆利祿事也」；鄧肅也說此詩「導子之志則陋也」；王令且斥之有累於德；洪邁說他「乃是覬覦富貴」；朱熹讀二詩，甚至以爲韓愈丟失「行道憂世」之本心；陸唐老也以韓愈作〈符讀書城南〉一詩爲怪，訝云「切切然餌其幼子以富貴利達之美，此豈故韓愈哉」。

〔註176〕 如：全祖望表示「此等責備之語，亦不可不存」，趙翼云「此亦徒以利祿誘子，宜宋人之議其後也」，方世舉也說：「昌黎訓子姪詩，多涉於名利，宋人議之可也」。

抑韓的思潮中，〈示兒〉、〈符讀書城南〉二詩又再度引發輿論的攻擊。韓愈眞的是一面高唱「道德」的高調，一面「求田問舍」，教兒「做作修飾」來求取名利嗎？這互相矛盾的兩面現象，是本時期諸人所共攻擊韓愈的焦點。但是，這看似兩面的現象眞正構成了韓愈人格的矛盾嗎？內中有沒有合理的解釋？過去亦非無肯定二詩的看法，如宋時黃庭堅嘗以爲〈符讀書城南〉「獎勸之功」與孔子同歸，〔註177〕黃震亦認爲此詩乃出於「人情誘小兒讀書之常」；〔註178〕清代朱彝尊甚至說〈示兒〉率意眞實，「淋漓可喜」；〔註179〕李憲喬也有「此只作一家常話看」、「此是塾訓體」之說。〔註180〕雖然目前尚無人針對二詩進行更深入周全的探討，但這些零星的肯定也指出了二詩的另一種風貌——二詩文字底下可能潛藏著韓愈更多層次、更爲曲折的內在心聲，例如他對親族生資的承擔、重振家聲的願望、從仕所遇的挫折及其堅持等，都可能牽動著他的思考；從這幾個角度來談二詩，或許能得出有別於「求田問舍」、「以勢力教兒子」、「教兒做作修飾的小人」一類的看法。

　　清末以還韓愈因倡言「古道」而成爲輿論矢的，不但他的文章不再被視爲典範，如章太炎說他〈原道〉一文「見道不明」、〈送窮文〉一文「於死生利祿刻刻不忘」，林辰說〈論佛骨表〉一文是「亂罵一通」，胡適說〈祭鱷魚文〉一文「可鄙」，周作人亦說〈送孟東野序〉一文是「音調鏗鏘，意思糊塗矛盾」的「壞文章」；而且，在批評其「文」與「道」的過程中，諸多謗議往往牽連到其人品人格。蓋因韓愈高標道統，以道自任，故他在實踐方面勢必引起更嚴苛的檢視。但本時期人多戴著有色眼鏡來看待韓愈，往往只就一二淺處來妄加發揮，韓愈形象因而遭到嚴重扭曲。章太炎、胡適、章士釗等人對韓愈貶潮後言行的批評，主要是就其「獻媚」、「乞憐」的一面來抨擊；周作人則大肆數落他「言行不一」的醜態，如曰：「熱中躁進，頑固妄誕而膽小」、

〔註177〕〔宋〕黃庭堅語，見魏本引樊汝霖曰，〔宋〕魏仲舉：《新刊五百家註音辯昌黎先生文集》（北京：北京圖書館出版社，2006年）第6冊，卷6，頁2。

〔註178〕〔宋〕黃震語，見韓愈撰，錢仲聯集釋：《韓昌黎詩繫年集釋》（上海：上海古籍出版社，1984年），卷9，頁1015。以下再提簡稱《集釋》。

〔註179〕〔清〕朱彝尊語，同前注，頁957。

〔註180〕〔清〕程學恂：《韓詩臆說》（臺北：臺灣商務印書館，1970年），卷2，頁44～45。一說《韓詩臆說》一書作者非程學恂，而是李憲喬（1747～1797）。詳參郭隽杰：〈《韓詩臆說》的眞正作者爲李憲喬〉，《首都師範大學學報（社會科學版）》1995年第3期。姑仍舊題，以下均同。

「干謁宰相，以勢利教兒子」、「滿口禮教，因諫佛骨謫官，立即上疏哀鳴」，甚至不惜涉及人身攻擊，批評起韓愈的身材容貌等。此至苛之論，非理性之談，姑且不必置喙。至於陳登原說他「未必有距佛之勇」、「於淫蕩中故持貞節」云云，放言臆測，尤屬誅心之論。這類談論愈出愈多，愈說愈過，鮮明地反映了本時期特殊的輿論氛圍。

回頭來說，韓愈不能完全擺脫他所屬時空，從後設角度來反省君主專制的國政大體，其實無可厚非。但不應忽略的是，他對於政治集權於君的流弊，也並非全然沒有察覺。他正是以儒臣自居，以所學於古聖賢人的仁義道德，來規勸、要求於君。但本時期的批評往往只片面地就他尊儒、尊君的表面而發，卻未能細究他尊的是何「君」？他談的是何「道」？他雖然固守君臣之分，但以獻媚、乞憐、不忘利祿等負面數句來概括他的為「臣」之道，是否符合情理？他雖然沒有主權在民的觀念，但他對「民」的定位又豈全無辨析？他在舉國宗教盛行之時獨倡闢佛老、尊儒為師，可見他非不知社會之總意，卻選擇逆抗而行，他特立獨行背後想傳達的意念究竟為何？許多更核心的問題都未被深入細究，反倒引生許多似是而非的議論與批評。

至於文學方面，胡適、陳獨秀開始挖掘出韓愈「文學革命」之面向，肯定他「變八代之法，開宋元之先」的地位，實是出於打倒「舊文學」、建立「新文學」的目的，韓、柳恰恰是過去「文學革命之人」，也是他們現下主張「文學革命」的先驅，因此，他們感到有必要突出韓愈作為「革命先行者」的角色。但是，他們只關心韓文在語言形式的成就，至於韓愈為何作「古文」，則非所關心。胡適未能觸及韓愈為「古文」並標舉「古道」之精神，他甚至忽略了韓愈曾在自己的文章中明揭「古文」之事實，〔註181〕而以為「韓柳未嘗自稱『古文』。他在〈國學季刊發刊宣言〉一文中說過：

> 廟堂的文學固可以研究，但草野的文學也應該研究。在歷史的眼光裡，今日民間小兒女唱的歌謠，和《詩》三百篇有同等的位置；民間流傳的小說，和高文典冊有同等的位置；吳敬梓、曹霑和關漢卿、馬東籬和杜甫、韓愈有同等的位置。〔註182〕

〔註181〕韓愈：〈題哀辭後〉：「雖然，愈之為古文，豈獨取其句讀，不類於今者邪？思古人而不得見，學古道則欲兼通其辭；通其辭者，本志乎古道者也。」《校注》，卷5，頁304～305。
〔註182〕胡適：〈國學季刊發刊宣言〉，《中國新文學運動史資料》，頁196。

他提高了民間通俗文學的地位，然從另一個角度來說，也降低了廟堂典雅文學的地位。出於「一時代有一時代之文學」的歷史眼光，胡適打破傳統「雅」、「俗」之辨，對古今文學之價值進行重估。這就是胡適所以齊觀「小說」與「高文」，並列吳與曹、杜與韓的理由。他確實獲得了嶄新的通俗文學史觀，但恐怕也輕忽了中國學術「原道」、「宗經」的文化淵源和價值意涵。胡適固有特識，能見韓文之「新」，卻也為此所蔽，未能明韓文之「古」。陳獨秀在評價韓文的時候，乃至割裂「文」（形式）與「道」（內涵）來談，肯定韓文在語言形式方面的進步，而不喜韓文師古明道的內涵。他基於提倡「平民文學」的目的，將古文與傳奇視為階級上（貴族與平民）的對立，故視韓文為「新貴族文學」而加以批判，不免輕忽了「古文」所蘊含的歷史意義和文化精神。〔註183〕韓愈撐持與維繫古道的學術文化成就遂掩而不彰，他任重道遠的責任感與使命感也不易為本時期的人所接納。

　　錢鍾書曾由西方美學理論及文學鑑賞的角度，重探韓愈「文」、「道」並重的意義。他在〈中國固有的文學批評的一個特點〉（1937）一文中說到：

> 中國古代談藝者往往看上去是講內容，其實是注重外表，譬如載道問題。……少數古文家明白內容的肯定外表，正不亞於外表的肯定內容，思想的影響文筆，正不亞於文筆的影響思想。要作不朽的好文章，也要有不滅的大道理。……照此說來，「倒學家」主張文以載道，並非為道，還是為文章，並非為內容，還是為內容的外表。〔註184〕

〔註183〕周作人在〈平民的文學〉（1918）一文也有討論「貴族文學」、「平民文學」的區分。他認為，從內容上來說，「貴族文學」就是偏於部分的、修飾的、享樂的、遊戲的；而「古文」著作又大抵是部分的、修飾的、享樂的、遊戲的，故古文「確有貴族文學的性質」。在他看來，「平民文學」與「貴族文學」乃兩兩對立的概念，兩者區別在精神上的「普遍」與「真摯」與否。古文既有「貴族文學」的性質，那麼真正的「平民文學」當從白話裡去尋得。因此，若就形式而言，「古文多是貴族的文學，白話多是平民的文學」。（詳見《藝術與生活》，《周作人全集》，第 3 冊，頁 561～562。）此論可與上述陳獨秀所謂「雕琢的阿諛的貴族文學」、「平易的抒情的國民文學」等提倡白話的主張互詳。唯周作人提出「普遍」與「真摯」兩者作為判分原則，恐有未安。蓋古文白話不過是語言形式之別，白話創作未必盡然「普遍」與「真摯」，古文創作也未必皆歸部分與虛偽。此一分判固不足視為定論，但可同情地理解為「普遍」與「真摯」是他在文學上欲追尋的理想境界。

〔註184〕錢鍾書：〈中國固有的文學批評的一個特點〉，原載《文學雜誌》第 1 卷第 4 期（1937 年 8 月），今見《人生邊上的邊上》，《錢鍾書集》（北京：生活・讀書・新知三聯書店，2007 年），第 6 冊，頁 67～68。

這或許在某方面說中了韓愈所謂「學古道則欲兼通其辭」、「志在古道又甚好其言辭」的創作心理。韓愈曾經說過:「其為也易,則其傳也不遠。」〔註185〕此意本於孔子「道之不文,行之不遠」。他大概也意識到,要作一篇傳世的好文章大不易;但若為了扶翼他所重的「孔子之道」、「聖人之教」,而期其流傳,則必然要作出「不朽」的好文章。換言之,「不滅的大道理」固然能使其所著文章傳世「不滅」,但「不朽的好文章」也能使其所傳道理歷時「不朽」。這就是錢鍾書所說「內容的肯定外表,正不亞於外表的肯定內容,思想的影響文筆,正不亞於文筆的影響思想」。內外之相互影響,更可昇華至相輔相成的層次。或許是來自西方美學的啓發,錢鍾書得以擺落宋人對韓愈「倒學」的批評,〔註186〕他翻轉昔人「倒學」的負面意義,直接肯定韓愈的「倒學」,正是有意追求不朽的文章,才能使所傳之道理不朽。

　　不只如此,錢鍾書還顛覆了胡適等人對於文章「無病呻吟」的負面看法。他認為,不論是重道輕文,還是修辭立誠等觀點,皆是站在作者立場而發。而「無病呻吟」所以亦可視為上作,在於他另拈出另一個角度,即「讀者」的觀點。他在〈中國文學小史序論〉一文中說到:

> 近人所謂「不為無病呻吟」,「言之有物」……此僅可以語於作者之修養,而非所語於讀者之評賞,二事未可混為一談。所謂「不為無病呻吟」者即「修辭立誠」(sincerity)之說也。竊以為惟其能無病呻吟,呻吟而能使讀者信以為有病,方為文藝之佳作耳。……故文

〔註185〕〔唐〕韓愈:〈重答張籍書〉,《校注》,卷2,頁135。
〔註186〕〔宋〕程頤曰:「退之晚來為文,所得處甚多。學本是修德,有德然後有言。退之卻倒學了。因學文日求所未至,遂有所得。」吳文治(編):《韓愈資料彙編》(北京:中華書局,1983年),第1冊,頁141。程頤說「學本是修德」,若韓愈則「學文」且「日求所未至」,如此固然有功於為文,但其學終究非著意「修德」,所以謂之「倒學」。「道」應屬終極,不可與他物等量齊觀。是以韓愈文道並重的主張,在道學家看來,猶嫌重文輕道了。蓋此論已先存重道輕文的前提,與韓愈文道並重的立場互異;韓愈說「文以明道」,他們則說「文以載道」(周敦頤語),由下字之別已可略見諸人在文道關係上的異見。這點已見郭紹虞在《中國文學批評史》闡明,他在〈復古運動的高潮時期〉(1934年)一文中說到:「蓋韓愈對於文與道的態度與道學家不同。韓愈是因文而及道,道學家是求道而忽文。一個是體會有得,一個是得魚忘筌。……『為文』的作用,在道學家看來是載道,在古文家說來是明道。載道則文是道的工具,明道則文是道的流露。」《中國文學批評史》(臺北:文史哲出版社,1990年),上卷,頁274。

> 藝不足以取信於人者，非必作者之無病也，實由其不善於呻吟；非
> 必「誠」而後能使人信也，能使人信，則爲「誠」矣。……蓋必精
> 於修辭，方足立誠；非謂誠立之後，修辭遂精。捨修辭外，何由窺
> 作者之誠僞乎？〔註187〕

一件文學作品的價值，固然最重要的是作者投身創作，但若沒有讀者的欣賞評論，作品本身也無法引起橫亙時空的迴響。因此，對作者而言，通過「精於修辭」而「能使人信」便是創作過程中不可或缺的考量。這一考量，便突出韓愈「欲兼通其辭」、「又甚好其言辭」一面在創作上的重要性。韓愈曾在〈答劉正夫書〉一文中說過：

> 若聖人之道不用文則已，用則必尚其能者；能者非他，能自樹立，
> 不因循者是也。有文字來，誰不爲文，然其存於今者，必其能者也。
> 〔註188〕

或許可以這樣理解：作者爲了使文章有「取信於人」的效力，勢必要著意於文辭；而在韓愈而言，所以要作「能使人信」之文，原是爲了普遍孔子之道、聖人之教。如此說來，韓愈雖然好爲文辭，還是志在古道；雖曰作古文，還是爲明道。錢鍾書從讀者鑒賞的觀點，深入淺出地揭示韓愈以文明道的創作心理。林紓曾形容閱讀韓文的感受是「神樞鬼藏」、「似有魔鬼弄我」，〔註189〕又說「至道不得至文，亦萬不傳」，〔註190〕可見他亦能洞見韓愈主張「文」、「道」並重之用心。同於胡適、陳獨秀等專倡白話文學的角度，林、錢二人俱能跳脫文言白話對立的框架，從文學創作本身肯定韓文。

　　韓愈作爲唐代重要的「文學革命之人」，他的變舊趨新之成就，是否確如胡適、陳獨秀所說的那樣？其實錢穆後來在〈雜論唐代古文運動〉（1957）一文的說法，對胡、陳二人之說又有補充：

> 韓柳之倡復古文，其實則與眞古文復異。一則韓柳並不刻意子史著

〔註187〕錢鍾書：〈中國文學小史序論〉，《人生邊上的邊上》，《錢鍾書集》，第六冊，頁41。

〔註188〕〔唐〕韓愈：〈答劉正夫書〉，《校注》，卷3，頁207。

〔註189〕林紓〈論古文白話之消長〉曰：「蓋昌黎與書贈序兩門，眞所謂神樞鬼藏，不可方物，孰能知之？吾讀昌黎〈與胡生書〉及〈齊暐下第序〉、〈送浮屠文暢師〉及〈廖道士序〉將近萬徧，猶不釋手，其中似有魔鬼弄我，正如今日包世傑譏我爲孔子之鬼引入死地者，確哉確哉！」《中國新文學運動史資料》，頁99。

〔註190〕同前注。

述，必求為學術專家。二則韓柳亦不偏重詔令奏議，必求為朝廷文
字。韓柳二公，實乃承於辭賦五七言詩興盛之後，純文學之發展，
已達燦爛成熟之境，而二公者，實乃站於純文學之立場，求取融化
後起詩賦純文學之情趣風神以納入於短篇散文之中，而使短篇散文
亦得侵入純文學之閫域，而確占一席地。故二公之貢獻，實可謂在
中國文學園地中，增植新苗，其後乃蔚成林藪，此即後來之所謂唐
宋古文是也。故苟為古文，則必奉韓柳為開山之祖師。……故韓柳
之大貢獻，乃在於短篇散文中再創新體，如贈序，如雜記，如雜說，
此等文體，乃絕不為題材所限，有題等如無題，可以純隨作者稱心
所欲，恣意為之。〔註191〕

錢穆又在〈讀姚鉉《唐文粹》〉一文中再加發揮：

姚書自七十一以下至七十八卷，共八卷，為記。此一體蕭《選》所
無，乃自韓柳創為古文以後而大盛。記之為體，較碑益寬，無事不
可書。抑且其體亦不專於記事，比興寄託，言情述志，無往不宜。
蓋古文中自有記之一類而其用始弘。其體兼詩史，會文質，通上下，
包公私，亦可謂散文體中之有記，正所以與荀宋屈馬之賦為代興也。

〔註192〕

錢穆所言，一來適可補胡適、陳獨秀論韓愈文學革新之不足。胡適、陳獨秀
只著眼於語言方面的變革，錢穆則點明了他在體裁上的創新。二者皆屬文學
形式方面的新變。二來也確立了林紓形容為「神樞鬼藏」之新興文體的價值。
他明指「贈序」、「雜記」等體「可以純隨作者稱心所欲，恣意為之」，短篇散
文從此也可以成為文家較技的場域，其價值尚不止在創新文體而已。這也就
具體地說明林紓為什麼會有「不可方物」、「似有魔鬼弄我」的閱讀感受。要
之，韓愈作為一個「文學革命之人」（胡適語），對於唐宋古文的成立與茁壯
有顯著的貢獻，其「文起八代之衰」之盛譽，應如胡適所說，未可輕非。反
過來說，韓愈所以有大力能轉移文風、推動革新，豈非他始終「所重在文字
間」，深用功於為文乎？韓愈「為文」一面的成就，絕非如胡、陳二人所說，
僅止於語言形式的進步而已。

〔註191〕錢穆：〈雜論唐代古文運動〉（1957），《中國學術思想史論叢（四）》（臺北：
　　　　東大圖書公司，1978年），頁99。
〔註192〕錢穆：〈讀姚鉉《唐文粹》〉（1958），《中國學術思想史論叢（四）》，頁85。

陳寅恪亦有〈論韓愈〉（1951）一文，也大大肯定了韓愈在為文方面的努力。他另從文體角度切入，談及韓愈古文的實用切今價值，可謂更充實了錢鍾書「精於修辭，方足立誠」的論述：

> 退之之古文乃用先秦兩漢之文體，改作唐代當時民間流行之小說，欲藉之一掃腐化僵化不適用於人生之駢體文，作此嘗試而能成功者。故名雖復古，實則通今，在當時為最便宜宣傳，甚合實際之文體也。〔註193〕

錢穆也曾從學術史角度透析韓愈古文的精神內涵，見〈讀姚鉉《唐文粹》〉（1958）一文：

> 至韓柳以下之古文，大體可謂是上承儒道名法諸子著書之意，此當是古者百家言之遺蛻。〔註194〕

> 所謂韓柳古文運動乃古者家言之復起，其用重在社會、在私家，不重在廟堂、在政府。〔註195〕

陳寅恪、錢穆皆謂韓愈作文講求切用於「人生」、「社會」，遠承古代的家言，近如當世之小說，直指韓文所以發生變革的現實精神及其價值。這一說法，一方面可破除章太炎、曹聚仁、周作人等對韓愈「古文」的批評，諸如「見道不明」、「全無意義」、「亂罵一通」、「只圖聲調好聽」云云。另一方面，也進一步深化了胡適、陳獨秀所謂「一洗前人纖巧堆朵之習」、「改趨文言之自然」等只停留在純形式層面的述評。

再者，確實如陳獨秀所說，文學本非為載道而設。然不可否認的是，文學卻有因「道」而昇華其價值的可能。錢穆〈雜論唐代古文運動〉（1957）一文中也觸及了這個問題。他提出韓愈「以道治文」的觀點，說：

> 韓公則固以堯舜禹湯文武周公孔孟之道以治其文者，故曰「行之乎仁義之途，游之乎詩書之源。」大本既立，內有所感，外有所觀，乃於一文焉發之。〔註196〕

前文提到的錢鍾書也說過：「要做不朽的好文章，也要有不滅的大道理。」韓愈所謂「道」，正是這個「不滅的大道理」。韓愈所謂「道」究竟是什麼內涵

〔註193〕陳寅恪：〈論韓愈〉（1951），《陳寅恪先生論文集》，頁 1290。
〔註194〕錢穆：〈讀姚炫《唐文粹》〉（1958），《中國學術思想史論叢（四）》，頁 84。
〔註195〕同前注，頁 88。
〔註196〕錢穆：〈雜論唐代古文運動〉（1957），《中國學術思想史論叢（四）》，頁 41。

呢？韓愈自有明確的界說：「博愛之謂仁，行而宜之之謂義，由是而之焉之謂道，足乎矣，無待於外之謂德。」（〈原道〉）其實，用錢穆的話來說，就是「人道」。〈雜論唐代古文運動〉曰：

> 要之，韓公之尊仁義，乃專本於人道，更不上推之天命。亦可謂韓
> 公論天事，實是採道家見解，而其論人道，乃始一本於儒家宗旨。
> 〔註197〕

韓愈「古文」可貴之處，正在其創作背後「明人道」的意識。人道理想之境界即是聖人之道。「古文」即韓愈「以文昌聖人之道」〔註198〕的場域。也因此「古文」之內涵、精神皆不僅止於文學藝術之範疇，更廣涉伸觸至文化歷史的意義與價值。他力求行「道」於世，正見此「道」有應然、常然，適於人類生活使進境於理想社會之性質；此一性質他也通過〈原道〉一文歷歷道來。〔註199〕是故他盛稱伯夷舉世非之而猶力行不惑，正因他認為伯夷所見乃人「道」之應然、常然，故「道」的踐履即使訴諸「特立獨行」，也仍是出自「適於義而已」，即行所當行（「行而宜之之謂義」）。道之應然、常然自能喚起內在的信心，內在的信心又能成就彰顯道之光明。韓愈「古文」的用世精神和現實意義，正是通過「適用於人生」、「其用在社會」的革新及實踐而來。韓文之大本在「人道」，內有「信道篤而自知明」（〈伯夷頌〉）之感動，外有「億萬蒼生性命存」（〈過鴻溝〉）之關懷，發而為文則情深、氣盛、言宜。錢穆所謂「以道治文」，實最簡明扼要地點出了韓愈文、道合一的精神。

何況，若文章所「載」皆是一己真切體會得來的「道」，又何嘗不可謂之「立誠」？陳獨秀批評的是「抄襲孔孟以來極膚淺極空泛之門面語」，此即周作人批評的「代聖賢立言」而無切己之志的「載道」。他們並未探討韓愈所謂「道」的內涵；關於韓愈志道的情懷，更遑論有所認識了。他們完全是就本

〔註197〕同前注，頁59。
〔註198〕郭紹虞語，見《中國文學批評史》，上卷，頁244。
〔註199〕具體可見〈原道〉所陳聖人教化之源：「古之時，人之害多矣。有聖人者立，然後教之以相生養之道。為之君，為之師，驅其蟲蛇禽獸，而處之中土。寒然後為之衣，飢然後為之食。木處而顛，土處而病也，然後為之宮室。為之工以贍其器用，為之賈以通其有無，為之醫藥以濟其夭死，為之葬埋祭祀以長其恩愛，為之禮以次其先後，為之樂以宣其壹鬱，為之政以率其怠勌，為之刑以鋤其強梗。相欺也，為之符璽斗斛權衡以信之；相奪也，為之城郭甲兵以守之，害至而為之備，患生而為之防。……如古之無聖人，人之類滅久矣。」《校注》，卷1，頁15～16。

時期對「古文」與「古道」的負面印象來批評韓愈。周作人強調文學的「眞摯」性，卻未曾進一步去了解韓愈以生命體「道」的眞實感悟；他強調文學的「普遍」性，卻未曾進一步去理解韓愈明「道」背後欲使「人道」「各得其情」的普世關懷。周作人最重文章是否能反映作者的眞性情，但他並沒有持平地去認識韓愈「明道」的用心及其內涵，只以爲「言行不一致的一派可以說起於韓愈」。〔註200〕加上當時政治社會上瀰漫種種革命口號，凡言「道」者云云最易招致批評。本時期的人們尤因時勢所激，對「道」全無切身之感悟體驗，自然難以懂得韓愈欲明古道的深情厚志，在評論上更難同理觀照韓愈作古文的深心。〔註201〕他們所重視的不是「道」而在「志」，而「志」又當以「眞」爲依準，但當他們以所謂「志」來衡量韓文的時候，卻又過分輕忽了韓愈作文明道也有他的一份眞誠，而逕就所處時代對「道」的偏見來批評，於是所言往往少了一份歷史的深度，也欠缺一份同情的溫度。

　　陳獨秀、周作人對韓文「載道」的批評，雖然不免對韓愈欠缺同情的理解，但仍是出於時代的要求。他們言論反映了民國以來文學發展的趨勢，具有鮮明的時代色彩。但若他們眞能知人論世，通透文學思想在不同時代的變遷與遞嬗，又何嘗不能平心認取不同時代的人物所面臨的不同時代課題，從而給予更持平的理解與評價？

　　很有意思的是，錢鍾書倒是站在「美學」的高度，對於文學上「復古」與「革新」兩者之間的關係，另有別見。他說：

> 道學家所求在「道」，古文家所求在美。「古昔聖賢的著作」可作「標準」，就因它們在美學上的價值。……美和「道」是同性質的，是一樣超出時間性的。所以，古文家的「上規姚姒」，在原則上並非因爲「姚姒」的古，還是因爲「姚姒」永久不變的美。〔註202〕

他先指出「道」的永恆性。「道」是一常然、應然，甚至還必然的存在，故無所謂「古」、「今」的差別。再回頭來看韓愈所謂「古文」、「古道」，他雖

〔註200〕周作人：〈文章的放蕩〉，《苦竹雜記》，《周作人全集》，第3冊，頁449。

〔註201〕如此一來，韓愈〈原道〉「軻死不得其傳」所揭示的氣魄，周作人則以爲「尤具做作」（見〈文學史的教訓〉，《立春以前》，《周作人全集》，第4冊，頁578）；又如〈送孟東野序〉以「鳴」一字妙貫全文，堪爲聲情俱足的佳作，在他眼中不過是「文字的遊戲」（見〈談韓文〉，《秉燭集》，《周作人全集》，第3冊，頁248）。

〔註202〕錢鍾書：〈論復古〉（1934年），《人生邊上的邊上》，頁270。

言「古」，但本意實在於這經由「古聖賢人」〔註203〕之手所創作出來，從而流傳千古，具有超越時間性的「美」。這個「美」包含了形式與內涵。韓愈曾說過，若不得位則願修辭明道，「作唐之一經，垂之於無窮」。〔註204〕錢鍾書這番從「美」的角度所指出的「超出時間性」的「永久不變」的一面，恰好正中韓愈作文「垂之於無窮」的心事，點亮韓愈主張「以文明道」的深層意涵。

尤其可貴的是，錢鍾書認為一種特殊文學風格的產生，固有時代社會之造因，但關鍵更在於「人」的影響：

> 每見文學史作者，固執社會造因之說，以普通之社會狀況解釋特殊之文學風格，以某種文學之產生胥由於某時某地。……蓋時地而外，必有無量數影響勢力，為一人之所獨具，而非流輩之所共被焉。〔註205〕

這一點與後來的陳寅恪贊許韓愈為「特具承先啟後作一大運動領袖之氣魄與人格」、郭紹虞指出其「明確有力的文學批評」與他特具「特立獨行」的人格精神有密切關係云云，〔註206〕皆有同樣的見地，注意到了韓愈人格精神所扮演的關鍵角色。在他們看來，這就是為什麼韓愈在唐代古文運動上雖非最先首發之人，而其名卻遠蓋過前賢的原因之一。

討論至此可以看到，錢鍾書、陳寅恪、郭紹虞等人所重視於韓愈人格的面向，與章太炎、胡適、周作人、章士釗等人之所貶抑，兩者之間也有很大的落差。形成落差的因素相當複雜，前文已就評論者立場開展多面的探討，接著更應回到韓愈所屬時空，對他的志向理想與人生選擇作一番更細緻、更深入的照察。

總之，韓愈在本時期的負評如潮，況經由章太炎、胡適、章士釗、周作人等大家學者推波助瀾，輿論對韓愈的接受程度越來越低，而批評的範圍也越擴越大，起初批判他的君主思維、事君態度，漸次動搖其道德、人格評價，甚至有意重估其歷史定位。本時期人特別關注韓愈細節不修之處，其意殆在突顯韓愈提倡「道」與「道統」的荒謬。因此，對於韓愈教兒讀書取功名利

〔註203〕〔唐〕韓愈〈答劉正夫書〉：「有來問者，不敢不以誠答。或問為文宜何師？必謹對曰：『宜師古聖賢人。』」《校注》，卷3，頁207。
〔註204〕〔唐〕韓愈：〈答崔立之書〉，《校注》，卷3，頁168。
〔註205〕錢鍾書：〈中國文學小史序論〉，《人生邊上的邊上》，頁35。
〔註206〕郭紹虞：《中國文學批評史》，上卷，頁242。

祿、登華山絕峰慟哭作遺書等，凡是不能超脫死生富貴的種種言行，便看作是其人格的缺陷，皆要拈出大作文章。這些批評呈現了韓愈地位的變化：韓愈一生倡言「道統」、以「道」自任的文化意義，雖曾在看重「聖人之道」的時代被推崇至「天下法」、「百世師」；然而時移世易，隨著「聖人之道」的實用性與神聖性的褪色，漸失作為人道治道價值根源的角色，韓愈頭頂「文起八代之衰，道濟天下之溺」的光環也漸為新興思潮所掩覆而漸趨黯淡。所謂「道」與「道統」的文化意義，在本時代氛圍裡受到政治社會變動的影響而失去被人心認同的契機，成為輿論撻伐君主專制的對象之一。韓愈衛道尊君的表現，反而被看作是「獻媚」、「乞憐」；而在這個角度下，韓愈對建功立名的追求，全都成為被抨擊的焦點。在這批評的過程中，他的私意被惡意地放大檢視，他的公心則受到忽略不再彰顯。

第四章　重探韓愈精神世界
——對清末民初韓愈
批評的回應

　　本文前面兩章聚焦於清末民初的人們對韓愈的關注。臨危思變的心境造就了具有時代性的特殊觀點。韓愈固然是他們追求突破傳統的打壓對象，但在某些情形下，韓愈也成爲他們呼倡創新求變的有力證援。本時期對於韓愈在歷史上的定位，一如劇變的世局，因時風的襲捲而晃盪不定。他們對於這一過往文人的好惡，幾乎完全從屬於他們對於眼下政治與社會的觀點。或者說，清末民初人們對於韓愈的褒貶，很大程度地攪和了他們的現實關懷，與論者所持的新主張相映互發。

　　上章已針對本時期輿論批評的要點進行歸納與檢討，本章則順著本時期輿論聚焦於韓愈的若干面向，再度扣回文本，試圖重繪其形容、重探其聲情，盡力地還予韓愈一個同情而合理的理解；同時期望能利用輿論所涉面向，重建一個以探索韓愈內在世界爲主要方向的形象詮釋，期能深入探索並勾勒出韓愈豐美的人格形象與精神內涵。

第一節　重探韓愈的爲臣之心

　　清末民初之際，由於韓愈〈原道〉所勾勒的政教圖像，及其〈拘幽操〉所規撫的聖心情懷，未能符合時人所期待的「民主」想像，故招致了強烈的抨擊。抨擊的焦點主要集中在韓愈爲「臣」的角色，及此角色所表現出來的「尊君」情懷、「事上」要求，和「誅民」說法。可以說是清末以來以「民主」

重新評價韓愈的思想，導致抑韓、貶韓的現象。這些批評所挾帶的時代性，前文已費不少篇幅說明，本文接著將轉向探討韓愈本身，要從韓愈個人的生命情境來重新檢視他的為臣之心。

一、為臣之道

　　貞元八年（792），身居諫官的陽城，在位五年而無所諫，韓愈於是作〈爭臣論〉譏之。先是陽城刻苦勤學不樂名利，學成後嘗隱於中條山，遠近皆慕其人。韓愈曾作〈條山蒼〉一詩表達對陽城的嚮慕。〔註1〕陽城雖行跡隱約而聲名遠傳，德宗擢為諫議大夫。陽城可謂集高名、高位、高祿於一身之人。通過〈爭臣論〉議論陽城之是非，對韓愈自己來說，也是一場對於名、位、祿的辨析與省思。三者是從仕者必然的經歷與考驗，也是甫進士擢第的韓愈即將面臨的挑戰。〈爭臣論〉曰：

> 今陽子在位不為不久矣，聞天下之得失不為不熟矣，天子待之不為不加矣，而未嘗一言及於政。……陽子將為祿仕乎？古之人有云：「仕不為貧，而有時乎為貧。」謂祿仕者也。宜乎辭尊而居卑，辭富而居貧，若抱關擊柝者可也。蓋孔子嘗為委吏矣，嘗為乘田矣，亦不敢曠其職，必曰「會計當而已矣」，必曰「牛羊遂而已矣」。若陽子之秩祿，不為卑且貧，章章明矣，而如此，其可乎哉？〔註2〕

韓愈認為，官僚體系有著嚴密的階級，不同的位階既授予不同的祿俸，也就負有不同的職分。因此，利祿愈豐，職位愈高，責任也就愈艱鉅；反之亦然。在這樣的認知下，韓愈也不否定「祿仕」的觀念。《孟子》有「仕有時乎為貧」云云。〔註3〕他認為，若陽城為祿而仕亦無可厚非，不過祿仕者仍當謹守一些原則，如「宜乎辭尊而居卑，辭富而居貧」，才不至於失格；又，雖位居卑貧，

〔註1〕〔唐〕韓愈〈條山蒼〉：「條山蒼，河水黃。浪波沄沄去，松柏在高岡。」以松柏長青來象徵君子的堅貞，以松柏的後凋象徵君子的節義。韓愈以君子許陽城，又何嘗不是自許？故李憲喬說：「十六字中，見一生氣慨。」《集釋》，卷1，頁3～4。

〔註2〕〔唐〕韓愈：〈爭臣論〉，《校注》，卷2，頁109～110。

〔註3〕《孟子·萬章下》有曰：「仕非為貧也，而有時乎為貧；娶妻非為養也，而有時乎為養。為貧者，辭尊居卑，辭富居貧。辭尊居卑，辭富居貧，惡乎宜乎？抱關擊柝。孔子嘗為委吏矣，曰：『會計當而已矣。』嘗為乘田矣，曰：『牛羊茁壯，長而已矣。』位卑而言高，罪也。立乎人之本朝而道不行，恥也。」《四書章句集注》（臺北：大安出版社，2007年），頁447。

但亦不可「曠其職」。〔註4〕爲貧而仕者亦不可苟祿，即卑職貧祿都有相應之責任，如孔子爲委吏必使會計當矣，爲乘田必使牛羊遂矣；而陽城身爲諫議大夫，竟五年未曾一言及於政，無異「曠其職」，故韓愈不許。

在韓愈看來，表面上陽城連從仕的低標：「祿仕」的原則都未能達成；但更深究之，若陽城眞爲祿而仕，想必韓愈亦不輕許。這是因爲陽城並非等閒泛泛之輩，而是有道之人。陽城居位五年不干政，時人以爲他「不得已而起，守其道而不變」，故毋須深責。韓愈則不然。爲破除這似是而非的時論，韓愈揭示了他以後貫徹一生學行的重要思想，〈爭臣論〉曰：

> 自古聖人賢士，皆非其求於聞用也。閔其時之不平，人之不乂，得其道，不敢獨善其身，而必以兼濟天下也。孜孜矻矻，死而後已。故禹過家門不入，孔席不暇暖，而墨突不得黔。彼二聖一賢者，豈不知自安佚之爲樂哉？誠畏天命而悲人窮也。夫天授人以賢聖才能，豈使自有餘而已？誠欲以補其不足者也。耳目之於身也，耳司聞，而目司見，聽其是非，視其險易，然後身得安焉。聖賢者，時人之耳目也；時人者，聖賢之身也。且陽子之不賢，則將役於賢，以奉其上矣。若果賢，則固畏天命而閔人窮也，惡得以自暇逸乎哉？
> 〔註5〕

「道」實非人人皆可求而致之。在他看來，有道之士多少都有些天賦異稟，用他自己的話來說，即「天授人以賢聖才能」，這一類人才有可能通過勤學而終致聖賢之道。古之聖人賢士，即古之得道者。今之陽城也有道之士，必有天授之賢聖才能，故雖不得已而出，但若居官不事其事，絕非古聖賢兼濟天下之所爲。韓愈認爲，陽城和古聖賢最大的差異在於「守道」的方式。陽城以「不變」來守道，居王臣之位而仍不變其在野不事之心，故世人以「守其道而不變」稱之。但古聖賢則不然。上引文中所謂「閔其時之不平、人之不乂」，豈非〈原道〉所說的「博愛之謂仁」嗎？所謂「得其道，不敢獨善其身，而必以兼濟天下」，豈非「行而宜之之爲義」嗎？合而觀之，豈非「由是而之焉之謂道」嗎？所謂「孜孜矻矻，死而後已」，豈非「足乎己，無待於外之謂德」嗎？〔註6〕簡言之，古聖人賢士以「仁」、「義」爲原則，以「時」、「人」

〔註4〕引文見〈爭臣論〉，《校注》，卷2，頁110。
〔註5〕同前注，頁112。
〔註6〕〈原道〉引文見《校注》，卷1，頁13。

爲己任，故禹過家門不入，孔席不煖，墨突不黔，是以聖賢之治，終日遑遑。
同爲守道之士，韓愈正是要指出陽城的「不變」，實大異於古聖賢之遑遑。

再者，就常情而言，誰人不樂自安佚？然而聖賢何故終日遑遑？韓愈認
爲這是聖賢出於「畏天命而悲人窮」的本懷。「悲人窮」三字承上文「閔其時
之不平、人之不乂」而來。此外他又上推一層：「畏天命」。韓愈認爲，陽城
所以能得其道，是由於「天授」賢聖才能所致，故更有「天命」在焉，如是
則當思致身於「時」、「人」之安平，而不應獨善其身，使自安佚有餘而已。
他更舉耳目之於身爲喻，說明聖賢之於時人的關係，譬如同體般共感共存。
他視陽城的「不事之心」爲「使自有餘而已」，未能依所受天命來「補其不足
者」。在他看來，陽城並非不知「道」，但卻罔顧「天命」，居位不行其「道」，
不啻棄人自安；此又是陽城異於古聖賢之處。

對韓愈來說，天授云云，是他用來理解人間有賢與不賢現象的說法，「天」
即他所謂天授賢聖才能思想的根源；而「畏天」云云，則是他由內而發敬畏超
人力量的感情，故「天」於他不僅僅是一種客觀的認知，或許更接近一種主觀
的信仰。韓愈時年二十五，甫進士擢第，對於名位利祿已有此深思明辨，可見
他與眾不同的見識與格局。其後，韓愈在〈上宰相書〉對於「位」、「祿」又有
更進一步的發揮，書曰：

> 抑又聞上之設官制祿，必求其人而授之者，非苟慕其才而富貴其身
> 也，蓋將用其能理不能，用其明理不明者耳。下之修己立誠，必求
> 其位而居之者，非苟沒於利而榮於名也，蓋將推己之所餘，以濟其
> 不足者耳。然則上之於求人，下之於求位，交相求而一其致焉耳。
> 苟以是而爲心，則上之道不必難其下，下之道不必難其上。可舉而
> 舉焉，不必讓其自舉也；可進而進焉，不必廉於自進也。〔註7〕

他不但明確了〈爭臣論〉的觀點，更抬高了求仕者的位置。他所依據的正是
「天授賢能」的觀念：上位者雖握有用人之權，但大小官職的派任卻有其應
然之理，即「用其能理不能，用其明理不明」。而有「能」者、有「明」者其
「能」其「明」皆緣於天授，故應心懷「畏天命而悲人窮」，思欲爲「時人之
耳目」，而當盡心奉公，毋敢私己。韓愈認爲，求仕即賢者當行的道路，因其
理直，故其氣壯，既不必自低位置，更不必讓於自舉、廉於自進。〔註8〕至此

〔註7〕 〔唐〕韓愈：〈上宰相書〉，《校注》，卷3，頁156。
〔註8〕 此意即韓愈所說：「伏惟覽《詩》、《書》、《孟子》之所指，念育才錫福之所以，

回頭看〈爭臣論〉即知這不僅是對陽城的責備，同時也是他立身的原則。

韓愈在〈爭臣論〉最末開展一段極爲深刻的自我檢視，他說：

> 或曰：「吾聞君子不欲加諸人，而惡訐以爲直者。若吾子之論，直則直矣，無乃傷于德而費於辭乎？好盡言以招人過，國武子之所以見殺於齊也。吾子其亦聞乎？」愈曰：「君子居其位，則思死其官；未得位，則思修其辭，以明其道。我將以明道也，非以爲直而加人也。且國武子不能得善人，而好盡言於亂國，是以見殺。《傳》曰：『惟善人，能受盡言。』謂其聞而能改之也。子告我曰，陽子可以爲有道之士也，今雖不能及已，陽子將不得爲善人乎哉？」〔註9〕

韓愈以有道之士自期，故他也以「時人之耳目」自任，希望將來能居其位，爲時人司聞司見，聽其是非，視其險易。今陽城在位，而未能思死其官，此固不合古聖賢之道，因此他作〈爭臣論〉辨之；但換個角度看，對尙未得位的韓愈來說，此文也可視爲他所謂「修其辭以明其道」的作爲之一。韓愈自認〈爭臣論〉所揭示的是古聖賢之道，不過特借陽城而發之而已，故曰：「我將以明道也，非以爲直而加人也。他以「善人」度陽城，故好盡嚴辭，豈非正以「有道之士」許之之故？責之切，實出於愛之深也。故宋人黃震謂韓愈〈爭臣論〉一文乃「以陽城之賢而作也」。〔註10〕至於國武子「好盡言是以見殺」，韓愈認爲這是由於言說對象「不能爲善人」。這就將盡言者的後果聯繫於聽受者的德性，在某程度上可謂具備了置個人死生於度外的膽識與勇氣。後來他犯顏進諫迎佛骨而遭貶黜時，仍懷「欲爲聖明除弊事，肯將衰朽惜殘年」之心，不就是此言語之落實嗎？

錢穆曾有言：「蓋惟特立獨行之士始可入德，故孔子有取於狂狷。若同流合汙，媚世僞善，則斷非入德之門。」〔註11〕人所以能特立獨行，在於能超邁凡俗的是非、世情的毀譽，以生命去貫徹合道的信念。這對追求道德實踐的志士來說是不易的考驗，卻也是顯著的表現。韓愈便以「特立獨行之士」頌揚伯夷，觀〈伯夷頌〉曰：

考古之君子相其君之道，而忘自進自舉之罪，思設官制祿之故，以誘致山林逸遺之士，庶天下之行道者知所歸焉。」同前注，頁158。

〔註9〕　〔唐〕韓愈：〈爭臣論〉，《校注》，卷2，頁112～113。

〔註10〕　〔宋〕黃震語，見《韓愈資料彙編》，第2冊，頁550。

〔註11〕　錢穆：《論語新解》（臺北：素書樓文教基金會，2000年），頁518。

士之特立獨行，適於義而已，不顧人之是非，皆豪傑之士，信道篤
而自知明者也。……武王、周公，聖也，從天下之賢士，與天下之
諸侯，而往攻之，未嘗聞有非之者也。彼伯夷、叔齊者，乃獨以爲
不可。……今世之所謂士者，一凡人譽之，則自以爲有餘；一凡人
沮之，則自以爲不足。彼獨非聖人，而自是如此。夫聖人乃萬世之
標準也。余故曰：若伯夷者，特立獨行，窮天地、亙萬世而不顧者
也。〔註12〕

他激賞夷齊叩馬諫武的「自是」，反覆以「窮天地亙萬世而不顧」贊之，從而
襯托出伯夷「特立獨行」之難能；「今世」以下云云則可見韓愈作〈伯夷頌〉
是有意告諸時人，明示淺深。既告之於世，又可見他亦有當身步趨伯夷的雄
心。〈伯夷頌〉的寫作年代雖不可考，但此一念想應時時伏於其心中。是以當
韓愈見陽城居官數年非但無特立獨行之舉，且還無一言及於政，而眾猶悅慕
以「守其道而不變」，他便不得不動於衷而發於言，作〈爭臣論〉譏切之。合
看〈伯夷頌〉、〈爭臣論〉兩文，便說明了韓愈所以特重「特立獨行」的品格，
在「適於義」（〈頌〉）、「明其道」（〈論〉）也。

他所以不顧眾議而批判陽城，意在不使古聖賢之道汩沒於時。〈爭臣論〉
非單爲責備陽城而發，也道出韓愈甫入仕途的心志。往後，韓愈在仕途上屢
因言事貶黜，甚至不惜抗顏進諫，誠可謂「名之必可言，言之必可行」〔註13〕
矣。

在歷代賢相明佐中，他視周公作爲人臣的典範之一。昔殷紂亂天下，周
公相武王伐紂。武王崩，成王幼弱，周公踐位以治天下，朝諸侯於明堂，制
禮作樂，頒度量，而天下大服。後致政於成王，北面稱臣。〔註14〕韓愈視周
公爲聖人，除了前揭〈伯夷頌〉並稱武王、周公爲聖，〔註15〕又見〈原毀〉
說：「周公，大聖人也」。〔註16〕韓愈所突出的周公形象主要有兩種，一種常
見與孔子並稱，強調的是周公以文傳「道」的一面，如〈諱辨〉曰：「作法制

〔註12〕 〔唐〕韓愈：〈伯夷頌〉，《校注》，卷1，頁65～66。方師介對〈伯夷頌〉一
　　　　文有完整析論，詳見其〈韓愈〈伯夷頌〉析論〉一文，收錄於《韓柳新論》（臺
　　　　北：臺灣學生書局，1999年），頁75～104。
〔註13〕 《論語‧子路》，《四書章句集注》，頁196。
〔註14〕 周公事蹟詳見《史記‧魯周公世家》、《禮記》〈文王世子〉、〈明堂位〉等篇。
〔註15〕 一本「聖」下有「人」字。見注，《校注》，卷1，頁66。
〔註16〕 〔唐〕韓愈：〈原毀〉，《校注》，卷1，頁23。

以教天下者，非周公、孔子歟！」〔註17〕周公制禮作樂傳先聖之「道」，孔子
所以欲從周，正由於其禮樂文章之盛。後世衰道微，到了孔子已是禮崩樂壞，
故孔子只能就其精神上來把握，或遙想周文，或夢憶周公，在實踐上則志於
刪述，憑藉微言大義來傳其「道」。韓愈去周又更遠矣，面對《儀禮》的「奇
辭奧旨」已覺寡用而難讀，但仍有惜乎不及其時之嘆。他心同孔子，皆能深
觸周禮樂之精神而神往其儀容。〔註18〕

　　另一種形象則往往與武王、成王並提，突顯的是周公相君佐治的一面。
以〈伯夷頌〉而言，若韓愈只為陳述夷、齊叩馬諫武的事件，行文上亦可不
必言及周公。〔註19〕這不難看出韓愈時時以周公為典範的嚮願。在他眼中，
周公之所以為聖人，正在於他能承文王之德而相武佐成，助成郁郁乎文的禮
樂之治，堪為人臣之極則。這可見他對周公的稱頌，也正是他自己投身政治
的理想，此即〈原道〉所謂「臣者，行君之令而致之民者也。」〔註20〕〈原
道〉又說：「由周公而上，上而為君，故其事行；由周公而下，下而為臣，故
其說長。」〔註21〕這是就他所揭示的堯、舜、禹、湯、文、武、周、孔、孟
之道統而言。周公以上的堯、舜、禹、湯、文、武皆能行道於世，如雲施雨
布，長養萬物；周公以下的孔、孟皆以傳道自任，著述授業，使道綿不絕。
周公既能承先王之志，成禮樂之治；又能贊述先聖之德，使垂於萬年；所以
說「周公鳴周」，〔註22〕使有周一代名震八方，流芳百世的正是周公。故韓愈
特以周公為此一道統之大轉關，欲以周公作為今之臣相的典型。

　　韓愈認為，周公之所以成為理想的輔相，很重要的一點是他求賢若渴。
此說主要見於〈後廿九日復上書〉（第三書）：

　　　　愈聞周公之為輔相，其急於見賢也，方一食三吐其哺，方一沐三捉

〔註17〕〔唐〕韓愈：〈諱辨〉，《校注》，卷1，頁61。
〔註18〕見韓愈〈讀儀禮〉：「余嘗苦《儀禮》難讀，又其行于今者蓋寡，沿襲不同，
　　　　復之無由。考于今，誠無所用之。然文王、周公之法制，粗在於是。孔子曰：
　　　　「吾從周。」謂其文章之盛也。古書之存者希矣，百氏雜家尚有可取，況聖
　　　　人之制度邪！於是撮其大要，奇辭奧旨著于篇，學者可觀焉。惜乎！吾不及
　　　　其時進退揖讓于其間，嗚呼盛哉！」《校注》，卷1，頁39。
〔註19〕何況司馬遷《史記‧伯夷列傳》所載並未提到周公（反而提到太公）；周公佐
　　　　武王克殷則另見於〈魯周公世家〉。
〔註20〕〔唐〕韓愈：〈原道〉，《校注》，卷1，頁16。
〔註21〕同前注，頁18。
〔註22〕〔唐〕韓愈：〈送孟東野序〉，《校注》，卷4，頁233。

其髮。當是時，天下之賢才皆已舉用，姦邪讒佞欺負之徒皆已除去，四海皆已無虞，九夷八蠻之在荒服之外者皆已賓貢，天災時變、昆蟲草木之妖皆已銷息，天下之所謂禮樂刑政教化之具皆已脩理，風俗皆已敦厚，動植之物、風雨霜露之所霑被者皆已得宜，休徵嘉瑞、麟鳳龜龍之屬皆已備至，而周公以聖人之才，憑叔父之親，其所輔理承化之功又盡章章如是。其所求進見之士，豈復有賢於周公者哉？不惟不賢於周公而已，豈復有賢於時百執事者哉？豈復有所計議、能補於周公之化者哉？然而周公求之如此其急，惟恐耳目有所不聞見，思慮有所未及，以負成王託周公之意，不得於天下之心。如周公之心，設使其時輔理承化之功未盡章章如是，而非聖人之才，而無叔父之親，則將不暇食與沐矣，豈特吐哺捉髮爲勤而止哉？

維其如是，故于今頌成王之德，而稱周公之功不衰。〔註23〕

「相」爲臣工之首，是輔佐政教的重位；若周公固「聖人之才」，韓愈所謂天授賢聖才能者，〔註24〕是居相位亦宜也。但尤其難得的是周公既以絕高之才能，使周臻於禮樂太平之治，而猶汲汲求賢，唯恐失人。所以「恐」者，恐負君也。此即韓愈所貴的「周公之心」。正因有了此「心」，所以尊周公爲「聖人」。若再進一步推敲，「周公之心」所懷的「恐」，當淵源於「畏天命」之「畏」。周公唯恐負成王的另一面，既是尊先聖文武之德，又是紹先祖文武之志；再推高一層來說，周初克殷，乃受命於天，自當謹持天命於不墜。故君王發號出令，應如雲行雨施般，滋養百姓萬物；〔註25〕而「相」又爲百臣之首，佐天子出令。所以周公唯恐負君，實是尊君；尊君又即是尊聖人、畏天命；所以他始終遑遑，永遠謹慎地走在通往至善的道路上；韓愈有見於此，故〈伯夷頌〉並稱武王、周公。周之禮樂人文之治，正是韓愈所認定的聖人之道、先王之教。一如雲雨滋養著天地萬物，廣土生民得以在聖人君師的教化中生養蓄息。他既尊周公爲聖人，稱周公之功，又視周公爲「道」統之轉關人物，兼行道與傳道之功。

其實，韓愈對陽城的批評，也是韓愈其人格情調的反映。他批評陽城以

〔註23〕〔唐〕韓愈：〈後廿九日復上書〉，《校注》，卷3，頁161～162。

〔註24〕又見韓愈〈原毀〉曰：「周公者，其爲人也，多才與藝人也。」《校注》，卷1，頁23。

〔註25〕此即韓愈〈原道〉所謂「君者，出令者也」、「君不出令，則失其所以爲君」也。《校注》，卷1，頁16。

「不變」守道的方式，甚至不能簡單地同意「獨善其身」的自處之道，而以古聖賢之遑遑奔走於世來加以規勸，可以說不僅顯現了他滿腔的入世熱情，更是突出了他講求行動、重視實效的積極進取面。他的熱情與生命力，正是通過源源不絕的行動力展現。從另一方面來說，他的性情也著實少了一分「獨善其身」者所具有的自制與冷靜，故不能做到抽身世局，冷眼旁觀，自然不能對山林隱遁之士有何深入同情。不論是他在〈爭臣論〉或〈上宰相書〉中據理力爭，甚至得理不饒人的語氣，或是在考科過程中因受頓挫而求救於權貴，或是因犯顏進諫遭貶黜而呼號於皇帝，後人多以狂躁、躁進相譏，但其情不自禁、不加掩飾之真率，亦自可愛。韓愈對「天」不純然是客觀的認知，而更接近一種主觀的信仰。韓愈入世之情懷，也正因有著這一份近乎宗教性的狂熱，使得他彷彿身肩一種天賦的使命，所以他志欲兼濟天下，幾至奮不顧身，而在有些時候不免操之過切。但他以「時人者，聖賢之身」的角度來談聖賢在世的使命，更真切地說明了韓愈的熱情裡，嚮往著人我同體之和諧合一，那是一種以生民為心之深情內化後而出以形象化的語言。以血肉之軀立喻，意味著自己的命運將與百姓相繫。若用韓愈的話來說，或可以「畏天命而閔人窮」一句概之。而這就是韓愈一腔熱情的價值所在。

二、臣道的實踐

有了以上的理解，便不難說明為什麼韓愈在科舉屢敗的時候會有三上宰相書的言行。〈上宰相書〉第一書和第三書藏不住韓愈倔強的神貌，尤令人驚怪的是第二書，竟不惜乞求垂憐。〔註26〕見〈後十九日復上書〉：

> 愈之彊學力行有年矣。愚不惟道之險夷，行且不息，以蹈於窮餓之水火，其既危且亟矣，大其聲而疾呼矣，閣下其亦聞而見之矣。其將往而全之歟？抑將安而不救歟？有來言於閣下者曰：「有觀溺於水而爇於火者，有可救之道，而終莫之救也。」閣下且以為仁人乎哉？不然，若愈者，亦君子之所宜動心者也。〔註27〕

〔註26〕　〔宋〕張子韶曰：「退之平生木強人，而為飢寒所迫，累數千言求官於宰相，亦可怪也。至第二書，乃復自比為盜賊管庫，且云『大其聲而疾呼矣』，略不知恥。何哉？豈作文者當如是，其心未必然耶？」見《校注》題下注，卷3，頁159。

〔註27〕　〔唐〕韓愈：〈後十九日復上書〉，《校注》，卷3，頁159～160。

第一書，韓愈站在理的一面，從「用其能理不能，用其明理不明」來說，欲以古君子相君之道來明其理；到了第二書，則改從情的角度切入，以蹈於水火自況，欲以呼救乞憐來動其心。兩種表現看似矛盾，其實在韓愈身上仍然是一致的。韓愈上書宰相，有一個很重要的預設，那就是以周公之典範，亦即「君子」之格局來度時宰的為人。〔註28〕簡言之，一是就君子知道明理的一面來說，一是就君子為仁博愛的一面來說。在韓愈的聖人觀中，得居相位者，理應具備賢聖才能；而天授賢聖才能者，更應謹持「畏天命而悲人窮」的胸懷，如此方為聖賢君子。因此，或許可說韓愈是就聖賢「悲人窮」的一面，來自我揭露其可悲憐之處。此一看似自卑自屈的文脈，其實仍藏著倔強的性氣，他在字裡行間無不透露著這樣的訊息：時宰若不動其心憐之救之，則必非仁人君子。表面上呼救於人，其實是責求於人。他無非是本於天授賢聖才能的自信，懷著「周公之心」來度時宰，如〈上宰相書〉所說：「孰能長育天下之人材，將非吾君與吾相乎？孰能教育天下之英材，將非吾君與吾相乎？」〔註29〕在他理想的聖人觀中，他以教育之功歸於君相，亦以英材自任，如是則懷才者上書求仕乃理所當然。周公典型在夙昔，韓愈既視周公為人臣之極則，自然抱著「周公之心」來期許時宰。所以宋人黃震評此〈書〉曰：

> 宰相，人才所進，磊落明白以告知，公之本心，如青天白日。〔註30〕

又曰：

> 世多譏其自鬻。然生為大丈夫，正斬為天下國家用。……故直攄抱負
> 以自達於進退人才者。……光範門雖尊，公直與之肝膈無間。〔註31〕

然若時宰不能表現如他所期望，他的語氣也就從期許轉變為責求，如〈後廿九日復上書〉（第三書）所說：「今雖不能如周公吐哺捉髮，亦宜引而進之，察其所以而去就之，不宜默默而已也。」〔註32〕

由此端看來，則三書的意趣仍然是統一的，惟有筆勢起落的不同，而其跌宕之巨幅又何嘗不是顯現著韓愈文筆之妙呢？所以清人何焯稱第二書：「與前書迴異，故是神奇。」〔註33〕

〔註28〕所以宋人黃震說他的本心如青天白日，實在是精到之語。
〔註29〕〔唐〕韓愈：〈上宰相書〉，《校注》，卷3，頁154。
〔註30〕引自《韓昌黎文彙評》，頁103。
〔註31〕引自《韓愈資料彙編》，第2冊，頁551。
〔註32〕〔唐〕韓愈：〈後廿九日復上書〉，《校注》，卷3，頁162。
〔註33〕《韓昌黎文彙評》，頁107。

　　韓愈的自信，及其不肯自抑的意識，使得文勢洶湧卻不免負氣，雖然理直卻不免凌人。〔註34〕若非真大人君子，殆難以容受這種語氣的請求，宋人馬永卿就謂此「非賢相不能舉也」。〔註35〕所以韓愈當時的上書終究未能得到任何回音。

　　惟韓愈不僅自進如此，薦進他人亦如是。孟郊任溧陽尉，韓愈惜其才高位低，為詩薦之，作〈薦士〉。詩末曰：「救死具八珍，不如一簞犒。」〔註36〕亦有為孟郊呼救取憐之意。後來鄭餘慶辟孟郊為從事，殆緣於此詩之薦。

　　貞元十一年（795），韓愈三試吏部未中，三報宰相書未果，於是喪氣離京，東歸洛陽。貞元十二年（796），韓愈從宣武節度使董晉之辟。貞元十五年（799），汴州發生叛亂，他寫下〈汴州亂〉兩首紀錄當時的情景：

> 汴州城門朝不開，天狗墮地聲如雷。健兒爭誇殺留後，連屋累棟燒
> 成灰。諸侯咫尺不能救，孤士何者自興哀？（其一）

> 母從子走者為誰，大夫夫人留後兒。昨日乘車騎大馬，坐者起趨乘
> 者下。廟堂不肯用干戈，嗚呼奈汝母子何！（其二）〔註37〕

在這次地方兵變中，韓愈關注的卻是「諸侯」、「廟堂」的作為。他責求的對象不是釀禍的賊兵，而是握有實權的上位者。汴州亂或許起於一方叛徒，但不能使叛亂儘快安定下來以致造成無辜傷亡的，則是上位者的姑息。他在上位者毫無作為的沉默中看見了戰爭不止的根源。國家的安穩繫於上下協和一心，如今上下隔絕，受苦的卻是無數無辜的百姓。韓愈對此既疑惑又痛慨。韓愈雖然適逢為董晉送喪而避禍全身，然而他的妻小卻也在汴州而臨此禍難。〔註38〕此益激發韓愈對於戰火殃及無辜的悲憤。

　　汴州亂不僅使他一身一家流離失所，這次親歷地方叛亂的經驗，也使得他意識到國家安危的潛在危機，很大程度來自於這些地方軍事力量。後來，韓愈大力支持裴度出兵平蔡的主張，或有鑑於此。

〔註34〕〔清〕吳汝綸曰：「此篇倔強益甚。」見《校注》題下補注，卷3，頁161。
　　　　〔宋〕黃震曰：「雖頗失之少年銳氣，而實皆發於直情徑行。」引自《韓愈資料彙編》，第2冊，頁551。

〔註35〕引自《韓愈資料彙編》，第1冊，頁221。

〔註36〕〔唐〕韓愈：〈薦士〉，《集釋》，卷5，頁528。

〔註37〕〔唐〕韓愈：〈汴州亂〉二首，《集釋》，卷1，頁72～73。

〔註38〕〔唐〕韓愈〈此日足可惜贈張籍〉想像汴州亂時家人逃難的情景：「夜聞汴州亂……耳若聞啼聲。」《集釋》，卷1，頁84。

　　韓愈甫經汴州亂的頓挫，個人的飄泊感懷與家國的憂患意識雙雙席捲而來。後來他又赴張建封幕府，就明白請求張建封爲之薦進。〔註 39〕他懷的是「報國心皎潔，念時涕汍瀾」〔註 40〕的心情。經此一亂，他明白了國家若要取得長遠的安定，勢必要求得君臣百姓同心同德。因此，他不再安於地方幕府，不僅僅是由於不受知遇，環境差劣，〔註 41〕他期望作的是「大賢事業」。〔註 42〕在他的君臣觀念裡，君是出令者，臣是行君之令而致之民者。因此，爲臣者，尤其是地方官吏的職責首在於準確且嚴格地執行律法命令，至於律法命令的合理與否則非關其事。對於律法命令的檢視與頒布，其權責在君；爲臣者理論上沒有權責，但伴君左右的朝臣卻因有機會參與廷議而具有實質的影響力。韓愈曾明白指出「相」乃佐天子出令者，即此意也。他所期望的「大賢事業」，亦當由此看起。

　　此外，韓愈早年對地方賦役的觀察，多少也助長了他求晉朝列之志。他曾有詩譏刺地方賦役之困。〔註 43〕韓愈認爲，出粟米麻絲、作器皿、通貨財以事其上者是人民的責任，〔註 44〕一如君臣各自有對應的權責。君令理應是行於天下的，然若一旦賦役徵收失了常準，或標準偏離實際民情，天下之民便將無所適從。而朝臣當聯繫君民上下，傳地方之民情，上達中央之天聽。因此，立朝之士則當言無不盡，量民力而調整法令。或許正是著眼於此，韓愈更有意追求能佐君出令的中央官。所以他明揭以「諫諍官」自進，希望能獲得張建封的推薦。

　　證之以後來貞元十九年（803），京逢大旱，韓愈（時任監察御史）即上〈天旱人饑狀〉，奏請停徵京兆府稅錢及田租。〔註 45〕由狀中所說「此皆羣臣

〔註 39〕　〔唐〕韓愈〈齪齪〉曰：「願辱太守薦，得充諫諍官。致君豈無術，自進誠獨難。」顧嗣立引胡渭注：「太守即徐州刺史。」《集釋》，卷 1，頁 101。

〔註 40〕　同前注。

〔註 41〕　韓愈曾在〈贈族姪〉表明居徐州幕的鬱悶：「今者復何事？卑棲寄徐戎。蕭條資用盡，濩落門巷空。朝眠未能起，遠懷方鬱悰。」《集釋》，卷 1，頁 98。

〔註 42〕　〔唐〕韓愈〈齪齪〉曰：「大賢事業異，遠抱非俗觀。」《集釋》，卷 1，頁 100。

〔註 43〕　〔唐〕韓愈〈古風〉曰：「彼州之賦，去汝不顧；此州之役，去我奚適？一邑之水，可走而遠。天下湯湯，曷其而歸？」《集釋》，卷 1，頁 24。

〔註 44〕　〔唐〕韓愈〈原道〉曰：「君者，出令者也；臣者，行君之令而致之民者也；民者，出粟米麻絲、作器皿、通貨財，以事其上者也。」《校注》，卷 1，頁 16。

〔註 45〕　〔唐〕韓愈〈御史臺上論天旱人饑狀〉曰：「右臣伏以今年已來，京畿諸縣，夏逢亢旱，秋又早霜，田種所收，十不存一。陛下恩踰慈母，仁過春陽，租

之所未言，陛下之所未知者也」一語可知，他正是以「時人之耳目」自任，為人民發聲，盡其自許的職責。這就實際發揮了他認為立朝之士才具有的影響力。他所以干謁公卿，自進不已者，〔註46〕並非全然為己。他曾經責求同為諫官的陽城「閔時之不平，人之不乂」云云，至此也反求諸己。再者，韓愈非僅自視如此，待其他賢能之士亦如是。舉韓愈論陸傪事可知。貞元十八年（802），陸傪出刺歙州；前此，陸傪為祠部員外郎。韓愈作詩送別，〈送陸歙州詩序〉曰：

> 陸君之道行乎朝廷，則天下望其賜。刺一州，則專而不能。或謂先
> 一州而後天下，豈吾君與吾相之心哉！〔註47〕

〈詩〉曰：

> 欽此大惠兮，施於一州。今其去矣，胡不爲留？〔註48〕

中央官較地方官更能影響天下觀聽，故韓愈為陸傪惜。他以「君與相之心」許之，正是看重陸傪擁有佐君出令的才能。由此例可知，求晉朝列，以百姓之耳目為己任，乃韓愈對天下懷有賢聖才能者（包括他自己）一致的期望。

　　有了這點認識，或有助於對韓愈因事貶潮而作〈潮州刺史謝上表〉所陳述的心情。

　　元和十四年（819）正月，憲宗遣使者往鳳翔迎佛骨入禁中。韓愈（時為刑部侍郎）認為佛法並非聖人之道、先王之教，為君者不當如此尊崇，故上〈論佛骨表〉諫之，因而觸怒天子，貶為潮州刺史。可注意的是，他將憲宗的好佛歸咎於高祖「當時群臣」未盡其責，〔註49〕他說：

賦之間，例皆蠲免。所徵至少，所放至多：上恩雖弘，下困猶甚。至聞有棄子逐妻，以求口食；坼屋伐樹，以納稅錢；寒餒道途，斃踣溝壑。有者皆已輸納，無者徒被追徵。臣愚以為此皆羣臣之所未言，陛下之所未知者也。……伏乞特敕京兆府，應今年稅錢及草粟等在百姓腹內徵未得者，並且停徵，容至來年，蠶麥庶得，少有存立。」《校注》，卷8，頁588～589。

〔註46〕貞元十九年，韓愈在復四門博士（後遷監察御史）以前，曾干謁當時的京兆尹李實，作〈上京兆尹李實書〉。韓愈時值又罷四門博士，急於求進，故書中不乏腴美之辭。後李實姦惡顯露，罪跡昭彰。韓愈此書反致落人口實。已見羅聯添先生辨之，詳參〈韓愈事蹟考述〉一文，《國立編譯館館刊》，第4卷第1期，頁16。

〔註47〕〔唐〕韓愈：〈送陸歙州詩序〉，《集釋》，卷2，頁149。

〔註48〕同前注。

〔註49〕韓愈對於憲宗只謂「必知陛下不惑於佛」、「安有聖明若此，而肯信此等事哉」，蓋有所避忌。

高祖始受隋禪，則議除之。當時羣臣材識不遠，不能深知先王之道，

古今之宜，推闡聖明，以救斯弊，其事遂止。臣常恨焉。〔註50〕

既然前臣責任未了，今之為臣的他便有必要承擔進諫的使命。唐王「肇基天命，義同周之后稷」，君上既受「天命」，有先聖之「義」，則必行先聖之道，豈可屈迎佛骨、轉事佛法？不過，憲宗好佛既是不爭的事實，那麼維繫先聖之道的責任便落到近臣的身上。韓愈於是上〈論表〉。《舊唐書‧馮宿傳》載：「會韓愈論佛骨，時宰疑宿草疏，出為歙州刺史。」〔註51〕韓愈與馮宿是同年進士，又同佐裴度淮西；嘗同遊華嶽，又有書信往返：或涉及進退之際，〔註52〕或論及為文之心；〔註53〕其交情深長可知也。上〈論表〉前的秘事情節雖已難考，但《舊》史記載應非空穴來風。當時反對憲宗迎佛骨的人恐非韓愈一人而已，而唯韓愈勇於具名上書。此舉可謂踐履了他在〈伯夷頌〉所標舉的「特立獨行」的品格，也落實了他在〈爭臣論〉對陽城「居其位則思死其官」的責求。對他而言，夷、齊「非聖自是」的典型，或也隱隱然引導他走上「非君自是」的道路。後來，他在〈謝表〉說：

臣以狂妄戇愚，不識禮度，上表陳佛骨事，言涉不敬，正名定罪，

萬死猶輕。〔註54〕

可知他不無「非聖」、「非君」的自覺，但他「自是」的信心來自「信道篤而自知明」，故仍力行而不惑，甚至不惜冒犯君威，損傷聖顏。他很清楚自己若有應得之罪，也必是由於「非君」，所謂「不識禮度」、「言涉不敬」，而不是其他理由；所以他要特別指出必也「正名定罪」。如此寫法貌似伏首認罪，實則仍然昂首自是。韓愈亦天授賢聖才能者，既不敢獨善其身使自有餘而已，又以「時人之耳目」自任，更勇於上〈論表〉指摘時弊，可謂盡心盡力，正所謂「能」者、「明」者。

韓愈曾在〈爭臣論〉中說道：「君子居其位，則思死其官；未得位，則思

〔註50〕〔唐〕韓愈：〈論佛骨表〉，《校注》，卷8，頁614。

〔註51〕〔五代〕劉昫等：《舊唐書‧馮宿傳》，卷168，頁4389

〔註52〕如韓愈〈答馮宿書〉曰：「僕在京城一年，不一至貴人之門，人之所趨，僕之所傲；與己合者則從之遊，不合者雖造吾廬未嘗與之坐。……」《校注》，卷3，頁192。

〔註53〕如韓愈〈與馮宿論文書〉曰：「不知古文，直何用於今世也，然以竢知者知耳。……」《校注》，卷3，頁196。

〔註54〕〔唐〕韓愈：〈潮州刺史謝上表〉，《校注》，卷8，頁617。

修其辭，以明其道。」不論居官或者修辭，皆以明道爲目的。根據他的語序，顯然作官在他而言是更爲首要的。這點仍然本於他「文人得其職，文道當大行」的信念。〔註 55〕韓愈雖然重視官職，但並非爲名利計。所謂「居其位則思死其官」，取於《論語》「殺身成仁」、〔註 56〕《孟子》「捨身取義」〔註 57〕之說。韓愈上〈論表〉後，憲宗甚怒欲加之極法，導致中外駭懼，上至宰臣下至國戚諸貴皆爲之言，後乃得貶爲潮州刺史。由此情形可想知當韓愈上〈論表〉之時，實已抱定捨身的決心；其後雖得免一死，但觀他離京出關所吟詠的「欲爲聖明除弊事，肯將衰朽惜殘年」詩句，便可明白他從不曾動搖當初上表的心志。所以韓愈可謂暗合了「捨身取義」的精神，也再次證明了〈爭臣論〉所陳並非高調空論。

〈謝表〉爲後人所譏的另一處是韓愈告窮乞憐於君的陳詞。〔註 58〕〈謝表〉曰：

> 臣所領州，在廣府極東界上，去廣府雖云纔二千里，然來往動皆經月。通海口，下惡水，濤瀧壯猛，難計程期，颶風鱷魚，患禍不測。

〔註55〕觀韓愈〈爭臣論〉曰：「天授人以賢聖才能，豈使自有餘而已？誠欲以其補不足者也。」他既有賢聖才能的自信，遂有建樹功業的雄心。他所以在三舉吏部無成之後，又有三上宰相書的毅力，即源於此。同樣的，當他因事貶不得不離京遠赴蠻荒之地，而有思復還朝的戀闕之情，亦應由此看起。若僅視爲求哀乞憐之辭，則未免淺視韓愈。

〔註56〕《論語‧衛靈公》：「子曰：『志士仁人，無求生以害仁，有殺身以成仁。』」《四書章句集注》，頁 228。

〔註57〕《孟子‧告子上》：「孟子曰：『魚，我所欲也；熊掌，亦我所欲也。二者不可得兼，舍魚而取熊掌者也。生，亦我所欲也；義，亦我所欲也。二者不可得兼，舍生而取義者也。生亦我所欲，所欲有甚於生者，故不爲苟得也。死亦我所惡，所惡有甚於死者，故患有所不辟也。如使人之所欲莫甚於生，則凡可以得生者，何不用也？使人之所惡莫甚於死者，則凡可以辟患者，何不爲也？由是則生而有不用也，由是則可以辟患而有不爲也。是故所欲有甚於生者，所惡有甚於死者，非獨賢者有是心也，人皆有之，賢者能勿喪耳。……』」《四書章句集注》，頁 465。

〔註58〕〔宋〕歐陽脩〈與尹師魯第一書〉曰：「又常與安道言：『每見前世有名人，當論事時，感激不避誅死，眞若知義者。及到貶所，則戚戚怨嗟，有不堪之窮愁形於文字，其心歡戚無異庸人，雖韓文公不免此累。』用此戒安道，愼勿作戚戚之文。」洪本健（校箋）：《歐陽脩詩文集校箋》（上海：上海古籍出版社，2009 年），外集卷 17，頁 1793。胡仔曰：「凡人能處憂患，蓋在其平日胸中所養。韓退之，唐之文士也，正色立朝，抗疏諫佛骨，疑若殺身成仁者；一經竄謫，則憂愁無聊，概見於詩詞。」《苕溪漁隱叢話》（臺北：新興書局，1983 年），前集，卷 41，頁 283。

州南近界，漲海連天，毒霧瘴氛，日夕發作。臣少多病，年纔五十，
髮白齒落，理不久長；加以罪犯至重，所處又極遠惡，憂惶慘悸，
死亡無日。單立一身，朝無親黨；居蠻夷之地，與魑魅爲羣，苟非
陛下哀而念之，誰肯爲臣言者？〔註59〕

在韓愈的聖人觀中，君受天命爲天子，固當「畏天命而悲人窮」。所以韓愈告
窮，是就天子理應「悲人窮」的一面而發。這點與前文上宰相第二書求救的
筆法是一致的。權力既然集中在君相手中，君相出令，正如雲行雨施，具操
萬物生死之權的同時，亦有生養萬物之責。在韓愈的想法裡，自己雖是臣子，
但同時也是受天雨露溉的子民；他雖有天授賢聖才能的自信，但同時也具有
敬畏天命的謙卑。正因他對天命懷抱著深刻的敬畏，所以他由衷地爲上〈論
表〉之「非君」、「非聖」認罪；也正因對天命擁有不疑的信念，所以他以子
民的身分瞻望著君王，一如子女依託著父母、萬物仰賴著天地。他向天子告
窮乞憐，對他自己來說仍是合理合情的要求。

其實，就常情來說，君怒而降大罪，在韓愈也不能全無驚懼之情，他的
感詞也可視爲是人情眞實自然的反應。而這起軒然大波引發他內心的感慨，
使他想及自身衰朽、歸鄉難期、來路未卜，不禁悲從中來。韓愈離京出關的
時候，曾對其姪孫說了一番語重心長的話：

一封朝奏九重天，夕貶潮州路八千。欲爲聖明除弊事，肯將衰朽惜
殘年。雲橫秦嶺家何在？雪擁藍關馬不前。知汝遠來應有意，好收
吾骨瘴江邊。〔註60〕

這話既是示湘，更是示天下，尤其是朝廷中人；同時也是示己、示來世之人；
他所示的是他的赤誠與無愧。或許他認爲若君上眞能勤於聽治，照如日月，
即使〈論表〉雖語氣太狂而有所冒犯，但亦將有取於他爲聖明除弊事的忠膽
義腸。〔註61〕觀〈謝表〉末句「非陛下哀而念之，誰肯爲臣言者」，雖前以「朝
無親黨」襯出，有和緩語氣之效，但推敲其章法，韓愈實欲將筆鋒回指君王
本身，因君王掌握的權責最大，若不依「道」行使，那麼所有被統治者的命
運都將好比是韓愈當前的處境：單立一身，居蠻夷之地，與魑魅爲群。居蠻

〔註59〕 〔唐〕韓愈：〈潮州刺史謝上表〉，《校注》，卷8，頁618～619。
〔註60〕 〔唐〕韓愈：〈左遷至藍關示姪孫湘〉，《集釋》，卷11，頁1097。
〔註61〕 〔唐〕韓愈〈路傍堠〉曰：「吾君勤聽治，照與日月敵。臣愚幸可哀，臣罪庶
可釋。」《集釋》，卷11，頁1102。

夷、群魑魅，既可實指偏僻的潮州，也大可視爲一切無教無化之地的象徵。他在潮州有食蝦蟆的經驗，他如此形容「蝦蟆」：「鳴聲相呼和，無理祇取鬧。周公所不堪，灑灰垂典教。」〔註62〕「周公」云云固是戲筆，〔註63〕但這無非顯現他鮮明的夷夏之辨：「蝦蟆」這種南方風物，在這裡是作爲「蠻夷」的代表；云周公所不堪，其實是他自己所不堪。他又說：

> 余初不下喉，近亦能稍稍，常懼染蠻夷，失平生好樂。〔註64〕

他所不堪的不止是「蝦蟆」鳴聲的嘈雜，更令他警懼的是環境造就的習染。起初食之不能下嚥的他，隨著時間一長，口味上竟也稍能接受。這一生理上的變化爲他帶來了心理上的衝擊：若「蝦蟆」在口味上都能因習染而不再覺得有異，那麼長期身處無文之地，是否也將會因習染而忘卻名教之樂呢？從下文「獵較務同俗，全身斯爲孝」一句可知，「平生好樂」所指的應該就是他在〈城南聯句〉所說「樂名教」。〔註65〕在他的憂懼中，可以讀到他相當清明的自覺；這份自覺，基於他根本的關懷，因而深爲他所重視。教化的施行，到底仍取決於王者之心。王者失道，則中原亦不免爲蠻貊之邦。所以，理想的聖君應當深自省察，謹以「畏天命而悲人窮」存心。在韓愈而言，他在潮州向君王告窮的同時，也正檢視著君王的聖明。

一般認爲，韓愈在潮州時，嘗擬蔡邕《琴操》十首，其五爲〈拘幽操〉，題下注「文王拘羑里作」，操曰：

> 目窈窈兮，其凝其盲。耳肅肅兮，聽不聞聲。朝不日出兮，夜不見月與星。有知無知兮，爲死爲生？嗚呼！臣罪當誅兮，天王聖明。

〔註66〕

根據蔡邕作〈拘幽操〉的說法：

> 拘幽操者，文王居於羑里而作也。文王備脩道德，百姓親附。文王二子周公、武王皆聖。是時崇侯虎與文王列爲諸侯，德不能及文王，常嫉妒之，乃譖文王於紂。……紂用其言，乃因文王於羑里，擇日欲殺之。……文王在羑里時，演八卦以爲六十四卦，作鬱尼之辭，

〔註62〕〔唐〕韓愈：〈答柳柳州食蝦蟆〉，《集釋》，卷11，頁1138。
〔註63〕〔清〕朱彝尊曰：「只是戲筆，下句則故爲俚以取快，亦俳諧之類。」見該詩集說，同前注，頁1142。
〔註64〕同前注。
〔註65〕〔唐〕韓愈：〈城南聯句〉，《集釋》，卷5，頁485。
〔註66〕〔唐〕韓愈：〈拘幽操〉，《集釋》，卷11，頁1158。

因於石，據於蒺藜，乃申憤以作歌曰：「殷道溷溷，浸濁煩兮。朱紫相合，不別分兮。迷亂聲色，信讒言兮。炎炎之虐，使我愆兮。無辜桎梏，誰所宣兮？幽閉牢穽，由其言兮。……作此象變，兆在昌兮。欽承祖命，天下不喪兮。遂臨下土，在聖明兮。討暴除亂，誅逆王兮。」〔註67〕

蔡邕筆下的文王，是以思欲討暴除亂的聖明之君來定位。韓愈則不然。他通過文學模擬，想像文王被拘在幽牢裡的情景。在他所擬的小詩裡，不談君子小人，也不談黑白是非，甚至不談罪愆與無辜，他只努力回到文王的內在世界。韓愈貶潮後苦悶的心情或許激發了某種情緒，使他不得不追問：若無辜而有罪，唯一有權能主持公道者，卻又因一時蒙蔽而不能詳加照察的時候，那麼人到底該如何自處？正義究竟能否假外求而得到伸張？在無能為力之際，他不願苟且求生，故勤勤叩問聖心。從而明白了：作為一個人，即使處在一個感知幾與世界隔絕、生命幾與現實斷離的情境下，猶能自覺自持、永不受外力支配者，只有反求諸己的內省工夫。「臣罪當誅」，即是想像文王向內深求、反求諸己的純誠之呼喚。文王對於時勢並非毫無是非、沒有定見，紂王的暴虐、文王的海內歸心，皆有目共睹。但他理想中的文王並不因佔據道德人心的高度而盛氣凌人，反而只表現出內自省察的一面。他沒有像蔡邕一樣以推翻商紂的歷史意義來為文王定位，而是另外選擇文王「為人臣」的角色來歌頌某種更深刻的價值。他或許確是碰觸到了文王內在的某種掙扎，即為人臣之「忠」與討暴除亂之「義」不得兩全的遺憾；而這份遺憾，又與他上論佛骨既「非君」、又「自是」的衝突與矛盾相呼應。他雖以伯夷「特立獨行」為精神上的典範，但也深會於文王「臣罪當誅」的內省自惕。黃震《黃氏日鈔》述其師王宗諭評語曰：「反己之切者，惟見己之不然，不見人之有不然。」〔註68〕甚是。他筆下的文王，其實也是他捫心自問的回聲倒影。所以方世舉謂〈琴操〉十首曰：「蓋入朝以後，憂深思遠，藉古聖賢以自寫其性情也。」〔註69〕。〈拘幽操〉所呈現的文王形象，也反映了韓愈在歷經人生大半風波之後的轉變：早期上宰相書的他猶理直氣盛，甚至不免有些凌人，總是失於不夠圓融；相較之下，此時的他雖仍直道而行，但性氣相對和緩。或許正由於性氣上的轉變，他才能較為精準的掌握到文王之深心。所以程頤說他

〔註67〕同前注，見詩註1引，頁1158～1159。
〔註68〕引自《韓愈資料彙編》，第2冊，頁540。
〔註69〕引自《集釋》，卷11，葉1142。

「道文王意中事，前後之人道不到此。」﹝註70﹞孔子稱文王「盡善盡美」，而韓愈此詩正把文王的那份「善」，委曲又動人地體現出來。

另一方面，韓愈認為，君權由於天授，有神聖性存焉，「天王」固是「聖明」的。然而，正因天意有此權威，故受命君王亦當「敬畏天命，克己修身」，﹝註71﹞時時以「悲人窮」存心。換言之，君若「聖明」則當能洞見黑白。言下之意，紂王若能不負天命，以聖明照察是非，則文王或許不會遭遇拘幽。若繫此詩於潮州作，則詳言文王拘幽事可說正反映著韓愈的某種心理：憲宗若能不負「聖明」，則他罪亦不至於貶潮；既已貶之，若能懷存「悲人窮」之心，則亦當有所哀憐。這一意思又在他赴潮途中所作另一詩有相似的揭露，〈路傍堠〉曰：「吾君勤聽治，照與日月敵。臣愚幸可哀，臣罪庶可釋。何當迎送歸，緣路高歷歷。」﹝註72﹞「聖明」不只是對君王的頌美，更可以是對君王的期許、要求。若君王擁有天賦權力，卻不能中道而行，人間便將混亂一片，毫無光明可言。好比紂王失道，縱慾聲色，不問是非，導致「殷道溷溷」。所以，韓愈屢以「日月」來說明「君」的重要性，正在為天下百姓指引光明。他在曾在〈月蝕詩效玉川子作〉中說道：「念此日月者，為天之眼睛。此猶不自保，吾道何由行？」這是將月蝕的現象解讀為月被一隻蛤蟆精吞食的過程。若日月不再高懸於天，天地間將失去光明；而作為天眼的日月的消失，也意謂天意將無由下傳至人間。人間一旦失去通天的感應，也可謂一併失去了對於天命的信心。「道」無由落實於人間，其超越性與永恆性的光輝終將被掩沒。故「日月」正象徵著「天王聖明」。君王應以「天之眼睛」自任，保持清明不受障蔽，而以洞燭天地為勤治之功。且不僅止於此，賢聖之君更應以「時人之耳目」為己任，以「閔人窮」存心，行道於世，終致兼濟天下。由此來看，則「天王聖明」絕非一時虛美之詞，而極可能是韓愈始終對君主持嚴格檢視立場，唯出之以較為委曲的表現罷了。宋人已有先發此意者。洪興祖《楚辭補注》嘗援引韓愈「臣罪當誅，天王聖明」一句以為註腳。蓋屈原曾在〈離騷〉中痛惜楚懷王不能明辨賢佞，而又以「哲王」稱之。原文如下：

世溷濁而嫉賢兮，好蔽美而稱惡。閨中既以邃遠兮，哲王又不寤。

﹝註73﹞

﹝註70﹞引自《集釋》，卷11，頁1160。

﹝註71﹞〔唐〕韓愈：〈賀太陽不虧狀〉，《校注》，卷8，頁635。

﹝註72﹞〔唐〕韓愈：〈路傍堠〉，《集釋》，卷11，頁1102。

﹝註73﹞〔戰國〕屈原：〈離騷〉，《楚辭補注》（臺北：長安出版社，1984年），頁34。

對此，洪興祖《補注》說：

> ……「哲王又不寤」者，言不知忠臣之分。懷王不明而曰「哲王」
> 者，以明望之也。太史公所謂「冀幸君之一悟，俗之一改」也。韓
> 愈《琴操》云：「臣罪當誅兮，天王聖明。」亦此意。〔註74〕

韓愈雖然尊君，卻從未輕忽君主自身應有的道德修養，而隱隱加以要求。不論是隱含要求，或是寄望明悟，皆可視為為人臣者的微言大義，其意深長，其心亦苦。

　　本節重探韓愈的為臣之道與他對臣道的實踐，較深細地認識他對「君」、「臣」、「民」三者各自的定位及彼此之間關係的看法。本節嘗試釐清所謂「君」、所謂「臣」在他政教圖像中所扮演角色的作用及意義。此外，通過檢視韓愈臣道的實踐，應可獲得對韓愈「言行不一」的批評有更為立體的認識。

第二節　重探韓愈的示兒之心

　　韓愈文集中在過去已引發不少爭議的〈示兒〉、〈符讀書城南〉二詩，又重新受到關注，成為本時期輿論批判的焦點。因此，本節欲藉由解讀二詩的過程，作為認識韓愈內在世界的進路，進一步深入探究他示兒之心。

一、〈示兒〉

　　韓愈有〈示兒〉、〈符讀書城南〉二詩。乍讀之下，不免對詩中明揭利祿的言詞感到費解，而這一點也引起後人議論紛紛。二詩的最大共同點，在於言說對象是自家兒輩，故論者往往視為一體同加評論；後人議論聚焦處，在責備韓愈不當以功名利祿之言語勸誘、誇示後輩。為了突破此一刻版印象，下文先從探討韓愈對名利的看法談起。

　　韓愈曾在晚年病中回顧一生說道：「富貴自縶拘，貧賤亦煎焦」，〔註75〕「貧賤亦煎焦」一句栩栩道出他對於貧賤的真實感受。韓愈父兄早逝，家族生計的重擔便落到他身上。韓氏雖已沒落，但仍有一定規模。他曾說：「目前百口還相逐」；〔註76〕又說「家累僅三十口」，〔註77〕則百口之數，殆合家人

〔註74〕同前注，頁35。
〔註75〕〔唐〕韓愈：〈與張十八同效阮步兵一日復一夕〉，《集釋》，卷12，頁1283。
〔註76〕〔唐〕韓愈：〈過始興江口感懷〉，同前注，卷11，頁1121。
〔註77〕〔唐〕韓愈：〈與李翱書〉，《校注》，卷3，頁178。

與奴僕言之。百口生計皆仰仗韓愈一人支持，他亦自覺地承擔責任。然而，韓愈初入仕途，即面臨種種橫逆，「汨東西與南北，恆十年而不居」，〔註78〕經常為生活所困。他曾說：

> 僕始年十六七時，未知人事，讀聖人之書，以為人之仕者皆為人耳，非有利乎己也。及年二十時，苦家貧，衣食不足，謀於所親，然後知仕之不唯為人耳。〔註79〕

年二十正值韓愈初入京應舉。可知韓愈初入仕途，已有現實生計的考量。然而就連最低限度的溫飽也常陷於窘迫，韓愈還曾一度喊出「今者惟朝夕芻米僕賃之資是急」〔註80〕此等情急話來。

家計固是當務之急，而這段迫於現實而失去自主的經驗，也對韓愈內在形成不小衝擊。貞元十一年（795）他在〈上宰相書〉曾說過：

> 遑遑乎四海無所歸，恤恤乎飢不得食，寒不得衣。濱於死而益固，得其所者爭笑之。忽將棄其舊而新是圖，求老農老圃而為師。悼本志之變化，中夜涕泗交頤。〔註81〕

此時韓愈志業尚未建立，生活又屢為外在形勢所牽縶；內無依憑可自立，外則屈己以求人。可想而知，作為韓門的中堅份子，他內心必有難以告人的苦。直到貞元十五年（799），韓愈作〈與李翱書〉憶往，仍有痛定思痛，幾乎不能自處之言，〔註82〕足見當時「衣食於奔走」〔註83〕的經驗，在韓愈內心留下深刻的影響。

韓愈面對的現實問題，除了上述生資需求之外，家門名望的沒落，也是他內在的隱憂。這一點，可從兩《唐書》〈韓愈傳〉的差異談起。《舊唐書》敘其父祖，只短短一句：

> 父仲卿，無名位。〔註84〕

《新唐書》則云：

〔註78〕　〔唐〕韓愈：〈感二鳥賦〉，同前注，卷1，頁2。

〔註79〕　〔唐〕韓愈：〈答崔立之書〉，同前注，卷3，頁166。

〔註80〕　〔唐〕韓愈：〈與于襄陽書〉，同前注，頁185。

〔註81〕　〔唐〕韓愈：〈上宰相書〉，《校注》，卷3，頁155。

〔註82〕　〔唐〕韓愈〈與李翱書〉說：「僕在京城八九年，無所取資，日求於人，以度時月。當時行之不覺也，今而思之，如痛定之人思當痛之時，不知何能自處也。」《校注》，卷3，頁178。

〔註83〕　〔唐〕韓愈：〈與陳給事書〉，《校注》，卷3，頁190。

〔註84〕　〔五代〕劉昫等：《舊唐書》（臺北：鼎文書局，1985年），第5冊，頁4195。

> 七世祖茂，有功於後魏，封安定王。父仲卿，爲武昌令，有美政。
>
> 既去縣，縣人刻石頌德，終秘書郎。〔註85〕

同一門戶，言無則如彼，論有則如此。唐時門第觀念深入人心，五代承唐之後，門第經戰亂已多不復實存，然深植於社會之觀念不必盡去，故劉昫等人撰史，尚不以家世美盛許可韓氏。韓愈有意自振，考其文集，如韓愈爲堂兄韓岌和姪孫韓滂所作的墓誌銘序中俱特書「安定桓王」云云，可知他頗以先祖功績爲豪，多方誇言，終致影響後來史家的定位。

他在〈示兒〉詩以妻受封高平君一事爲榮，也是重視家門的表現，不當以徒慕虛名視之。家門之榮，子孫固與有榮焉，然隨之而來的是持之不墜的責任。韓氏子弟多早逝，因此，在現實上，韓愈須負擔家族的生計；在心理上，則須肩起延續韓氏名望的責任。〈祭十二郎文〉曰：

> 吾上有三兄，皆不幸早世，承先人後者，在孫惟汝，在子惟吾；兩
> 世一身，形單影隻。嫂嘗撫汝指吾而言曰：「韓氏兩世，惟此而已！」
> 汝時尤小，當不復記憶；吾時雖能記憶，亦未知其言之悲也。〔註86〕

韓門沒落、子孫單薄，使其嫂鄭氏悲從中來。韓愈當時年幼尚未能知；隨著年事增長，也漸能領略這一份悲哀。後作〈祭鄭夫人文〉曰：

> 爰來京師，年在成人；屢貢於王，名迺有聞。念茲頓頑，非訓曷因？
> 感傷懷歸，隕涕霑心。苟容躁進，不顧其躬；祿仕而還，以爲家榮。
> 奔走乞假，東西北南；孰云此來，迺睹靈車。有志弗及，長負殷勤。
> 嗚呼哀哉！〔註87〕

韓愈自言「苟容躁進」，幾至「不顧其躬」，一方面是出於「以爲家榮」的自覺；另一方面，從「念茲頓頑，非訓曷因」之語，也可推想鄭氏寄予他的厚望；「有志弗及，長負殷勤」八字，可說是一種對鄭氏之期望已深有領悟，卻不及在其當身實現的悵然。

元和十四年（819），韓愈貶潮州，姪孫滂、湘侍行。是年冬，移袁州，滂死於袁，韓愈爲作祭文。文中除了失去親人的悲慟，也可見到他渴欲重振家門的願望：

> 汝聰明和順，出於輩流；彊記好文，又少與比。將謂成長，以興吾

〔註85〕〔宋〕宋祁等：《新唐書》，第 7 冊，頁 5255。
〔註86〕〔唐〕韓愈：〈祭十二郎文〉，《校注》，卷 5，頁 337。
〔註87〕同前注，頁 335。

家。〔註88〕

他多希望韓氏優秀子弟，日後長成「以興吾家」。鄭氏之悲，非個人私我之悲，而是關乎韓氏家族未來之憂患。這一份憂患，韓愈自覺地承擔下來，不僅以此要求自己，也以此期許後人。

以上皆是理解韓愈在〈示兒〉所表達心境之關鍵。貞元二年（786），韓愈初入長安應舉。元和十一年（816）距貞元二年約三十年，〈示兒〉曰「辛勤三十年」，則詩大約作於此時前後。〔註89〕時韓愈為考功郎中知制誥，可謂位高官美；詩文呈露的語氣也可知他頗為順遂滿足；故此詩繫年且從方譜。先將全詩錄於下：

> 始我來京師，止攜一束書。辛勤三十年，以有此屋廬。此屋豈為華，
> 於我自有餘。中堂高且新，四時登牢蔬。前榮饌賓親，冠婚之所於。
> 庭內無所有，高樹八九株。有藤婁絡之，春華夏陰敷。東堂坐見山，
> 雲風相吹噓。松果連南亭，外有瓜芋區。西偏屋不多，槐榆翳空虛。
> 山鳥旦夕鳴，有類澗谷居。主婦治北堂，膳服適戚踈。恩封高平君，
> 子孫從朝裾。開門問誰來，無非卿大夫。不知官高卑，玉帶懸金魚。
> 問客之所為，峩冠講唐虞。酒食罷無為，蟇螫以相娛。凡此座中人，
> 十九持鈞樞。又問誰與頻，莫與張樊如。來過亦無事，考評道精麤。
> 蹜蹜媚學子，牆屏日有徒。以能問不能，其蔽豈可祛。嗟我不修飾，
> 事與庸人俱，安能坐如此，比肩於朝儒。詩以示兒曹，其無迷厥初。

〔註90〕

後人多針對此詩明示富貴利祿進行批評，卻未能體察此詩實乃韓愈回顧過往的心路歷程。他在詩中檢點屋廬之所有，固有擺脫貧賤之喜悅，但並非誇示富貴；而是長期以來渴望安居之願望實現後的滿足感，是終能免去「衣食於奔走」之「煎焦」的安頓感。數語若作回首感慨語讀，更有助於掌握詩意。〈示兒〉詩表面上檢點當下生活之所有，內中實包含了韓愈長期以來對家族生資的承擔、作為沒落門第的後代等種種心理的投影。此外，此詩另有一引起非議之處：即「開門問誰來」至「十九持鈞樞」一段，如宋人鄧肅說他「愛子之情則至矣，而導子之志則陋也。」〔註91〕然而從韓愈的敘述可想見，與之

〔註88〕〔唐〕韓愈：〈祭滂文〉，同前注，頁341。
〔註89〕方成珪《昌黎先生詩文年譜》繫於元和十年（815）冬作。同前注，頁953。
〔註90〕〔唐〕韓愈：〈示兒〉，《集釋》，卷9，頁952。
〔註91〕〔宋〕鄧肅：〈跋陳了翁諫議書邵堯夫誡子文〉，《栟櫚集》，《四庫全書珍本四

往還的公卿大夫，既以玉帶金魚爲榮，且以唐虞之道自期；而韓愈也深刻領略到承擔家門榮光的責任，及積極仕進以行道於世的自覺；是以有感示兒，盼其將來亦能勇於仕進，居高位成大賢事業，勿甘爲齪齪小儒。〔註 92〕〈示兒〉最末又曰：

> 嗟我不修飾，事與庸人俱，安能坐如此，比肩於朝儒？詩以示兒曹，
> 其無迷厥初。

「嗟我」，或作「我如」，朱熹據此釋曰：「乃謂向使我不修飾，則不能居此爵位居室交遊之盛耳。」〔註93〕此說法雖通，但若逕就字面解釋亦通。「嗟」字始發感慨；「我不修飾」云云，可理解爲一種回顧過往，因遭無端橫逆而油然生起的一種看似自責的意態，實則是無奈的自嘲；「事與庸人俱」一句，即表面似是感嘆自己一事無成，實則是壯志未酬的悲哀。故下文繼云：我何能與這些功業有成的朝儒大賢比肩而坐呢！固然，並非所有當時與韓愈往來的公卿大夫業已成就大賢事業，但此語中恐怕有韓愈未能成就大賢事業，乃至「孤負平生心」的失意成分。由此角度來解讀，便可獲致這番理解。這那裡說得上誇示富貴呢！

二、〈符讀書城南〉

韓愈初入仕途，曾對貧窮有深刻的感受，而始知人生中不得不爲祿而仕的現實面。及脫於貧困，他從仕的初心就好比水落石出，更顯皎潔貞定。貞元十六年（800），韓愈去徐歸洛，作〈與衛中行書〉，曰：

> 至於汲汲於富貴以救世爲事者，皆聖賢之事業，知其智能謀力能任者也；如愈者，又焉能之？始相識時，方甚貧，衣食於人；其後相見於汴徐二州，僕皆爲之從事。日月有所入，比之前時豐約百倍，足下視吾飲食衣服亦有異乎？然則僕之心或不爲此汲汲也，其所不忘於仕進者，亦將小行乎其志耳。此未易遽言也。〔註94〕

此時韓愈大抵脫離窮餓之貧苦。經歷了人生風浪的洗練，其心漸趨沉穩內斂。

集》（臺北：臺灣商務印書館，1973 年）第 1015 冊，卷 19，頁 6。
〔註92〕〔唐〕韓愈：〈齪齪〉詩云：「齪齪當世士，所憂在飢寒。」《集釋》，卷 1，頁 100。
〔註93〕〔宋〕朱熹：《昌黎先生集考異》（上海：上海古籍出版社，1985 年），卷 3，頁 86。
〔註94〕〔唐〕韓愈：〈與衛中行書〉，《校注》，卷 3，頁 193～194。

觀〈與衛中行書〉辭氣，已較〈上宰相書〉來得圓緩。然不變的是不忘仕進
的本心。〔註95〕這一本心，在《書》末已表明：「以道德爲己任，窮通之來，
不接吾心。」〔註96〕字裡行間可見其堅篤自信。越明年，韓愈在〈答胡生書〉
中又以「信道篤」勉勵後學：

> 雨不止，薪芻價亦高。生遠客，懷道守義，非其人不交。得無病乎？
> 斯須不展，思想無已。愈不善自謀，口多而食寡，然猶月有所入。
> 以愈之不足，知生之窮也。至於是而不悔，非信道篤者其誰能之！
> 所示千百言，略不及此。〔註97〕

韓愈無法提供胡生仕進上實質的幫助，惟能以感同身受之語，慰貼胡生受挫
之心。「信道篤」云云，韓愈曾以之稱道餓死首陽的夷齊，〔註98〕這是他在塵
埃落定後所看見的內在風景，也是往後人生前進的力量，故以此與胡生互勉：
仕途多艱，但期以道自任。

　　韓愈之於仕進，內有信道篤之意志，外有天授才能之信心。更可貴的是，
韓愈始終懷抱爲公、爲群的胸襟，非以廉退爲高者可以比擬。這一切應歸於
韓愈「以道德爲己任」的自覺。仕宦乃古道今用、行道於世的途徑，故韓愈
嘗論孟子：「雖賢聖，不得位，空言無施，雖切何補？」〔註99〕聖人的核心關
懷，即在兼濟天下。韓愈深具道心，不敢獨善其身，故力求仕進以行道；若
不可得，才將修辭著文以明道。〔註100〕此即韓愈眼中文人的「外王」事業：「文

〔註95〕〔宋〕黃震曰：「其〈與衛中行書〉云：『所入比前百倍，視吾飲食衣服亦有
　　　　異乎？』『其所不忘於仕進者，亦將少行乎其志也。』由是觀之，公之三上宰
　　　　相書，豈階權勢求富貴哉？宰相，人材所進，磊落明白以告知，公之本心，
　　　　如青天白日。後世旁蹊曲徑，而陰求陽辭，心口爲二，妄意廉退之名，眞墙
　　　　間乞祭之徒耳。」《黃氏日鈔・讀文集・韓文》，《文淵閣四庫全書》（臺北：
　　　　臺灣商務印書館，1983 年）第 708 冊，卷 59，頁 473 上。
〔註96〕〔唐〕韓愈：〈與衛中行書〉，《校注》，卷 3，頁 193～194。
〔註97〕〔唐〕韓愈：〈答胡生書〉，《校注》，卷 3，頁 183。
〔註98〕〔唐〕韓愈〈伯夷頌〉曰：「殷既滅矣，天下宗周。彼二子乃獨恥食其粟，餓
　　　　死而不顧。緣是而言，夫豈有求而爲哉？信道篤而自知明也。」同前注，卷 1，
　　　　頁 66。
〔註99〕〔唐〕韓愈：〈與孟尚書書〉，同前注，卷 3，頁 214。
〔註100〕〔唐〕韓愈〈答崔立之書〉曰：「僕雖不賢，亦且潛究其得失，致之乎吾相，
　　　　薦之乎吾君，上希卿大夫之位，下猶取一障而乘之；若都不可得，猶將耕於
　　　　寬閒之野，釣於寂寞之濱，求國家之遺事，考賢人哲士之終始，作唐之一經，
　　　　垂之於無窮，誅姦諛於既死，發潛德之幽光。」同前注，頁 165～168。

人得其職，文道當大行。」〔註101〕積極仕進，是韓愈自身及其勸解失意文人的一貫態度，其意在使文人內蘊於學行之道德，終能外顯以濟世，以致其道大行。

有了上述的討論，再來讀〈符讀書城南〉，或更易觸及韓愈字裡行間的心路歷程。〈符讀書城南〉詩未言及明確寫作時間。方世舉曰：「〈祭十二郎文〉云：『汝之子始十歲，吾之子始五歲。』計貞元十九年（803）至元和十一年（816），符年十八矣。」〔註102〕符即韓愈子昶之小字。若果繫於元和十一年，昶時年十八，正值讀書考科時期。在韓愈看來，年十二三時，人與人間的歧異尚未顯著；二十以還，則有清濁之分；其中關鍵正在學與不學。若謂韓愈於昶十八歲時作詩勸學，良有以也。另可注意的是，元和十一年間，朝廷正為用兵淮西與否爭論沸揚，韓愈因主用兵，與主和派宰相不合，遂遭構罪降官為右庶子。詩有「時秋積雨霽，新涼入郊墟」之句，故樊汝霖、方成珪皆繫於元和十一年秋。〔註103〕韓愈在五月癸未降為太子右庶子，則此詩殆作於降官以後。茲先將全詩錄出：

> 木之就規矩，在梓匠輪輿。人之能為人，由腹有詩書。詩書勤乃有，
> 不勤腹空虛。欲知學之力，賢愚同一初。由其不能學，所入遂異閭。
> 兩家各生子，提孩巧相如。少長聚嬉戲，不殊同隊魚。年至十二三，
> 頭角稍相疎。二十漸乖張，清溝映汙渠。三十骨骼成，乃一龍一豬。
> 飛黃騰踏去，不能顧蟾蜍。一為馬前卒，鞭背生蟲蛆。一為公與相，
> 潭潭府中居。問之何因爾，學與不學歟。金璧雖重寶，費用難貯儲。
> 學問藏之身，身在則有餘。君子與小人，不繫父母且。不見公與相，
> 起身自犁鋤。不見三公後，寒飢出無驢。文章豈不貴，經訓乃菑畬。
> 潢潦無根源，朝滿夕已除。人不通古今，馬牛而襟裾。行身陷不義，
> 況望多名譽。時秋積雨霽，新涼入郊墟。燈火稍可親，簡編可卷舒。
> 豈不旦夕念，為爾惜居諸。恩義有相奪，作詩勸躊躇。〔註104〕

此詩最為人詬病者，是韓愈不諱言名利的意態，如以「馬前卒」和「公與相」、「一龍一豬」等來說明貴與賤之間的差異；又如「不見公與相，起身自犁鋤。

〔註101〕〔唐〕韓愈：〈燕河南府秀才〉，《集釋》，卷7，頁766。
〔註102〕〔清〕方世舉：《韓昌黎詩集編年箋注》（北京：中華書局，2012年），卷9，頁507。
〔註103〕見《集釋》，卷9，頁1012。
〔註104〕同前注，頁1011。

不見三公後，寒飢出無驢」云云，彷彿是在以名位利祿誘兒讀書。〔註105〕韓愈作此詩用心究竟何在？下文擬細析之。

〈符讀書城南〉詩實通篇言「學」。自「木之就規矩」至「學與不學歟」為第一段。本段指出兩點：一、「學」的目的和內涵。人之所以為人、人之異於禽獸也幾希的為人之道，是學的目的；《詩》《書》經義中的聖賢之道，是學的內涵。簡言之，韓愈所謂學，即人道。二、「勤學」與「不學」的差異。「馬前卒」和「公與相」、「一龍一豬」、「飛黃」和「蟾蜍」的說法，可視為強調「勤學」與「不學」所造異閭的誇張比喻；若縮合前文所述韓愈對於為「臣」的看法，始知這些比喻並非無端提起，反而鮮明突出韓愈「文人行道」的關懷和理想：「公與相」乃人臣之極位，擁有更大的影響力，遂為韓愈追求仕進的理想。再合韓愈作詩時的處境觀之。他主用兵淮西，並非好戰，而是出於對長期飽受藩鎮強將鎮壓的生民的同情。他曾說過：「佇繼貞觀烈，邊封脫兜鍪。」〔註106〕又說：「曷不請掃除，活彼黎與烝。」〔註107〕他嚮往貞觀之治，盼天子威權樹立，以安定四方。可知他對於當時藩鎮坐大地方的不滿，故期望一個強而有力的中央威權，將之震攝收服，終致偃息兵甲，還天下生民太平安樂。元和十二年（817），韓愈隨裴度出討淮西，正以「億萬蒼生性命存」〔註108〕為懷。淮西一役，終於實踐了他的理想，也證見其初心從未移易。這便是他說公說相的大格局。他勉符讀書當有此胸懷、有此追求。此一深心不可不察。

勤學詩書能變化氣質，甚至為人生指引一條向上的道路。因此，勤學與不學的態度，將開展出全人不同的生命視野與際遇。韓愈有意藉著「一龍一豬」、「飛黃」和「蟾蜍」甚至「馬前卒」和「公與相」的對比，直指勤學者

〔註105〕如〔宋〕陸唐老曰：「惟〈符讀書城南〉一詩，乃微見其有戾於向之所得者。駭目潭潭之居，搤鼻蟲蛆之背，切切然餌其幼子以富貴利達之美，此豈故韓愈哉？」引自《集釋》，卷9，頁1015。〔宋〕洪邁曰：「然所謂『一為公與相，潭潭府中居』、『不見公與相，起身自犁鋤』等語，乃是覬覦富貴，為可議也。」見《容齋隨筆・容齋三筆》（臺北：臺灣商務印書館，1979年），卷11，頁100。〔清〕趙翼曰：「〈符讀書城南〉一首，亦以兩家生子，提孩時朝夕相同，無甚差等；及長而一龍一豬，或為公相，勢位赫奕；或為馬卒，日受鞭笞，皆由學與不學之故。此亦徒以利祿誘子，宜宋人之議其後也。」見《甌北詩話》（臺北：木鐸出版社，1982年），卷3，頁35。
〔註106〕〔唐〕韓愈：〈晚泊江口〉，《集釋》，卷3，頁288～289。
〔註107〕〔唐〕韓愈：〈送侯參謀赴河中幕〉，同前注，卷6，頁715～716。
〔註108〕〔唐〕韓愈：〈過鴻溝〉，同前注，卷10，頁1033。

與不學者始「同」而終「異」。所造「異閭」指的不僅是處境的優劣，更是氣質的清濁、境界的高下，無論生命的內在與外在，皆漸生難以消弭的距離。

　　韓愈有意以誇張的比喻說理，但他並非不知誇張的語言可能引起讀者不必要的認知。宋人批評他「切切然餌其幼子以富貴利達之美」，〔註109〕這類讀者反應很可能也在韓愈意料之中，故他亦欲進一步伸說。自「金璧雖重寶」至「況望多名譽」為第二段，可視為是對第一段的補充。「金璧雖重寶，費用難貯儲。學問藏之身，身在則有餘」一句，即破「切切然餌其幼子以富貴利達之美」的膚淺認知。勸學才是韓愈作詩的重點。所學者，學道、學為人而已。無此學，難免「行身陷不義，況望多名譽」；有此學，方能有「不義而富且貴，於我如浮雲」〔註110〕的修養；而這才是「得道者」看待富貴應有的態度。可知韓愈始終以「得道者」作為示兒的目標。

　　「不見公與相，起身自犁鋤」一句，沿前句「君子與小人，不繫父母且」而來。此處君子與小人之別，即勤學者與不學者之別。從「欲知學之力，賢愚同一初。由其不能學，所入遂異閭」文脈可知，韓愈欲傳達的是，個人勤學與否，全然操之在己，與父母、環境等無關。社會處境的不同，實取決於個人勤學程度。至於「不見三公後，寒飢出無驢」一句，則上承「學問藏之身，身在則有餘」而來。學問文章，固然利於謀求一時科名，有助於圖取一世溫飽。然若人能勤學，以詩書澡雪精神，則物質方面的需求亦不難滿足。事實上，勤學能變化氣質，人之欲望若經詩書之道的洗禮，自然臻於合情合理而不難滿足了。以飽暖寒飢之語相勸，或許和韓愈曾切身體認過為祿而仕之不得已的感受有關吧。不過，韓愈只用「有餘」二字，足見飽暖方面的享受非他所重。看他接著說「文章豈不貴，經訓乃菑畬」，文章貴在能體現詩書之道，而非求取科名。他要追求的是精神昇華的價值，而非現世安穩的飽暖。人若沒有人道的依歸，好比一灘沒有源頭的死水，無從開展人之為人的精神力量；人欲若未經節制，便容易失於情、悖於理，行動皆憑著一時的欲望橫行。這或許就是韓愈要警示晚輩的意思：做人若墮落至失情悖理，豈非「行身陷不義，況望多名譽」？

〔註109〕〔宋〕陸唐老曰：「惟〈符讀書城南〉一詩，乃微見其有戾於向之所得者。駭目潭潭之居，掮鼻蟲蛆之背，切切然餌其幼子以富貴利達之美，此豈故韓愈哉？」引自《集釋》，卷9，頁1015。
〔註110〕《四書章句集注·論語集注》，卷4，頁130。

　　二詩析至此大抵結束，尚有一意可稍作補充。公與相是韓愈仕進的理想目標，但韓愈一直以來承擔家族生計和家門榮光之責任的自覺意識，也不可輕忽其影響。這一份自覺從來未曾減弱，而在此詩微露心跡：若居高位，則既能維持家計，更可光耀門楣。韓愈隻身肩起家族責任的魄力與膽識，想必也欲藉詩示兒，望下一代也能有所承擔，薪傳韓氏的血脈和榮光。

第三節　重探韓愈的明道之心

　　清末民初「民主」意識的高漲，形成了時人對傳統所尊之「道統」的隔閡，甚至衍生出種種帶有敵意的負面牽連。以倡言「道統」名世的韓愈，在本時期遂不免要承受「不知億兆」（嚴復語）、「見道未明」（章太炎語）的批評，連他為明道而作「古文」的價值，也在本時期掩沒不彰，只有胡適、陳獨秀片面地從「語言形式」角度加以肯定。直到錢穆點明韓愈「以道治文」的特色，以及錢鍾書提出古文家「所求在美」的觀點，才能從作者創作意識的角度，重探韓明道之文的普遍性與永恆性。

一、「道」在先王之教

　　韓愈在〈原道〉揭示了先王之教的作用與價值，主要便在「相生養之道」。〈原道〉曰：

> 古之時，人之害多矣。有聖人者立，然後教之以相生養之道。為之君，為之師，驅其蟲蛇禽獸，而處之中土。寒然后為之衣，飢然后為之食。木處而顛，土處而病也，然后為之宮室。為之工以贍其器用，為之賈以通其有無，為之醫藥以濟其夭死，為之葬埋祭祀以長其恩愛，為之禮以次其先後，為之樂以宣其壹鬱，為之政以率其怠勸，為之刑以鋤其強梗。相欺也，為之符璽斗斛權衡以信之；相奪也，為之城郭甲兵以守之，害至而為之備，患生而為之防。今其言曰：「聖人不死，大盜不止；剖斗折衡，而民不爭。」嗚呼，其亦不思而已矣！如古之無聖人，人之類滅久矣。何也？無羽毛鱗介以居寒熱也，無爪牙以爭食也。是故君者，出令者也；臣者，行君之令而致之民者也；民者，出粟米麻絲、作器皿、通貨財，以事其上者也。君不出令，則失其所以為君；臣不行君之令而致之民，民不出

粟米麻絲、作器皿、通貨財，以事其上，則誅。今其法曰：「必棄而
君臣，去而父子，禁而相生養之道。」以求其所謂清淨寂滅者。嗚
呼！其亦幸而出於三代之後，不見黜於禹、湯、文、武、周公、孔
子也；其亦不幸而不出於三代之前，不見正於禹、湯、文、武、周
公、孔子也。〔註111〕

「爲之衣」、「爲之食」等等，乍看之下，彷彿是獨由聖人所爲。嚴復譏詈〈原
道〉，所謂「聖人非人」云云，〔註112〕正是著眼於此。人群關係之理想體現，
正是禮樂之道。所以〈原道〉所提「相生養之道」中，除了衣食宮室器用之
外，更有喪祭禮樂刑政之屬。所謂聖人之教，並非指器用事物，而是文化的
潤澤。這一點，在〈送浮屠文暢師序〉一文中說得更清楚：

民之初生，固若禽獸夷狄然，聖人者立，然后知宮居而粒食。親親
而尊尊，生者養而死者藏。是故道莫大乎仁義，教莫正乎禮樂刑政。
施之於天下，萬物得其宜；措之於其躬，體安而氣平。堯以是傳之
舜，舜以是傳之禹，禹以是傳之湯，湯以是傳之文、武，文、武以
是傳之周公、孔子；書之於冊，中國之人世守之。今浮屠者，孰爲
而孰傳之邪？〔註113〕

聖人之教的內涵，即韓愈所謂「道」──「博愛之謂仁，行而宜之謂之義，
由是而之焉之謂道，足乎己，無待於外之謂德。」它真正價值在化育「禽獸」
爲「人」。在韓愈看來，「民之初生，固若禽獸夷狄然。」未受禮樂教化的人，
猶不知人之所以爲人。處於這種狀態的人，屬於人的理性靈性尚未受到啓悟
育成，表現出來的只有動物性的一面。人若不能知仁義道德，便如禽獸般只
關注生理層面的需求。而當需求隨著慾望膨脹而無所節制，現實上的資源又
有限制的時候，那麼人與人間就必然會發生爭奪、衝突乃至戰爭與殺戮。韓
愈所謂「古之時，人之害多矣」一句當由此觀入。聖人之出，不在於提供衣
食宮室器用本身，而是啓蒙了人心中原有的理性與靈明，使人自如禽獸般混

〔註111〕〔唐〕韓愈：〈原道〉，《校注》，卷1，頁15～16。
〔註112〕嚴復〈闢韓〉曰：「如韓子之言，則彼聖人者，其身與其先祖父必皆非人焉而
後可，必皆有羽毛麟介而後可，必皆有爪牙而後可。使聖人與其先祖父而皆
人也，則未及其生，未及成長，其被蟲蛇禽獸寒飢木土之害而夭死者，固已
久矣，又烏能爲之禮樂刑政，以爲他人防備患害也哉？」《中國學術名著》，
頁390。
〔註113〕〔唐〕韓愈：〈送浮屠文暢師序〉，《校注》，卷4，頁251～252。

沌無思的狀態，脫化爲擁有自覺所以爲人的人。若不如是，則人間將永遠處於渾沌未明的長夜，擺脫不了無止盡的爭奪與殺戮。聖人之出，正在鑿破此一混沌，爲人間帶來理性的光輝、自覺的靈明。所以杜甫說「天不生仲尼，萬古如長夜。」即有深悟於此。韓愈所謂「如古之無聖人，人之類滅久矣。」亦應由此來說。錢穆謂「韓公尊仁義，乃專本於人道」、「其論人道，乃始一本於儒宗旨也」。〔註114〕

由上可知，韓愈所謂「人」有兩指，一是未行人道，靈明猶未開化之人；二是曾受先王之教所化，習於禮樂文化之人。這點分析，在〈原人〉一文中更爲明白。他在〈原人〉指出：

夷狄禽獸皆人也。〔註115〕

但他隨即提出一個問題：

曰：「然則吾謂禽獸人，可乎？」曰：「非也。」〔註116〕

上一句的「人」即在韓愈語境中廣義的、雙指的人，下一句的「人」則是狹義的、單指有道德自覺的人。兩句所指的「人」所涉不同，所以也就發展出不同的語脈。對韓愈來說，所以要對「人」之所指作出分明的辨析，目的在標舉「人者，夷狄禽獸之主。」這裡所說的「人」，是有道德自覺的人。理想的「人」──即「聖人」──能爲夷狄禽獸之「主」。聖人知仁義，行道德，推行禮樂教化如春風化雨，過程中或許有現實上遠近的限制，但關係上卻無對待的差別，此即〈原人〉所謂「一視而同仁，篤近而舉遠」，聖人之心，博愛仁厚如此。此說正與前文所引「聖人者立……萬物得其宜」（〈送浮屠文暢師序〉）相應。反之，「主」若「暴之」──意即不能合於「聖人之道」（恐自身亦流於夷狄禽獸之徒），則自然不能化育夷狄禽獸，使永遠不能領悟其所以爲人的理性與靈明，所謂「夷狄禽獸不得其情」也。如此一來，「人道」必「亂」。前文所引「如古之無聖人，人之類滅久矣」（〈原道〉），正可與此論互相參看。

韓愈接著說：

今其法曰：「必棄而君臣，去而父子，禁而相生養之道。」以求其所謂清淨寂滅者。〔註117〕

〔註114〕錢穆：〈雜論唐代古文運動〉，《中國學術思想史論叢（四）》，頁59。
〔註115〕〔唐〕韓愈：〈原人〉，《校注》，卷1，頁26。
〔註116〕同前註。
〔註117〕〔唐〕韓愈：〈原道〉，《校注》，卷1，頁16。

君臣父子，是社會人際之大倫。由此可知，韓愈指責的「不事上」，實是就悖反社群倫理言之。換言之，「民不事上」，就是忽略了「相生養」之相互往來之關係，意即不再致力於追求大我的分工，同時也輕忽了要求自我的責任。就韓愈當身情況言之，當時社會入佛老者眾。他說：「古之爲民者四，今之爲民者六。」（〈原道〉）具有生產力的四民，卻要資養六民，必然供不應求。韓愈有見於此，感嘆「奈之何民不窮且盜也！」（〈原道〉）在他看來，入於佛老離倫背常之眾，未能從事生產支持社會之民，就是偏離了聖人所揭示的「相生養之道」，就是「不事上」。諸不事上之民，昧於「相生養之道」，不悟聖心之仁義道德，將大亂人道，非但恐使普眾生民身陷窮盜之境，也將使人之理性靈明終黯而無光。就社會關係言之，諸不事上之民，固然亂了秩序，自當受到誅罰；但若自聖人胸懷來看，則夷狄禽獸皆人也，只是謬於異說，昧於靈明，故諸民猶惶惶於「清淨寂滅之法」，未知「事上」之價值，在於成就「相生養之道」，在於領悟「仁義道德」之聖心。在韓愈而言，佛教「清淨寂滅之法」，將有害於聖人所教「相生養之道」。所以他主張「人其人，火其書，廬其居」，其意正是要諸人返回人間之倫理，重新正視社會之關係與分工之職責；人道由是才能各得其情，文明由是才得以推進開展。是故宋人眞德秀盛讚韓愈：「自清淨寂滅之教行，乃始以日用爲秕糠，天倫爲疣贅。韓子憂之，於是〈原道〉諸篇相繼而作。其語道德也，必本於仁義，而其分不離父子、君臣之間，其法不過禮樂刑政之際。飲食裘葛，即正理所存；斗斛權衡，亦至教所寓。道之大用，粲然復明者，韓子之功也。」〔註118〕所言誠是。

扣回韓愈對唐代腹患──地方軍武勢力──的關注，從前文的論述可知，他對節度使叛服無常的情形深有所會。這些叛將自擅其事，無視朝廷的行徑，也無異於「不事上」；且相較於佛教「清淨寂滅之法」，這些武將的叛亂，更接近洪水猛獸，無數百姓的身家性命都牽連其中。所以，韓愈行文中，往往視這些叛將爲「夷狄」、「戎狄」，如〈論捕賊行賞表〉曰：

> 況今元濟、承宗，尚未擒滅，兩河之地，太半未收，隴右河西，皆沒戎狄。〔註119〕

又如〈爲裴相公讓官表〉曰：

〔註118〕引自《韓愈資料彙編》，第 2 冊，頁 472。
〔註119〕〔唐〕韓愈：〈論補賊行賞表〉，《校注》，卷 8，頁 610。

　　　方今干戈未盡戢，夷狄未盡賓……〔註120〕

這裡的「夷狄」、「戎狄」所指，乃不臣服京師、朝廷之人。「夷」、「戎」即相對京師、朝廷而言。此說另可證見他對管仲的形容：「九合諸侯，一匡天下，戎狄以微，京師以尊」。〔註121〕顯見他懷著強烈的夷夏之辨，所以他曾在上宰相書時說過：「今天下一君，四海一國，捨乎此則夷狄矣，去父母之邦矣。」（第三書）在政治意義上，「夷狄」、「戎狄」是與中央對立的地方勢力；在文化意義上，「夷狄」、「戎狄」也可說是悖離先王之教、恐有害於人道。韓愈往往以「夷狄」、「戎狄」稱之，應包含了至少這兩層意思。

　　就悖離先王之教的層面而言，在韓愈看來，佛教「棄君臣」、「去父子」，「求清淨寂滅」之法，實與叛服無常、未以民生為懷的叛將沒有太大的差異，所以他斥佛者為「夷狄之人」，斥佛法為「夷狄之法」。他在〈論佛骨表〉中說：

　　　佛本夷狄之人，與中國言語不通，衣服殊製，口不道先王之法言，
　　　身不服先王之法服，不知君臣之義、父子之情。假如其身尚在，奉
　　　其國命來朝京師，陛下容而接之，不過宣政一見，禮賓一設，賜衣
　　　一襲，衛而出之於境，不令惑於眾也。

在這裡，「夷狄之法」顯是相對「先王之教」而言。就政治言之，則夷狄當賓於朝廷，佛者亦當臣服於唐君，所歸順的非君一人，而實是「先王之教」。「先王之教」、「聖賢之道」若不得彰明，則人道將亂，唯恐面臨「禮樂崩而夷狄橫，幾何其不為禽獸也」的處境。由此言之，則佛教所帶來的衝擊，不論是政治層面或文化層面來說，俱指向對人間關係與秩序的挑戰。這就是韓愈直指並正視的時代問題。

　　於此還有一點可稍作補充。韓愈經常與佛徒道人往來，也不諱稱諸人為「師」，如文暢師（〈送浮屠文暢師序〉）、廖師（〈送廖道士序〉）、閑師（〈送高閑上人序〉）、惠師（〈送惠師〉）、靈師（〈送靈師〉）、無本師（〈送無本師歸范陽〉）、穎師（〈聽穎師彈琴〉）等。正因當時人皆視佛老為師，而所學皆非仁義道德之說。如是則欲學聖賢之道、欲效先王之教者，該當由何學之、效之呢？巫醫樂師百工之人有師，佛老之法有師，如今韓愈既欲重振古聖先賢之道，自然要鼓吹相應的「師道」。古之欲學者有師，今之學者則無師，所以

〔註120〕〔唐〕韓愈：〈為裴相公讓官表〉，《校注》，卷8，頁601。
〔註121〕〔唐〕韓愈：〈進士策問十三首〉其五，《校注》，卷2，頁104

韓愈要提倡「師道」，目的在「傳道」——弘揚聖賢之道、先王之教。但從柳宗元「亦不敢爲人師」（〈達韋中立論師道書〉）可知，當時社會並未有以儒者爲師的風氣。〔註 122〕所以韓愈倡論師道，以師自任，建樹新的師道，來傳古聖先賢之道。

所以，韓愈並非不知闢佛「非社會之總意」（章太炎語），但在他看來，這一「社會之總意」卻可能影響社會資源分配的平衡，和擾亂人倫關係之和諧。這都與國家的存續息息相關。他意在爲社會人心指出一條有別於出世宗教的安頓生命之路，如他在〈與孟尙書書〉中自道：

> 凡君子行己立身自有法度，聖賢事業，具在方冊，可效可師；仰不
> 愧天，俯不愧人，內不愧心，積善積惡，殃慶自各以其類至。何有
> 去聖人之道，捨先王之法，而從夷狄之教以求福利也。〔註 123〕

君子安身立命之方，即師法聖賢，內自省察，外與物接，而以一己之仁心爲定奪，以「愧」與「不愧」爲判準。「愧」與「不愧」來自內在對「善」與「惡」的覺察。此一覺察之當下，便已然招致相應的禍殃與福慶，不必再待外力施加。固然「求福利」非佛法之全部內涵，觀韓愈說大顚「外形骸以理自勝，不爲事物侵亂」云云，可知他亦非完全不知其理之佳處，但「求福利」很可能是他當身時代普遍的社會現象。〔註 124〕韓愈身處其中而能不因衆是而是之，應先肯定的是他獨立思考、反己內省的能力。而他爲社會人心指出的一路，也觸及了頗爲深刻雋永的道理。爾後宋代儒學復興，宋人推尊韓愈，如蘇軾說他「匹夫而爲百世師，一言而爲天下法，是皆有以參天地之化，關盛衰之運。」（〈潮州韓文公廟碑〉）固有深會於此。韓愈所以倡道統、闢佛老，其中不但寄予他的政教理想，更有著他努力正視時代問題的現實關懷。如果不能從這兩處來看〈原道〉，只就字面上的「事上」、「誅民」云云來立說，絕非知人論世之言。

〔註 122〕〔宋〕陳善曰：「韓退之抗顏爲師，雖子厚尤有所忌，況他人乎？」引自《韓愈資料彙編》，第 1 冊，頁 259。

〔註 123〕〔唐〕韓愈：〈與孟尙書書〉，《校注》，卷 3，頁 212。

〔註 124〕對於唐人之迷信，韓愈有詩諷之，〈木居士〉曰：「偶然題作木居士，便有無窮求福人。」宋人葉夢得曰：「韓退之有〈木居士〉詩。在衡州耒陽縣龕口寺。退之作此詩，疑自有意。其謂『便有無窮求福人』，蓋當時固已尸祝之矣！至元豐初猶存。」引自《韓愈資料彙編》，第 1 冊，頁 200。

二、以詩文稱道聖德

　　韓愈自七歲起即以讀書著文爲業，其聰明與文章俱爲時輩推重，如張籍就曾經致書韓愈，期望他能像孟軻、揚雄一樣，作「一書以興存聖人之道」；〔註125〕他有答書二通，其中〈重答張籍書〉表示「其爲也易，其傳也不遠，故余所以不敢也。」〔註126〕可見其愼重。雖然他終究未有如軻、雄一樣的著作，但卻也有五〈原〉的篇章傳世。

　　在元和二年（807）〈元和聖德詩序〉中，韓愈更明白宣示「作詩歌以稱道盛德」〔註127〕的目的，他說：

　　　　……輒依古作四言〈元和聖德詩〉一篇，凡千有二十四字，指事實
　　　　錄，具載明天子文武神聖，以警動百姓耳目，傳示無極。〔註128〕

作詩歌的用意，即在使一時之聖德能影響天下觀聽，所謂「警動百姓耳目」也；亦在使君主之明治能垂範於後世，所謂「傳示無極」也。他自覺以「指事實錄」爲創作原則，故詩紀憲宗初政之治功，始於記誅流王、韋一事；又記誅殺劉闢一段，極寫慘毒之刑，如宋人蘇轍就惡其太過，〔註129〕他亦無所避忌；此皆緣於他秉持「指事實錄」的原則來作詩之故。他要警動時人耳目，乃至傳世無極的，即是自具體人事中所紬繹出來的足以上合古聖賢之道的神髓，韓愈自信於他的文筆足以捕捉其靈髓，他的篇章堪能承載其光輝，使聖心續續相傳。所以他在詩末又以作《詩》之吉甫自比：

　　　　博士韓愈，職是訓詁。作爲歌詩，以配吉甫。〔註130〕

韓愈以文章自任，以文明道，當可由此來認識。

　　到了〈潮州刺史謝上表〉，韓愈欲以文章頌上功德之意，反爲人所譏。韓愈〈謝表〉中欲頌揚的功績，是就平淮西一役言。〈謝表〉曰：

　　　　……自天寶之後，政治少懈，文致未優，武剋不剛，孽臣姦隸，蠹
　　　　居慕處，搖毒自防，外順內悖。父死子代，以祖以孫，如古諸侯，
　　　　自擅其地。不貢不朝，六七十年。四聖傳序，以至陛下。陛下即位

〔註125〕〔唐〕韓愈：〈答張籍書〉題下注引，《校注》，卷2，頁131。
〔註126〕〔唐〕韓愈：〈重答張籍書〉，《校注》，卷2，頁135。
〔註127〕〔唐〕韓愈：〈元和聖德詩序〉，《集釋》，卷6，頁627。
〔註128〕同前注。
〔註129〕〔宋〕蘇轍〈詩病五事〉曰：「此李斯頌秦所不忍言，而退之自謂無愧於雅頌，何其陋也！」引自〈元和聖德詩〉註75引，《集釋》，卷6，頁639。
〔註130〕〔唐〕韓愈：〈元和聖德詩〉，《集釋》，卷6，頁630。

以來，躬親聽斷，旋乾轉坤，關機闔開，雷屬風飛，日月清照。天
戈所麾，莫不寧順；大宇之下，生息理極。高祖創制天下，其功大
矣，而治未太平也。太宗太平矣，而大功所立，咸在高祖之代，非
如陛下承天寶之後，接因循之餘，六七十年之外，赫然興起，南面
指麾，而致此巍巍之治功也。〔註131〕

「自天寶之後……六七十年」可謂就藩鎮之亂象追本溯源；「陛下即位以
來……生息理極」則視淮西之平定為拔本塞源之大功。如是則不難理解何以
韓愈將憲宗之治功推崇至極，甚至上比高祖、太宗。推論其意，高祖創制之
功、太宗貞觀之治固無可比擬，然若論開創性的治績，則征服叛軍、活彼烝
黎，一掃自天寶以後六七十年藩鎮割據局面的平淮之役，亦巍巍之治功。再
者，朝廷一度有不用兵之意，所以韓愈上〈論淮西事宜狀〉，還將用兵權責指
向憲宗皇帝。〔註132〕其後，主戰派的裴度得以出兵淮西，亦與憲宗力主用兵
的意向有關。故韓愈〈謝表〉贊許憲宗「旋乾轉坤，關機闔開」，指的就是憲
宗能詳度本末，先決獨斷，不惑於主和者姑息之異議，而堅持主戰派速戰之
決議。故韓愈在〈謝表〉將此巍巍之治功歸功於憲宗的「南面指麾」；而此治
功之巍巍也使得本朝承天寶之後六七十年因循之餘又「赫然興起」。

回到平淮前夕，元和十二年（817）秋，韓愈與判官書記李正封於郾城作
〈晚秋郾城夜會聯句〉，歌詠破蔡情勢及其前後事略。當時蔡州雖尚未破拿，
然度其勢必可得，故詩的調性有戰爭之激昂，又有勝利之自信；加上想像渲
染，虛實交錯，更顯得鋪張宏麗。〔註133〕詩末曰：

> 恩澤誠布濩，嚚頑已簫勻。告成上云亭，考古垂矩矱。（愈）……帝
> 載彌天地，臣辭劣螢爝。為詩安能詳？庶用存糟粕。（愈）〔註134〕

他已想像平淮成功之後，當有告成之舉。韓愈當此時而為詩，雖以存糟粕自
謙，但亦有符於《詩》「告成於王」〔註135〕之意。平淮之治功巍巍，本當上告

〔註131〕〔唐〕韓愈：〈潮州刺史謝上表〉，《校注》，卷8，頁619～620。
〔註132〕〔唐〕韓愈〈論淮西事宜狀〉：「然所未可者，在陛下斷與不斷耳。……當此
之時，則人人異議，以惑陛下之聽。陛下持之不堅，半塗而罷，傷威損費，
為弊必深。所以要先決於心，詳度本末，事至不惑，然可圖功。」《校注》，
卷8，頁641～642。
〔註133〕〔清〕朱彝尊曰：「鋪張宏麗。」同上注，頁1063。
〔註134〕〔唐〕韓愈：〈晚秋郾城夜會聯句〉，《集釋》，卷10，頁1039～1040。
〔註135〕《詩・大雅・江漢》：「江漢湯湯，武夫洸洸。經營四方，告成于王。四方既
平，王國庶定。時靡有爭，王心載寧。」《詩經釋義》，頁384。

於天，使本朝之中興得光耀古今，垂範後世。韓愈因平淮而勸封禪的用心，先端已見於此。〈謝表〉所述，即就〈偃城聯句〉詩意推衍而來。〈謝表〉曰：

> ……宜定樂章，以告神明，東巡泰山，奏功皇天，具著顯庸，明示得意，使永永年代，服我成烈。〔註136〕

他重視的是平藩興唐之功績，能否上告於神明，周知於天下，傳頌於後世。並且他自信於自己的文筆將能堪此重任。〈謝表〉又曰：

> ……臣受性愚陋，人事多所不通，惟酷好學問文章，未嘗一日暫廢，實為時輩所見推許。臣於當時之文，亦未有過人者，至於論述陛下功德，與《詩》、《書》相表裏，作為歌詩，薦之郊廟；紀泰山之封，鏤白玉之牒；鋪張對天之閎休，揚屬無前之偉蹟；編之乎《詩》、《書》之策而無愧，措之乎天地之間而無虧；雖使古人復生，臣亦未肯多讓。〔註137〕

〈謝表〉中此類以文章自任之語，並非自貶潮後始有之；而「論述陛下功德，與《詩》、《書》相表裏，作為詩歌，薦之郊廟」云云，亦非虛語，其詩已前見於元和二年（807）的〈元和聖德詩〉；〔註138〕如今又歷平定淮蔡，一應功績又更超勝於前，故韓愈〈謝表〉中除了有意獻文稱道聖德，又勸封泰山告成神靈，仍是就〈元和聖德詩〉之用意稍加推衍，隨其勢而揚波助瀾。〔註139〕〈謝表〉又曰：

> ……當此之際，所謂千載一時不可逢之嘉會，而臣負罪嬰釁，自拘海島，戚戚嗟嗟，日與死迫，曾不得奏薄伎於從官之內，隸御之間，窮思畢精，以贖罪過，懷痛窮天，死不閉目，瞻望宸極，魂神飛去。〔註140〕

若就韓愈當時處境而言，此言難免有溢美之嫌。然而，須知的是〈謝表〉欲以文章稱道聖德的本心，即「具著顯庸，明示得意，使永永年代，服我成烈」，與〈元和聖德詩〉所謂「以警動百姓耳目，傳示無極」正是一致，此其一；〈元和聖德詩〉中自比於吉甫，意味著他自信能以文傳道，一如吉甫之《詩》流

〔註136〕〔唐〕韓愈：〈潮州刺史謝上表〉，《校注》，卷8，頁620。
〔註137〕〔唐〕韓愈：〈潮州刺史謝上表〉，《校注》，卷8，頁619。
〔註138〕元和二年，韓愈作〈元和聖德詩〉；又，《舊唐書・憲宗紀》曰：「元和二年春正月己丑朔，上親獻太清宮、太廟。辛卯，祀昊天上帝于郊丘。」頁420。
〔註139〕此意詳見下節「文書自傳道，不仗史筆垂：談韓愈以文明道的志趣」一節。
〔註140〕〔唐〕韓愈：〈潮州刺史謝上表〉，《校注》，卷8，頁620。

傳至今，他所著之文亦將永垂於後世，這樣的信心也同樣反映在〈謝表〉中，所以他才會說出「編之乎《詩》、《書》之策而無愧，措之乎天地之間而無虧」這樣的話來。此其二。

以上就〈謝表〉中凡涉及自請以文稱道聖德的內容進行探討。接著要問的是，在韓愈人生中的，「文章」的定位究竟如何？

前面詳列〈謝表〉所陳聖功，主要就平淮之績而言，韓愈所以在〈謝表〉中自請獻文頌德之關鍵正是在此。特別是淮西一役，韓愈乃親從裴度出征，盡心參謀議而贊其功。平淮之偉績，韓愈實自覺與有榮焉。平淮不僅是贊天朝之功，對他自己而言，也別具有深長的意義。其中除了有對國家的效忠、對百姓的悲憫，不可忽略的是他個人立名榮家的意識。如此一來，就可以理解韓愈在從征淮西、遂其立功宿願之前，他所吐露的一些牢騷語，其實字字都在傾訴著落寞與不甘。如他在〈寄崔二十六立之〉一詩中曾有歸耕之嘆：

> 舊籍在東都，茅屋杕棘籬。還歸非無指，灞渭揚春澌。生兮歸吾疆，
> 死也埋吾陂。文書自傳道，不仗史筆垂。〔註141〕

他懷有平賊策，卻無由施展。立功行道既然不得時機，於是他只有求諸己，欲立言以傳道。然而，對他來說，修辭明道仍然是次要的，是「未得位」時黽勉自勵的選項。

正因他從來以得時行道自期，所以出征淮西一事對他而言可以說是到達了「致之乎吾相，薦之乎吾君」的層次，他長久以來的抱負得以施展，他自幼所懷的壯志也可謂實現。觀他自從被裴度奏為行軍司馬以後的詩歌，〔註142〕盡是興高氣豪之調性，而無一字涉及軍旅生活的苦辛；相較出征以前雖身在天闕位高權重，卻猶有無聊閒愁之語，不時有歸耕之嘆，〔註143〕可知從征淮西一事對他的特殊性與重要性。與此相較，他在〈謝表〉中以文自恃，「雖使古人復生，臣亦未肯多讓」的語氣貌似昂然自信，然若能知他並非僅以文章自任者，著書修辭於他而言是「不得位」、「無所為於今」處境下自勉的選項，是他即使「耕於寬閒之野，釣於寂寞之濱」也絕不離道的苦心，就

〔註141〕〔唐〕韓愈：〈寄崔二十六立之〉，《集釋》，卷8，頁862。

〔註142〕如〈贈刑部馬侍郎〉、〈過鴻溝〉、〈送張侍郎〉、〈奉和裴相公東征途經女几山下作〉，其興致甚至高得作起長篇聯句（即〈晚秋郾城夜會聯句〉）。這是他在孟郊死後，唯一的長篇聯句作品。

〔註143〕如〈賀席十八韻〉、〈游城南十六首〉中的〈出城〉、〈把酒〉、〈遣興〉等、〈感春三首〉、〈閒遊二首〉等。

能懂得〈謝表〉以文章自任的背後，其實有著更多的自傷和失意。前引清人程學恂對他〈奉酬振武胡十二丈大夫〉一詩的論評已涉此意：「觀此可知〈潮州表〉中語，非公本志也。」〔註 144〕清人何焯則說得更加明白：「篇中並無乞憐，祇自傷耳。」〔註 145〕

三、作詩樂名教

在韓愈而言，「道」、「德」的內涵來自於他對「道」的親切體認與深刻感悟。「道」固然是藉古經史流傳至今的先王功績與聖人心事，但若無來自個人真實生命的感受與回應，那也只是咬文嚼字，拾人牙慧而已。所以他主張作文要務去陳言，正是要人不要堆砌成言，搬弄典故，而要訴諸內心對於「仁」、「義」、「道」、「德」的覺察。得以傳之千古的道德，其義理定有可通達於千古人心的共通性；然而每一個人心又都是獨一無二的，對義理的主觀感悟也就有了特殊性。將這份既獨特又普遍的感悟，用自己的語言表達出來，就是他所謂的「自樹立不因循」。此是兼義理與修辭言之。對韓愈來說，他對「仁」、「義」、「道」、「德」的獨特感悟，就是〈原道〉開篇四句：「博愛之謂仁，行而宜之之謂義；由是而之焉之謂道，足乎己無待於外之謂德。」〔註 146〕他作文所以能去陳言，正是基源於他對義理的覺察體認，所以才能寫出「自樹立不因循」的大文字。

他對「博愛」二字的認取尤其可貴。他以「悲人窮」來認識聖人創制文化之起源，〔註 147〕實當來自他對生命自身的興趣與熱愛。〈原人〉曾論述了他對「人道」的理解：人是受命於天地之靈物，但因地處遠近之故，所受教化

〔註 144〕 見詩註八所引，《集釋》，卷 8，頁 936。
〔註 145〕 《韓昌黎文彙評》，頁 311。
〔註 146〕 〔唐〕韓愈：〈原道〉，《校注》，卷 1，頁 13。
〔註 147〕 〔唐〕韓愈〈原道〉曰：「古之時，人之害多矣。有聖人者立，然後教之以相生養之道。為之君，為之師，驅其蟲蛇禽獸，而處之中土。寒然后為之衣，飢然后為之食。木處而顛，土處而病也，然后為之宮室。為之工以贍其器用，為之賈以通其有無，為之醫藥以濟其夭死，為之葬埋祭祀以長其恩愛，為之禮以次其先後，為之樂以宣其壹鬱，為之政以率其怠勤，為之刑以鋤其強梗。相欺也，為之符璽斗斛權衡以信之；相奪也，為之城郭甲兵以守之，害至而為之備，患生而為之防。今其言曰：「聖人不死，大盜不止；剖斗折衡，而民不爭。」嗚呼，其亦不思而已矣！如古之無聖人，人之類滅久矣。何也？無羽毛鱗介以居寒熱也，無爪牙以爭食也。」《校注》，卷 1，頁 15～16。

有深淺之異，遂有人與夷狄禽獸之別。聖人當懷悲憫之心，就受命於天地而言，人與夷狄禽獸皆「人」，故應「一視而同仁」；就教化厚薄而言，夷狄禽獸則「非人」，故應「篤近而舉遠」。此一博愛胸懷，固然本於天授之靈明，亦當來自於他對生命本身的興味，從而為天地萬物運行之恆理所開悟。〔註148〕

　　天地自然啟示了韓愈對道德的認取。換個角度來看，韓愈所以能與自然萬物有此感通，也是由於他對天地間一切存有充滿著盎然的興味。由此端來看，或也有助了解他所以驅筆以韻語刻畫南山的用心。清人程學恂曾說：「讀〈南山詩〉，當如觀〈清明上河圖〉，須以靜心閒眼，逐一審諦之，方識其盡物類之妙。」〔註149〕〈南山詩〉的妙處即在寫盡物類。這其中定然有相當程度出於韓愈「包羅天地」的好奇與欲望。更值得玩味的是「南山」的命題，清人趙翼曾對此發出疑問：「世間名山甚多，詩中所詠，何處不可移用，而必於南山耶？」〔註150〕韓愈直指南山，不外乎因南山作為長安鎮山的角色。它的矗立，正與帝國權力核心所在的京城對視呼應。〈南山詩〉詩曰：

> 吾聞京城南，茲維羣山圍。東西兩際海，巨細難悉究。山經及地志，
> 茫昧非受授。圍辭試提挈，掛一念萬漏。欲休諒不能，粗敘所經覯。
> 〔註151〕

韓愈在篇首挑明南山地理位置的同時，也暗示著本詩帶有某種政治的意涵。有此認知後，再看他對於悉究南山巨細有著不可罷休的願力，便覺其意味深遠，絕非僅止於刻畫山水而已。明人蔣之翹對〈南山詩〉極其鋪張之形容感到有些曼冗：「疊疊數百言，豈不能一兩語道盡？」〔註152〕觀〈南山詩〉詩末曰：

> 大哉立天地，經紀肖營腠。厥初孰開張？僶俛誰勸侑？創茲朴而巧，
> 戮力忍勞疚。得非施斧斤？無乃假詛呪？鴻荒竟無傳，功大莫酬僦。
> 嘗聞於祠官，芬苾降歆齅。斐然作歌詩，惟用贊報酧。〔註153〕

〔註148〕〔唐〕韓愈〈原人〉：「曰：『然則吾謂禽獸人，可乎？』曰：『非也。指山而問焉，曰山乎？曰山，可也。山有草木禽獸，皆舉之矣。指山之一草而問焉，曰山乎？曰山，則不可。』天道亂，而日月星辰不得其行；地道亂，而草木山川不得其平；人道亂，而夷狄禽獸不得其情。」

〔註149〕引自〈南山詩〉集說，《集釋》，卷4，頁462。

〔註150〕同前注，頁461。

〔註151〕同前注，頁432。

〔註152〕同前注，頁460。

〔註153〕同前注，頁435。

若能懂得屈原在〈天問〉裡對於天地萬物神話古史的反覆探問，其所關注者從來不是天地萬物神話古史本身，而是在反覆探問中涉入屈原自己對是非的思辯與對國事的憂患；那麼或許就能明白韓愈欲藉〈南山詩〉表達的旨意，也不盡在摹肖山勢而已。與其說「厥初孰開張？偄俔誰勸侑？」是探問，不如理解爲一種歌頌；〔註154〕與其說「得非施斧斤？無乃假詛呪？」是疑惑，不如理解爲一種讚嘆。面對南山的鬼斧神工，韓愈要以自己的賦家之心、畫家之筆，以詩歌經紀萬物、營媵天地，以此讚頌天地之大、造物之美；更重要的是，一如古史聖心得以憑藉文書流傳至今，韓愈意欲使眼前南山之美憑藉自己的詩歌而得流傳來世。這就是爲何他會在詩末流露「鴻荒無傳、功大莫酬」的意緒，從而以作文酬功爲己任的自覺意識。若再與「南山」所暗示的政治意涵參看，〈南山詩〉的創作也不無意味著：韓愈自信其文筆能堪經紀天朝之任，使一時之治功有合於聖人之道者，將流芳傳世、垂範萬年。

　　他所作詩與〈南山詩〉同在地理位置上具有文化政治意涵的是〈城南聯句〉，兩詩皆嘗被視爲規模京城賦之作。〔註155〕元和元年（806）六月，韓愈自江陵召還官國子博士，是年秋與孟郊作〈城南聯句〉，歷敘城南景物，巨細兼收，虛實互用，清人方世舉稱之曰：「自古聯句之盛，無如此者」；〔註156〕而趙翼則詆之曰：「自古聯句，未有如此之冗者」。〔註157〕言盛者如彼，言冗者如此。〈城南聯句〉末章曰：

　　　　是節飽顏色（郊），茲疆稱都城。書饒罄魚繭（愈），紀盛播琴箏（郊）。

　　　〔註158〕

城南的豐饒美盛，罄魚繭之紙猶難悉盡。其豐饒美盛所以可堪文人竭才具書，正由於城南地屬於都城長安，是國家政教文化之核心，其地景遂與蠻貊之地有了輕重之別，故詩又曰：

〔註154〕錢仲聯補釋曰：「此二句用意句法本於《莊子・天運》篇：『孰主張是？孰維綱是？孰居無事推而行是？孰隆施是？孰居無事淫樂而勸是？』兼參《楚辭・天問》。」見〈南山詩〉註153，同前注，頁458。

〔註155〕〈南山詩〉如清人方東樹曰：「〈南山〉蓋以京都賦體而移之於詩也。」（頁462）〈城南聯句〉如清人朱彝尊曰：「此詩鋪敘結構，全模〈子虛〉、〈兩都〉等賦。」（頁523）方世舉曰：「其鋪敘之法，彷彿〈三都〉、〈兩京〉。」（頁523）

〔註156〕引自〈城南聯句〉集說，《集釋》，卷5，頁523。

〔註157〕同前注，頁524。

〔註158〕同前注，頁485。

奚必事遠覿（郊），無端逐羈儃。將身親魑魅（愈），浮跡侶鷗鶒。

腥味空奠屈（郊），天年徒羨彭。驚魂見蛇蚓（愈），觸嗅值蝦蟆。

幸得履中氣（郊），忝從拂天根（愈）。〔註159〕

從詩的語氣中顯然可見詩人們對於遠地風物的敬謝不敏。這固然有一部分是出於他們流仕南荒的體驗，對南風夷俗的認識與接受不免帶著個人前途浮沉未卜的驚懼與迷茫，如韓愈憶及過去謫南的經驗，仍有無端的困惑未安，以及被拋逐的失重無力等感受。但若換個角度來看，也可以說詩人的驚懼與迷茫無不是來自初步踏入異質文化圈的陌生，以及對於跨出中原文化圈的不安。所以，詩人對於能再度回到京城甚至作詩詠嘆城南，都感到慶幸與滿足。這由全詩以一千五六百字的規模大肆鋪衍可見一斑。這流露了詩人在心理上對於文化的認同度與歸屬感。他們賦誇城南，是為了歌頌他們所認同的文化地景；而「京城」作為此一文化地景的代表，不論在精神上或身家上都是他們的歸鄉。程學恂也說：「觀『腥味空奠屈』以下數語，知所感者深矣，豈徒事夸靡者哉！」〔註160〕在看似曼冗夸靡的鋪排中，貫穿的是作者對世界人生的一份深情。詩末曰：

足勝自多詣（郊），心貪敵無劭。始知樂名教（愈），何用苦拘攣。

畢景任詩趣（郊），焉能守鏗鏗（愈）？〔註161〕

「樂名教」三字終點出〈城南聯句〉的創作用心。韓、孟之間競技般的聯句遊戲，通過奇語澀句、搜僻巧練，以同聯唱對的方式締縮著兩人彼此的知重，也包藏著兩人之間志同道合的心契。他們對於古聖賢之道的學承與感悟，使他們能以名教來安心樂身；而他們對於探索世界的興趣，也使他們的文章增添了無限的況味。他們享受作詩樂名教的過程，在名教中安身立命，名教中自有樂地，他們樂在其中。同樣是傳道，這即是他們與傳統儒者著文相異之處。他們雖以儒者自任，但在他們看來，若少了這點興致和意趣，充其量只是鏗鏗細儒，拘泥而欠缺靈性，這非他們所追求的創作風格。

韓愈所謂「道」，必然有取於現實具體之治功，乃至自身經驗之價值取捨。雖曰尊古人之道，但自他筆下所流洩出來的「道」，無一不是反求自身的生命實踐而來的真實感悟。他所傳的道，正是學之於古而有得於己之道

〔註159〕同前注。

〔註160〕同前注，頁521。

〔註161〕同前注，頁485。

也。這也回應前文所說的，他勤於學古道、作古文，皆是有望於行道於世。他所以能自樹立不因循者在此，所以爲文能去陳言者在此。他的文章，即便涉入駁雜無實之說，以及不免娛戲的創作態度，卻仍然具有極大的感染力，從而創造一時的流行，影響一代的文風。

第五章 結 論

　　清末民初的「抑韓」現象，只是一種表現於外的作用，其大體在於所謂「道」的內涵發生了本質上的變化。而這一質變，又與世變有著必然的牽連。清末受到西潮的衝擊，國體與政體正面臨前所未有的巨變。嚴復〈闢韓〉開篇即曰：「往者吾讀韓子〈原道〉之篇，未嘗不恨其於道於治淺矣。」嚴復對韓愈所謂「道」的反省，顯就「治」的層面來說。因應時勢，嚴復重新界定「道」的內涵：「『道』在去其害富害強而日求其能與民共治而已。」「民主」的追求更勝於對「聖人之治」的嚮往，成為新興的政治理想。這就與韓愈〈原道〉強調「聖人君師之教化」的著眼有了顯著的分歧。

　　在清末民初這中國數千年來未有之變局中，「道」發生數千年來未有之質變。傳統所謂「道」的理想失落了，至此不再致君堯舜、不再遙慕三代之治，而轉事民主——與民共治才是本時期的政治理想；傳統所謂「道」的依藉失落了，至此不再仰尊六藝、不再推崇周孔之教，而紛然趨新——西學才是本時期的學術領航；傳統所謂「道」的指引意義失落了，至此不再講究倫常、不再重視禮樂之化，而抨擊綱常、隳毀道德，思欲衝決網羅——自由、平等才是本時期的人生追求。世變造成「道」質地上的丕變，導致韓愈成為清末民初批判的焦點之一。因為在歷代諸家眼中，韓愈乃自兩漢以下五六百年間盡掃八代之衰、追配經史之作、復興周孔之道的豪傑之士；加之韓愈又首列堯、舜、禹、湯、文、武、周、孔之「道統」，復倡「軻死不得其傳」之高調，顯然有繼孟之志。人們尊韓在昔而貶韓於今，其癥結正在一個「道」字。

　　若純就「道」之變質來說，其變乃時勢所趨，且歷代倡「道」者又不只韓愈一人，實不當首罪韓愈。這就進一步揭示清末民初「抑韓」現象的次要原因，即韓愈本身帶有的可議性。韓愈本身立言太多、太真，因而未免有疵。

事實上，在歷來大抵「尊韓」的基調中，一直不乏少數批評的聲音：韓愈〈原道〉以仁義立意，復結以先王之教，固有闢異端、扶正道之功，而或者以為論道不精，以為「無頭學問」，以為因文學道，實為「倒學」，以為「文人則有餘，知道則不足」，甚至以為知好「道」名而未能樂其實。韓愈學問作文根柢六經、出入騷雅、游於諸子，而或者以為墮裂經文、見道未明，甚至以為不過欲雕章鏤句以取名譽。韓愈屢屢自進於權貴，大有用世之志，而或者以為汲汲於富貴，戚戚於貧賤。韓愈以顏子簞食瓢飲為哲人細事，當於治國平天下處用功，而或者以為陋於聞道，譏其未嘗就身心上講究持守。韓愈勸學示兒公相府居、玉帶金魚之語，其中本有常情存焉，而或者以為覬覦富貴、利祿之俗念甚重。韓愈下筆怪怪奇奇，以文滑稽，固有奧旨存焉，而或者以為惑溺於經怪之說，以好奇為其文章之病。韓愈貶潮，既明告族姪收骨瘴江，固有赴死之義；後免死謝上表願以文章自任，固是失意之言；而或者以為怵於生死，豪勇之氣銷鑠殆盡，遂一變諫迎佛骨之壯志為乞憐獻媚於君之衰懦。韓愈感二鳥之嘆，固有諷刺存焉，而或者以為不過羨二鳥之光榮，嘆一飽之無時；甚至以為修持不足，一經竄謫則憂愁無聊概見於文字。韓愈力排佛老，固有救國之心存焉；與大顛交，固有情理存焉，而或者以為心服佛徒，轉事佛法。韓愈功烈不在文章之下，而或者以為文人之雄，所作不過文人之文。韓愈固有文起八代之衰之盛譽，亦有古文之法亡於韓的評議。以上凡舉世尊韓之處，皆不免或人有所指摘。其於道、於文、於人所顯示之多面性，豈不也是其複雜性、深刻性之呈現嗎？上述歷來對韓愈的批評，多屬美玉之瑕，而瑕終不能掩瑜；而清末民初「抑韓」的性質歷代的議論有著根本上的不同。這一點與「道」在清末民初的質變是一致的。

　　清末民初「抑韓」的表現，如本論文第三章所述，可以大致就七點來談。第一，嚴復〈闢韓〉開始顯著動搖韓愈過去的地位，其關鍵正在於「民主」思想漸入主人心；該文引發不少爭議，過程中，「尊韓」等同「尊君」的定調漸次成形，成為此後論韓的基調。第二，在批判君主專制的輿論中，韓愈所謂「聖人君師」之「道統」反被批評非先秦孔儒的真旨，不過是「御用學者」為了依附上意而大張其詞。第三，「尊君」思想被汙名化為一種「謬想」，甚至衝擊傳統「尊孔」、「尊聖」等觀念。古聖賢人接連受到詆毀，社會上竟興起「無聖」、「非孔」等主張，韓愈因此再度受到牽連。第四，除了「民主」思想，伴隨西潮而來的還有講究個人「自由」、人人「平等」等新觀念。在趨

新棄舊的眼光裡，往昔韓愈在道和文方面所留下的深遠影響，反被視爲有害於今人對「自由」與「平等」的追求。第五，胡適、陳獨秀基於推動「新文學運動」的目的，突出了韓愈作爲「文學革命之人」的形象；也因應「白話文學」的要求，突出了韓文在語言形式方面的進步。但是這一肯定卻顯然忽略了韓愈作「古文」的事實，更不一定符合韓愈作文的本心。第六，民國以來對韓文的批評，不論是批評韓愈言「道」之膚淺，還是厭棄韓文所載「道」之內容，基本皆圍繞韓文所載之「道」而來。第七，不論是從何角度非韓，清末民初學人基本對韓愈本身沒有好感，因而多半又涉及對韓愈言行與人格的批評，所論往往誅心強解，甚至是近乎謾罵的人身攻擊。

以上批評韓愈種種，輾轉牽附，愈說愈深，於是韓又不如柳，又不如當世之傳奇小說；於是蘇軾亦可議，孔孟亦可議。總歸是從「道」上作全盤否定了。當人們不再據先王之治、聖人之教作爲治道的理想，那麼韓愈根柢六經、羽翼聖教、闡明治道的種種文字，也就不過只是一種「淺」談；當人們不再據忠孝倫理、君父綱常來謀定國體社群的秩序，那麼韓愈獨頌伯夷、道得文王心事，以及尊君、事上乃至誅民等種種情懷，不過只是「民賊」的「御用學者」猶如「俳優」一般的說唱；當人們不再據儒家宗旨的仁義道德來指導人生向上之路，那麼韓愈闢異端、倡古道、作古文等種種主張與實踐，不過只是牢籠自由的思想專制，甚至妨礙後世數百年來學術的進步發展。正因傳統之「道」的地位急遽失墜，韓愈樹立於八百年間的衛「道」形象隨之黯淡，而其道、其文、其人的可議性也就再次浮出，適逢輿論抨擊傳統之「道」的聲浪，於是落人口實成爲話柄，終致漸漸形成一股近百年來的「抑韓」思潮。過去因尊崇「道」而不免責備韓愈，到底還是尊韓；清末民初則因否定「道」而批評韓愈，貶抑幾至不留餘地。遑論數十年前的「誹韓」風潮，試問今之讀韓集者有幾人？思之而可知清末民初「抑韓」之影響至今猶未全然平息。

然而，傳統所謂「道」實非一時一地短暫應用之物，它固然有因時制宜、因革損益的部分，但其中必有「雖百世可知」的永恆性存在。把握這一點來知人論世，才能擺脫歷來聚訟紛紜的纏繞，更加貼近韓愈的人生與心事，不至於如清末民初因「道」的失落而對韓愈變本加厲地批評。要之，「人能弘道，非道弘人」，唯有回到韓愈之於「道」的關係，始能照見韓愈諸多面向中的一致性；唯有回到韓愈踐「道」的歷程，始能在他看似前後不一、言行相悖的表現中懂得他複雜而深刻的心意。

　　本論文第四章即循此脈絡來開展，分就韓愈的「為臣之心」、「示兒之心」、「明道之心」三路來談韓愈所謂「道」的內涵，以及韓愈踐「道」的過程。

　　第一，韓愈投身於當世政教，自少年立志直到老死都不曾改變。他既以伯夷為精神楷模，又以周公為人臣典範，顯然他自期以古聖賢之道來行於世，此志願鮮明地通過他為官的過程展示出來，而這背後有著他根柢六經的政教理想。

　　第二，韓愈好為文辭，多言則不免有失；性情真率，率意則不免粗疏。文如其人，他的詩文集中因此留下了不少頗引爭議的作品，如：或以為教兒求榮的〈示兒〉、〈符讀書城南〉二詩；或以為自鬻於上的〈三上宰相書〉；或以為獻媚、乞憐於君的〈潮州刺使謝上表〉，種種看似可攻之處，實亦不失其可愛。通過對作者與作品細緻的探討、深入的詮解，更知其中自有使人聞之起敬者。

　　第三，韓愈用力於文字，成就了他的文學盛名。但韓愈在文學上所以能翻出歷史新頁的理由，卻不是單就語言形式的變化就可以說盡。他在文學上的摧陷廓清之力量，是來自他貫徹一生的政教理想及人生實踐的智慧與洞見。因此，看韓愈的文字，要能看見他以文明道的志趣。他的篇章，就是他人格精神的結晶。

　　或許可以這麼說，在他而言，藝術是人生，人生就是藝術。因而明白了韓愈所以汲汲於仕進，背後實有他政教的理想；韓愈所以倡言事上誅民，背後實有他對先王之道的嚮慕、對聖人之教的捍衛；韓愈所以示兒利祿，背後實有他對韓門榮光的肩負、對家族生資的承擔；韓愈所以屢屢乞憐於上，背後實有他對君、相的責求；韓愈所以貶潮獻媚於君，背後實有他理想未竟的失意；韓愈所以呼號「臣罪當誅」，背後實有他「天王聖明」的檢視，更有他反求諸己的內自深省；韓愈所以作文明道，背後實有他對「道」的真實感悟與深切體認，更有他以文書傳世之用心。

　　韓愈的可議性，在於他一體多面的表現中，何者為因？何者為果？實難以界說，由是歷來尊韓者與抑韓者各是其是。但若論韓能覷定韓愈之於「道」的關係，扣緊韓愈「信道篤」之心來談，便可以明白韓愈於道、於文、於人雖有不免指摘之處，然於全體仍粹然正大。世奉蘇軾〈潮洲韓文公廟碑〉「匹夫而為百世師，一言而為天下法，是皆有以參天地之化，關盛衰之運」一句為定論，由今視之，韓愈仍當之無愧！

參考文獻

一、古籍（先依朝代，次依筆畫順序排列）

1. 〔先秦〕屈原等撰，〔宋〕洪興祖：《楚辭補注》（臺北：長安出版社，1984年）。

2. 〔西漢〕司馬遷：《史記》（北京：中華書局，2007年）。

3. 〔東晉〕陶潛：《陶淵明集校箋》（臺北：里仁書局，2007年）。

4. 〔唐〕杜佑：《通典》（北京：中華書局，1988年）。

5. 〔唐〕杜甫撰，〔清〕楊倫箋注：《杜詩鏡銓》（臺北：藝文印書館，1998年）。

6. 〔唐〕柳宗元：《柳河東集》（上海：上海人民出版社，1974年）。

7. 〔唐〕韓愈撰，馬其昶（校注）：《韓昌黎文集校注》（上海：上海古籍出版社，1988年）。

8. 〔唐〕韓愈撰，錢仲聯（集釋）：《韓昌黎詩繫年集釋》（上海：上海古籍出版社，1984年）。

9. 〔五代〕劉昫等：《舊唐書》（臺北：鼎文書局，1985年）。

10. 〔宋〕王令：《王令集》（上海：上海古籍出版社，2011年）。

11. 〔宋〕朱熹：《四書章句集注》（臺北：大安出版社，2007年）。

12. 〔宋〕朱熹：《朱子語類》（北京：中華書局，1986年）。

13. 〔宋〕朱熹：《昌黎先生集考異》（上海：上海古籍出版社，1985年）。

14. 〔宋〕朱熹：《晦庵集》（臺北：臺灣商務印書館，1986年）。

15. 〔宋〕呂大防等：《韓愈年譜》（北京：中華書局，1991年）。

16. 〔宋〕宋祁等：《新唐書》（臺北：鼎文書局，1976年）。

17. 〔宋〕契嵩：《鐔津文集》（臺北：大乘精舍印經會，1983年）。

18. 〔宋〕洪邁：《容齋隨筆》（臺北：臺灣商務印書館，1979 年）。

19. 〔宋〕胡仔：《苕溪漁隱叢話》（臺北：新興書局，1983 年）。

20. 〔宋〕黃震：《黃氏日鈔》，《文淵閣四庫全書》（臺北：臺灣商務印書館，1983 年）第 708 冊。

21. 〔宋〕歐陽脩撰，洪本健（校箋）：《歐陽修詩文集校箋》（上海：上海古籍出版社，2009 年）。

22. 〔宋〕鄧肅：《栟櫚集》，《四庫全書珍本四集》（臺北：臺灣商務印書館，1973 年）第 1015 冊。

23. 〔宋〕魏仲舉：《新刊五百家註音辯昌黎先生文集》（北京：北京圖書館出版社，2006 年）。

24. 〔明〕胡震亨：《唐詩談叢》（臺北：臺灣商務印書館，1966 年）。

25. 〔明〕瞿佑：《歸田詩話》，《全明詩話》（濟南：齊魯書社，2005 年）。

26. 〔清〕方世舉：《韓昌黎詩集編年箋注》（北京：中華書局，2012 年）。

27. 〔清〕王元啟：《讀韓記疑》，《隋唐文明》（蘇州：古吳軒出版社，2004 年）。

28. 〔清〕何焯：《義門讀書記》（北京：中華書局，1987 年）。

29. 〔清〕林紓：《韓柳文研究法》（臺北：廣文書局，1998 年）。

30. 〔清〕張之洞：《勸學篇》，《叢書集成初編》（北京：中華書局，1991 年）。

31. 〔清〕程學恂：《韓詩臆說》（臺北：臺灣商務印書館，1970 年）。

32. 〔清〕趙爾巽：《清史稿》（北京：中華書局，1976 年）。

33. 〔清〕趙翼：《甌北詩話》（臺北：木鐸出版社，1982 年）。

34. 〔清〕樊增祥：《朝天集上》，《樊山續集》（清光緒二十八年西安臬署刻本），卷 3，《續修四庫全書》（上海：上海古籍出版社，2002 年）。

35. 〔清〕鄭珍：《巢經巢集》，《叢書集成續編》（臺北：新文豐出版公司，1989 年，清代學術叢書第二集本）。

36. 〔清〕蘇輿：《翼教叢編》卷 3，《蘇輿集》（長沙：湖南人民出版社，2008 年）。

37. 〔清〕鄒容：《革命軍》（北京：中華書局，1971 年）。

二、專書（依筆畫順序排列）

1. 卞孝萱、張清華、閻琦等：《韓愈評傳》（南京：南京大學出版社，1998 年）。

2. 方介：《韓柳新論》（臺北：臺灣學生書局，1999 年）。

3. 牛仰山、孫鴻霓編：《嚴復研究資料》（福州：海峽文藝出版社，1990 年）。

4. 王汎森：《章太炎的思想：兼論其對儒學傳統的衝擊》（上海：上海人民

出版社，2012年）。

5. 王汎森等：《中華民國發展史》（臺北：國立政治大學、聯經出版社，2011年）。

6. 王治心：《中國文學源流》（臺北：廣文書局，1980年）。

7. 王栻（編）：《嚴復集》（北京：中華書局，1986年）。

8. 王爾敏：《晚清政治思想史論》（臺北：王爾敏，1969年）。

9. 北京師範大學中文系現代文學教學改革小組（編）：《中國現代文學史參考資料》（北京：高等教育出版社，1959年）。

10. 皮述民等：《二十世紀中國新文學史》（臺北：駱駝出版社，1997年）。

11. 任繼愈（主編）：《中國哲學史》（北京：人民出版社，1963～1979年）。

12. 宇文所安：《中國「中世紀」的終結 —— 中唐文學文化論集》（臺北：聯經出版社，2007年）。

13. 朱光潛：《藝文雜談》（合肥：黃山書社，1986年）。

14. 朱棟霖、丁帆、朱曉進（主編）：《二十世紀中國文學史》（臺北：文史哲出版社，2000年）。

15. 何法周：《韓愈新論》（開封：河南大學出版社，1988年）。

16. 吳虞：《吳虞文錄》，《民國叢書》第2編第96冊（上海：上海書店，1990年）。

17. 吳文治（編）：《韓愈資料彙編》（北京：中華書局，1983年）。

18. 吳文治：《韓愈》（上海：上海古籍出版社，1991年）。

19. 吳振華：《韓愈詩歌藝術研究》（蕪湖：安徽師範大學出版社，2012年）。

20. 李申：《中國儒教史》（上海：上海人民出版社，2000年）。

21. 李長之：《韓愈》（香港：龍門書店，1969年）。

22. 李雲漢：《中國近代史》（臺北：三民書局，1993年）。

23. 李澤厚：《中國近代思想史論》（臺北：谷風出版社，1986年）。

24. 李澤厚：《中國近代思想史論》（臺北：谷風出版社，1986年）。

25. 汪淳：《韓歐詩文比較研究》（臺北：文史哲出版社，1989年）。

26. 汪榮祖：《晚清變法思想論叢》（臺北：聯經出版社，1983年）。

27. 谷曙光：《韓愈詩歌宋元接受研究》（合肥：安徽大學出版社，2009年）。

28. 周作人：《周作人文集》（臺北：藍燈文化事業公司，1992年）。

29. 周作人著，鍾叔河編：《本色：文學，文章，文化》，《周作人文類編》（長沙：湖南文藝出版社，1998年）。

30. 周勛初：《唐詩研究入門》（南京：鳳凰出版社，2008年）。

31. 孟縣韓愈國際學術研討會籌委會（主編）：《韓愈研究》第一輯（鄭州：中州古籍出版社，1996 年）。

32. 季鎮淮：《來之文錄》（北京：北京大學出版社，1992 年）。

33. 尚振明（主編）：《韓愈與孟縣》（河南：孟縣韓愈研究會，1990 年）。

34. 屈萬里：《詩經釋義》（臺北：中國文化大學出版部，1983 年）。

35. 林尹：《中國學術思想史大綱》（臺北：上海印刷廠，1956 年）。

36. 林辰：《林辰文集》（濟南：山東教育出版社，2010 年）。

37. 前野直彬（主編）連秀華、何寄澎（譯）：《中國文學史》（臺北：長安出版社，1979 年）。

38. 查金萍：《宋代韓愈文學接受研究》（合肥：安徽大學出版社，2010 年）。

39. 胡適：《白話文學史》（臺北：胡適紀念館，1974 年）。

40. 胡偉希（編）：《民聲：辛亥時論選》，張岱年主編：《中國啓蒙思想文庫》（瀋陽：遼寧出版社，1994 年）。

41. 范文瀾：《中國通史簡編》（香港：南回出版社，1954 年）。

42. 范玉秋：《清末民初孔教運動研究》（北京：中國海洋大學出版社，2006 年）。

43. 韋政通：《時代人物各風流》（北京：中華書局，2011 年）。

44. 韋政通：《中國思想史》（臺北：大林出版社，1981 年）。

45. 韋政通：《中國哲學思想批判》（臺北：水牛出版社，1981 年）。

46. 唐弢（主編）：《中國現代文學史》（北京：人民文學出版社，1979～1980 年）。

47. 夏敬觀：《唐詩說》（臺北：河洛圖書出版社，1975 年）。

48. 孫文：《孫中山選集》（北京：人民出版社，1956 年）。

49. 孫文：《孫文學說》（出版資訊不詳）。

50. 孫昌武：《韓愈選集》（上海：上海古籍出版社，1996 年）。

51. 徐復觀：《中國人性論史：先秦篇》（臺北：臺灣商務印書館，1990 年）。

52. 袁行霈：《中國文學史》（臺北：五南圖書出版公司，2007 年）。

53. 康有爲：《康南海文集》，蔣貴麟編：《康南海遺著彙刊》（臺北：宏業書局，1987 年），第 19 冊。

54. 張仁福：《中國南北文化的反差：韓愈與歐陽修的文化透視（增訂版）》（北京：中國社會科學出版社，2009 年）。

55. 張若英（編）：《新文學運動資料史》（上海：光明書局，1936 年）。

56. 張豈之：《中國思想史》（西安：西北大學出版社，1993 年）。

57. 張清華、胡阿祥、劉英杰（主編）：《韓愈與嶺南文化》（北京：學苑出版

社，2006 年）。

58. 張清華、陳飛（主編）：《韓愈與中原文化》（北京：學苑出版社，2005年）。

59. 張清華、楊丕祥（主編）：《韓愈研究》第三輯（北京：中國文聯出版社，2002 年）。

60. 張清華：《韓學研究》（南京：江蘇教育出版社，1998 年）。

61. 張錫勤：《中國近代思想史》（臺北：萬卷樓圖書公司，1993 年）。

62. 張駿巖（編）：《新潮：民初時論選》，張岱年主編：《中國啓蒙思想文庫》（瀋陽：遼寧人民出版社，1994 年）。

63. 張立文（主編）：《道》（北京：中國人民大學出版社，1989 年）。

64. 曹聚仁：《中國學術思想史隨筆》（北京：生活・讀書・新知三聯書店，1986 年）。

65. 曹聚仁：《文壇五十年》（香港：新文化出版社，1955 年）。

66. 郭沫若：《路畔的薔薇》（南京：江蘇文藝出版社，2009 年）。

67. 梁啓超：《清代學術概論》、《論中國學術思想變遷之大勢》，收錄在《中國歷史研究法五種》（臺北：里仁書局，1982 年）。

68. 梁啓超：《中國學術思想變遷之大勢》（臺北：中華書局，1979 年）。

69. 章士釗：《柳文指要》（北京：中華發行，新華出版，1971 年）。

70. 章太炎：《國學概論》（香港：南天書業公司，1971 年）。

71. 章太炎：《章太炎全集》，第 3 冊（上海：上海人民出版社，1984 年）。

72. 章太炎：《章太炎全集》，第 4 冊（上海：上海人民出版社，1985 年）。

73. 章太炎：《檢論》，《章太炎全集三》（上海：上海人民出版社，1984 年）。

74. 許全興、陳戰難、宋一秀等：《中國現代哲學史》（北京：北京大學出版社，1992 年）。

75. 許凌雲：《中國儒學史》（廣州：廣東教育出版社，1998 年）。

76. 許興全、陳戰難、宋一秀等：《中國現代哲學史》（北京：北京大學出版社，1992 年）。

77. 郭沫若：《路畔的薔薇》（南京：江蘇文藝出版社，2009 年）。

78. 郭紹虞：《中國文學批評史》（臺北：文史哲出版社，1990 年）。

79. 陳伯海：《唐詩學引論》（上海：東方出版社，1996 年）。

80. 陳克明：《韓愈年譜及詩文繫年》（成都：巴蜀書社，1999 年）。

81. 陳克明：《韓愈述評》（重慶：中國社會科學出版社，1985 年）。

82. 陳良運：《中國詩學體系論》（北京：中國社會科學出版社，1992 年）。

83. 陳啓智：《中國儒學史・隋唐卷》（北京：北京大學出版社，2011 年）。

84. 陳獨秀等：《新青年》（北京：中國書店，2012 年）。

85. 陶希聖等：《誹韓案論戰》（臺北：東府出版社，1978 年）。

86. 陶庸生：《國學入門》（臺北：啓明書局，1961 年）。

87. 勞思光：《中國哲學史》（香港：崇基書局，1968～1971 年）。

88. 曾毅：《中國文學史》（臺北：文史哲出版社，1977 年）。

89. 湯志鈞：《章太炎政論選集》（北京：中華書局，1977 年）。

90. 程發軔：《六十年來之國學》（臺北：正中書局，1972～1975 年）。

91. 舒新城（編）：《中國近代教育史資料》（北京：人民教育出版社，1981 年）。

92. 馮友蘭：《中國哲學史》（臺北：臺灣商務印書館，2007 年）。

93. 馮友蘭：《新理學、新事論、新世訓、新原人》（鄭州：河南人民出版社，1986 年）。

94. 黃雲眉：《韓愈柳宗元文學評價》，《中國文學研究叢編》第二輯（香港：龍門書店，1969 年）。

95. 黃遠庸：《黃遠生遺著》（臺北：京華出版，華文發行，1968 年）。

96. 黃鴻壽：《清史記事本末》（臺北：三民書局，1959 年）。

97. 楊國安：《宋代韓學研究》（北京：中國社會科學出版社，2006 年）。

98. 葉百豐：《韓昌黎文彙評》（臺北：正中書局，1990 年）。

99. 葉慶炳：《中國文學史》（臺北：臺灣學生書局，1997 年）。

100. 葛曉音：《詩國高潮與盛唐文化》（北京：北京大學出版社，1998 年）。

101. 鄒容：《革命軍》（北京：中華書局，1971 年）。

102. 趙吉惠：《中國儒學史》（鄭州：中州古籍出版社，1991 年）。

103. 劉咸炘：《學略》（上海：華東師範大學出版社，2009 年）。

104. 劉國盈：《韓愈》（北京：北京出版社，1979 年）。

105. 劉國盈：《韓愈評傳》（北京：北京師範學院，1991 年）。

106. 劉蔚華等：《中國儒家學術想史》（濟南：山東教育出版社，1996 年）。

107. 劉黎紅：《五四文化保守主義思潮研究》（北京：中國社會科學出版社，2006 年）。

108. 劉麟生：《中國文學史》（臺北：中新書局，1977 年）。

109. 廣東省汕頭市文化局（主編）：《韓愈研究》第二輯（廣州：廣東高等教育出版社，1998 年）。

110. 歐陽溥存：《中國文學史綱》（臺北：臺灣學生書局，1976 年）。

111. 蔡尚思（主編）：《中國現代思想史資料簡編》（杭州：浙江人民出版社，

1982 年）。

112. 鄧潭洲：《韓愈研究》（湖南：湖南教育出版社，1991 年）。

113. 鄭大華、任菁（編）：《強學：戊戌時論選》，張岱年主編：《中國啟蒙思想文庫》（瀋陽：遼寧出版社，1994 年）。

114. 鄭大華：《民國思想史論》（北京：社會科學文獻出版社，2006 年）。

115. 鄭大華等（編）：《砭舊危言——唐才常、宋恕集》，張岱年主編：《中國啟蒙思想文庫》（瀋陽：遼寧人民出版社，1994 年）。

116. 鞏本棟：《中國現代學術演進：從章太炎到程千帆》（北京：北京大學出版社，2009 年）。

117. 錢穆：《中國思想通俗講話》，《錢賓四先生全集》（臺北：聯經出版社，1995 年），第 24 冊。

118. 錢穆：《論語新解》（臺北：素書樓文教基金會出版、華遠文教科技公司總經銷，2000 年）。

119. 錢穆：《中國文學講演集》（臺北：三民書局，1975 年）。

120. 錢穆：《國史大綱》（臺北：臺灣商務印書館，1995 年）。

121. 錢穆：《論語新解》（臺北：素書樓文教基金會，2000 年）。

122. 錢基博：《中國文學史》（北京：中華書局，1993 年）。

123. 錢基博：《韓愈志》（臺北：河洛圖書出版社，1975 年）。

124. 錢鍾書：《錢鍾書集》（北京：生活・讀書・新知三聯書店，2007 年）。

125. 閻琦、周敏等：《韓昌黎文學傳論》（西安：三秦出版社，2003 年）。

126. 閻琦：《韓詩論稿》（西安：陝西人民出版社，1984 年）。

127. 韓廷一：《韓昌黎思想研究》（臺北：臺灣商務印書館，1997 年）。

128. 羅克典：《論韓愈》（臺北：國家出版社，1982 年）。

129. 羅宗強：《隋唐五代文學思想史》（上海：上海古籍出版社，1986 年）。

130. 羅根澤：《中國文學批評史》（臺北：學海出版社，1990 年）。

131. 羅聯添：《韓愈研究》（臺北：臺灣學生書局，1981 年）。

132. 羅聯添：《韓愈傳》（臺北：國家出版社，1998 年）。

133. 胡楚生：《韓柳文新探》（臺北：臺灣學生書局，1991 年）。

134. 胡楚生：《韓柳文新探續編》（臺北：臺灣學生書局，2011 年）。

三、論文（依筆畫順序排列）

（一）期刊論文

1. 方介：〈談韓愈以為文戲的問題〉，《中央研究院中國文哲研究集刊》第 16 期（2000 年）。

2. 方介：〈韓愈〈獲麟解〉析論：由「形」與「德」看韓愈之所以爲韓愈〉，《臺大文史哲學報》第 59 期（2003 年）。

3. 王涵：〈韓愈的文統論〉，《北京大學學報（哲學社會科學版）》1994 年第 6 期。

4. 王世紅、許穎：〈韓愈「急於仕進」原因探討〉，《重慶師範大學學報（哲學社會科學版）》2013 年第 1 期。

5. 王永波：〈五十年韓愈研究著作述評〉，《周口師範學院學報》第 21 卷第 3 期（2004 年）。

6. 王仲鏞：〈評價人物應當實事求是──〈重新評價歷史人物──試論韓愈其人〉一文讀後〉，《四川師範大學學報（社會科學版）》1980 年第 1 期。

7. 王宏圖：〈韓愈詩歌情感結構探析〉，《復旦學報（社會科學版）》1987 年第 4 期。

8. 王昌猷：〈韓愈生平及其思想的評價──兼論董仲舒對儒學的改造與沿襲〉，《湖南師範大學社會科學學報》1979 年第 2 期。

9. 丘陶常：〈簡論韓愈〉，《暨南學報（哲學社會科學）》1983 年第 1 期。

10. 史蘇苑：〈韓愈論二題〉，《中州學刊》1984 年第 6 期。

11. 全華凌：〈韓愈尚勇性格論〉，《船山學刊》2004 年第 1 期。

12. 兵界勇：〈台灣地區 50 年韓愈研究概況（1949～2000）〉，《周口師範高等專科學校學報》第 18 卷第 1 期（2001 年）。

13. 吳世昌：〈重新評價歷史人物──試論韓愈其人〉，《文學評論》1979 年第 5 期。

14. 吳振華：〈20 世紀韓愈詩學研究〉，《南陽師範學院學報（社會科學版）》第 5 卷第 2 期（2006 年）。

15. 李光富：〈論韓愈並不諛墓〉，《四川大學學報（哲學社會科學版）》1989 年第 1 期。

16. 李建崑：〈歷代學者對韓愈詩之評價〉，國立中興大學文學院文史學報編輯委員會（主編）《文史學報》第二十二期（1992 年 3 月）。

17. 李建崑：〈韓愈之仕宦生涯與詩歌創作〉，《文史學報》第 21 期（1991 年）。

18. 李建崑：〈韓愈秋懷詩十一首試析〉，《興大中文學報》第 1 期（1989 年）。

19. 李建崑：〈韓愈琴操十首析論〉，《興大中文學報》第 3 期（1990 年）。

20. 李建崑：〈韓愈詩之諷諭色彩與思想意識〉，《興大中文學報》第 6 期（1993 年）。

21. 李峻岫：〈試論韓愈的道統說及其孟學思想〉，《孔子研究》2004 年第 6 期。

22. 周勛初：〈陳寅恪先生的「中國文化本位論」〉，《當代學術研究思辨》（江蘇：南京大學出版社，1993 年）。

23. 季鎮淮：〈韓愈論〉，《文學遺產》1995 年第 2 期。

24. 尚永亮：〈從接受學角度看錢鍾書的韓愈研究〉，《中國人民大學學報》2004 年第 3 期。

25. 施富文：〈關於韓愈、柳宗元的討論綜述〉，《重慶師範大學學報（哲學社會科學版）》1981 年第 1 期。

26. 孫機：〈關於韓愈的兩個問題〉，《中國歷史文物》1989 年。

27. 孫昌武：〈韓愈——歷史轉折其中的文化偉人〉，《周口師範高等專科學校學報》第 17 卷第 1 期（2000 年）。

28. 孫昌武：〈韓愈重奇尚文的古文論〉，《天津社會科學》1983 年第 5 期。

29. 孫昌武：〈讀陳寅恪〈論韓愈〉〉，《古典文學知識》1997 年第 5 期。

30. 徐克文：〈論韓愈維護「三統」的鬥爭〉，《遼寧大學學報（社會科學版）》1979 年。

31. 徐樂軍：〈親情中的韓愈論〉，《周口師專學報》第 14 卷第 4 期（1997 年）。

32. 馬超：〈韓愈對待勞動人民態度之我見〉，《許昌師專學報（社會科學版）》1986 年第 2 期。

33. 寇養厚：〈韓愈古文理論中的「道」〉，《文史哲》1996 年第 1 期。

34. 張忠綱、趙睿才：〈新時期大陸韓愈研究述評〉，《周口師範高等專科學校學報》第 17 卷第 3 期（2000 年）。

35. 張清華：〈二十世紀的韓愈研究〉，《周口師範高等專科學校學報》第 17 卷第 1 期（2000 年）。

36. 張清華：〈論韓愈〈南山詩〉對唐詩創作的新貢獻〉，《中州學刊》1990 年第 6 期。

37. 張清華：〈韓文風格之成因〉，《周口師專學報》第 15 卷第 1 期（1998 年）。

38. 張清華：〈韓愈的詩論〉，《中州學刊》1987 年第 2 期。

39. 張清華：〈韓愈對中國文化史的貢獻〉，《韓山師範學院學報》第 28 卷第 5 期（2007 年）。

40. 張清華：〈繼承舊道統，創立新儒學〉，《中州學刊》1992 年第 4 期。

41. 張福民：〈淺論韓愈的誅民說〉，《河南大學學報（哲學社會科學版）》1988 年第 5 期。

42. 張福慶：〈談韓愈的「好為人師」〉，《外交學院學報》1995 年第 3 期。

43. 張蓓蓓：〈韓愈與孟子〉，《孔孟月刊》第 25 卷第 3 期。

44. 張嘯虎：〈論韓愈政論散文的藝術成就〉，《中州學刊》1984 年第 3 期。

45. 梁德林:〈韓愈「以文爲戲」論〉,《廣西師範學院學報(哲學社會科學版)》第 25 卷第 1 期(2004 年)。

46. 郭沫若:〈魯迅與韓愈〉,《魯迅研究月刊》2004 年第 5 期。

47. 郭預衡:〈韓愈評價的幾個問題〉,《北京師範大學學報(社會科學版)》1978 年第 3 期。

48. 郭雋杰:〈《韓詩臆說》的眞正作者爲李憲喬〉,《首都師範大學學報(社會科學版)》1995 年第 3 期。

49. 陳春莉:〈論韓愈的進退出處〉,《周口師專學報》第 14 卷第 4 期(1997 年)。

50. 陳詠紅:〈韓愈詩歌審美理想新探〉《廣州大學學報(社會科學版)》第 3 卷第 9 期(2004 年)。

51. 游建興:〈韓愈「古文運動」的詮釋學向度〉,《東方人文學誌》(2006 年 3 月)。

52. 舒蕪:〈論韓愈詩〉,《中國社會科學》1982 年第 5 期。

53. 馮友蘭:〈通論道學〉,《中國社會科學》1986 年第 3 期。

54. 黃永年:〈論韓愈〉,《陝西師範大學學報(哲學社會科學版)》1989 年第 3 期。

55. 黃永年:〈論韓愈在中國思想史上的地位〉,《陝西師範大學學報(哲學社會科學版)》第 25 卷第 1 期(1996 年)。

56. 黃喬生:〈魯迅、周作人與韓愈 —— 兼及韓愈在中國文化史上的評價〉(2004 年)。

57. 黃雲眉:〈讀陳寅恪〈論韓愈〉〉。

58. 楊榮國:〈韓愈思想批判〉上、下,《學術研究》1958 年第 11、12 期。

59. 葉志衡:〈被埋沒的光彩 —— 從〈三上宰相書〉看韓愈人格的閃光點〉,《甘肅社會科學》2004 年第 6 期。

60. 路劍:〈建國以來韓柳評價論爭簡介〉,《重慶師院學報(哲學社會科學版)》1983 年第 2 期。

61. 趙飛鵬:〈韓愈詩文在唐宋的整理刊行及其影響〉,《故宮學術季刊》(2002)。

62. 趙曉嵐:〈從「氣盛言宜」到「以氣使詞」 —— 從「養氣」說論辛棄疾對韓愈的文學認同〉,《文學研究》2005 年第 4 期。

63. 劉知漸:〈韓愈、柳宗元的評價問題〉,《重慶師範大學學報(哲學社會科學版)》1980 年第 1 期。

64. 鄧潭洲:〈論韓愈及有關幾個問題 —— 與黃雲眉、任訪秋兩先生商榷〉,《人文襍志》1957 年。

65. 鄧潭洲：〈關於韓愈研究中的一些問題〉，《求索》1990 年第 6 期。

66. 黎孟德：〈韓愈琴詩初探〉，《四川師範大學學報（社會科學版）》第 31 卷第 3 期（2004 年）。

67. 錢仲聯：〈要全面地評價韓愈和他的詩〉，江蘇師院學報 1987 年第 2 期。

68. 遲乃鵬：〈論韓愈「古文」的涵義〉，《西華大學學報（哲學社會科學版）》1988 年第 3 期。

69. 鍾來茵：〈韓愈的生命意識〉，《學海》1998 年。

70. 韓兆琦：〈關於韓愈的〈伯夷頌〉〉，《齊魯學刊》1980 年第 2 期。

71. 羅聯添：〈韓愈事蹟考述〉，《國立編譯館館刊》，第 4 卷第 1 期。

72. 蘭光民：〈談韓愈推崇樊宗師苦澀文章的原因及其影響〉，《山西師大學報（社會科學版）》1989 年第 3 期。

73. 顧易生：〈唐宋古文運動〉，《語文教學通訊》1980 年第 6 期。

（二）學位論文

1. 方介：《韓柳比較研究》，國立臺灣大學中國文學研究所博士論文，1990 年。

2. 王樾：《韓愈的道統論及其與儒學蛻變的關係》，國立臺灣大學歷史學研究所碩士論文，1980 年。

3. 吳立仁：《中唐至北宋前期韓愈形象的歷史演變》，國立臺灣大學歷史學研究所碩士論文，2009 年。

4. 吳達芸：《韓愈生平及其詩之研究》，國立臺灣大學中國文學研究所碩士論文，1972 年。

5. 李建崑：《韓愈詩探析》，國立臺灣師範大學國文研究所博士論文（修訂版），1999 年。

6. 高光敏：《北宋時期對韓愈接受研究》，國立臺灣師範大學國文研究所博士論文，2004 年。

7. 曾金承：《韓愈詩歌唐宋接受研究》，國立淡江大學中國文學研究所博士論文，2008 年。

（三）其他論文

1. 王基倫：〈韓愈散文讀者的接受意義 —— 中晚唐至北宋中期的考察〉，《唐宋古文論集》（臺北：里仁書局，2001 年）。

2. 任繼愈：〈韓愈的歷史地位〉，《韓愈研究論文集》（廣州：廣東人民出版社，1988 年）。

3. 季鎮淮：〈唐貞元元和時期的古文運動和韓愈的古文〉，童第德（編）：《韓愈文選》（北京：人民文學出版社，1980 年）。

4. 林辰：〈魯迅與韓愈——就教於郭沫若先生〉（1941），收入《林辰文集》（濟南：山東教育出版社，2010 年），第 2 卷。

5. 殷永全：〈臺灣地區的韓愈研究（2000～2008）〉，收錄在張清華（主編）：《韓愈研究：2008 中國孟州韓愈國際學術研討會論文集》（鄭州：河南大學出版社，2008 年）。

6. 章念馳：〈章太炎‧曹聚仁‧魯迅〉，《上海文史資料選集‧曹聚仁先生紀念集》第 96 輯第 1 期（2000）。

7. 陳寅恪：〈論韓愈〉（1951 年），《陳寅恪先生論文集》（臺北：九思出版社，1977 年）。

8. 陳登原：〈韓愈評〉，《金陵學報》第 2 卷第 2 期（1932 年），《中國文學研究叢編第二輯》（香港：龍門書店，1969 年）。

9. 陳新璋：〈從「接受美學」看蘇軾對韓愈詩歌的評價〉，《韓愈研究》第 1 輯（1998）。

10. 程千帆：〈與徐哲東先生論昌黎〈南山詩〉記〉，《程千帆選集》第四種《古詩考索》。

11. 程千帆：〈韓愈以文為詩說〉，莫礪鋒（編）：《程千帆選集》（瀋陽：遼寧古籍出版社）。

12. 錢穆：〈綜論南北朝隋唐的儒學〉，《中國學術思想史論叢（三）》（臺北：東大圖書公司，1978 年）。

13. 錢穆：〈雜論唐代古文運動〉，《中國學術思想史論叢（四）》（臺北：東大圖書公司，1978 年）。

14. 嚴復：〈闢韓〉，《中國學術名著今釋語譯》（臺北：西南書局，1972 年）。

15. 饒宗頤：〈宋代潮州之韓學〉，潮學編輯委員會（主編）：《饒宗頤二十世紀學術論文集》第 9 卷（臺北：新文豐出版社，2003 年），第 14 冊。

後　記

　　關於智識的耕耘，已用一本完整的論文來說明。於此，我願留下一些當時伴隨著筆耕，在字裡行間流轉的心光。

　　今又是一年之初。往年此時，冬花正盛。整年靜默的山茶，只在此時，緩緩開出油亮的葉、繁密的花。「興來每獨往，勝事空自知。」寫作論文期間，我常來到山茶木下，傾吐長期與文字為伴的寂寞。樹木的溫度與厚度，往往能帶來靜定的力量。我時時在木心、花心與文心之間來回流淌。這使我每一個讀書寫作的日子，都是飛伸的青枝，每一個凝神寫下的字，都成了款款的花葉。今之回首，昔日種種歡苦，都化作一株溫厚而明朗的高木，支持著我的心神，在生命裡開散無限風光。

　　我之大幸，在於我並不總是獨往、自知。寸寸心跡，都有知心人相呴相濡。步往山茶木下的路上，也總得同道人相依相隨。翩翩扉頁裡，夾藏一一為我拾起的花瓣葉片，與我的思想文字，交相輝映。那靈犀的指尖，將諸般零落點化成金箔，金碧我的青春，輝煌我的神魂。

　　這本論文的完成，凝聚了多年的寂靜，與知心的默契，方得緩緩展開。今年之初，山茶才初綻，無盡深情僅能以數言淡表，願以此誌之。

丙申年臘月初六